여러분에게 국어는 어떤 과목인가요?

읽을 수 있고 쓸 수만 있으면
공부를 안 해도 되는 과목일까요?

아니면
어떻게 공부할지 몰라서
교과서만 읽어 보았던 막막한 과목일까요?

그런 친구들을 위해
초코가 왔어요!

초코는~
그림으로 개념을 쉽게 익힐 수 있게 하고
처음 보는 글은 어떻게 읽을지
문제는 어떻게 풀어야 할지 도와줄 거예요.

공부가 재밌어지는 **초코**와 함께라면
국어 능력이 날로 튼튼해질 거예요.

초등 국어의 튼튼한 길잡이!
초코! 맛보러 떠나요~

구성과 특징

"책"으로
공부해요

1 개념이 탄탄

- 중요한 개념을 한눈에 이해할 수 있는 이미지와 **Q & A**로 개념을 쉽게 익힐 수 있어요.
- **확인 문제**로 개념을 이해했는지 확인해요.

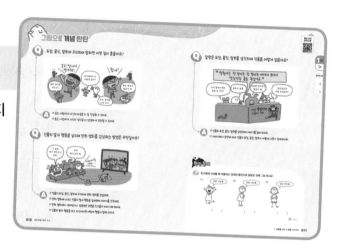

2 핵심만 쏙쏙

- 국어 교과서 핵심 지문과 활동을 자세히 살펴보고, **독해로 이해 쏙**으로 내용을 확실하게 이해할 수 있어요.
- **교과서 문제** **중요** **서술형** 등 다양한 유형의 문제로 문제 해결력을 기르고, 어려운 문제도 '이끌이' 와 함께 스스로 해결할 수 있어요.

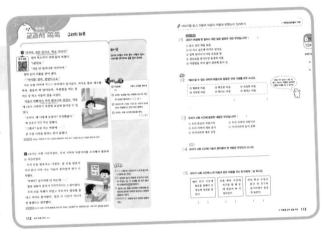

"온라인
서비스"도
활용해요

핵심이 보이는
개념 터치 마인드맵

QR 코드를 스마트폰으로 찍으면
핵심 개념을 '개념 터치 마인드맵'으로
정리할 수 있어요.

3 시험도 척척

- 시험에 꼭 나오는 문제로 구성된 **단원 평가**를 풀면서 학교 시험에 완벽하게 대비할 수 있어요.

- 앞으로 배울 교과서 지문과 응용 문제로 구성된 **독해로 생각 Up**으로 독해력도 키울 수 있어요.

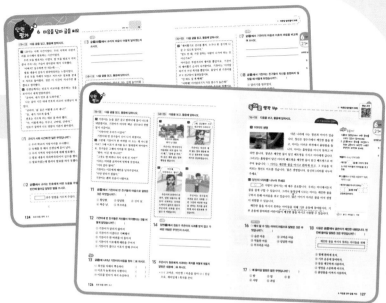

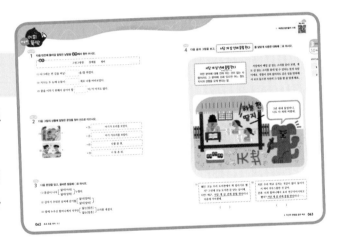

4 어휘도 쑥쑥

- 단원의 주요 어휘와 어법을 문제로 확인하여 어휘력을 키울 수 있어요.

- **속담** 과 **사자성어** 를 그림과 함께 즐겁게 익히며 어휘 실력을 탄탄하게 다져요.

생생한 듣기 자료

QR 코드를 스마트폰으로 찍으면 교과서를 실감 나게 들을 수 있어요.

선생님의 친절한 해설 강의

QR 코드를 스마트폰으로 찍으면 '독해로 생각 Up' 지문과 문제 풀이 동영상을 볼 수 있어요.

차례

3-2 가

3-2 나

교과서에 실린 작품

3-2 가

실린 단원	제재 이름	지은이	나온 곳	초코 국어
1 작품을 보고 느낌을 나누어요	「장금이의 꿈」	희원엔터테인먼트	「장금이의 꿈 1기」 제1화, ㈜ 문화방송, 2005.	012쪽
	「미미 언니 자두」	아툰즈	「안녕 자두야 4: 자두와 친구들」 제11회, ㈜SBS, 2018.	014쪽
	「거인 부벨라와 지렁이 친구」	조 프리드먼 글, 지혜연 옮김	『거인 부벨라와 지렁이 친구』, 주니어RHK, 2016.	016쪽
	「수업 시간에」 (원제목: 「발표하는 게 무서워요」)	박현진	『나 좀 내버려 둬』, 길벗어린이㈜, 2011.	029쪽
	「수업 시간에」 (원제목: 「발표하는 게 무서워요」)	윤정주 그림	『나 좀 내버려 둬』, 길벗어린이㈜, 2011.	029쪽
3 자신의 경험을 글로 써요	「수아의 봉사 활동」 (원제목: 「수아의 일기」)	고수산나	『콩 한 쪽도 나누어요』, 열다 출판사, 2014.	061쪽
4 감동을 나타내요	「감기」	정유경	『까불고 싶은 날』, ㈜창비, 2010.	068쪽
	「지구도 대답해 주는구나」	박행신	『눈 코 귀 입 손!』, 위즈덤북, 2009.	070쪽
	「진짜 투명 인간」	레미 쿠르종 글, 이정주 옮김	『진짜 투명 인간』, 씨드북, 2015.	072쪽
	「의심」	현덕	『나비를 잡는 아버지』, ㈜효리원, 2015.	085쪽

3-2 나

1

작품을 보고 느낌을 나누어요

무엇을 배울까요?

- 만화 영화를 보고 표정, 몸짓, 말투의 특징 알기

- 인물의 말과 행동을 살피며 만화 영화 감상하기

- 인물에게 알맞은 표정, 몸짓, 말투를 생각하며 작품을 읽고 대화 나누기

단원에 대한 공부 계획을 세우고, 공부한 내용을
얼마나 이해했는지 스스로 평가해 보세요.

★★★ 잘함.   ★★ 보통임.   ★ 아쉬움.

그림으로 개념 탄탄

Q 표정, 몸짓, 말투에 주의하며 말하면 어떤 점이 좋을까요?

A ※ 듣는 사람에게 자신의 마음을 더 잘 전달할 수 있어요.

※ 듣는 사람에게 자신의 생각을 더 생생하게 전달할 수 있어요.

Q 인물의 말과 행동을 살피며 만화 영화를 감상하는 방법은 무엇일까요?

A ※ 인물의 표정, 몸짓, 말투에 주의하며 만화 영화를 감상해요.

※ 만화 영화에 나오는 인물의 말과 행동을 살펴보며 이야기를 간추려요.

※ 만화 영화에서 재미있거나 감동받은 부분을 친구들과 이야기해 보아요.

※ 인물의 말과 행동을 보고 자신이라면 어떻게 했을지 말해 보아요.

알맞은 표정, 몸짓, 말투를 생각하며 작품을 어떻게 읽을까요?

※ 인물의 표정, 몸짓, 말투를 상상하며 이야기를 읽어 보아요.

※ 이야기에서 장면에 따라 인물의 표정, 몸짓, 말투가 어떻게 다른지 살펴보아요.

 친구에게 사과할 때 어울리는 표정과 몸짓으로 알맞은 것에 ○표 하시오.

(1) 정말 미안해.

(2) 정말 미안해.

(3) 정말 미안해.

( )   ( )   ( )

답 (2) ○

1

임금님의 친척이 **혼례**를 하는 날, 동이가 놓친 음식 재료를 장금이가 바구니로 받아 냅니다.

2

우아, 대단해!

장금아, 멋져!

담장 밖에서 그 모습을 지켜보던 아이들은 장금이의 멋진 모습을 칭찬합니다.

3

임금님은 친척의 혼례라 특별히 **수라간 상궁**들을 보내셨습니다.

4

㉠ 수라간에서 오신 분들이다.

강아지를 찾으러 다니던 장금이는 처음 보는 수라간 상궁을 신기하게 바라봅니다.

5

그런데, **잔칫집**을 뛰어다니던 장금이의 강아지가 국수를 쏟아 국수를 못 먹게 되었습니다.

6

고마운 줄 알아!

수라간 궁녀에게 꾸중을 듣던 장금이는 옥수수 전분으로 올챙이국수를 만들자고 하여 **위기**를 넘깁니다.

7

우리 장금이가 궁녀가 된단 말이야?

그렇지!

한 상궁의 추천으로 장금이는 수라간의 **생각시 선발** 시험을 볼 수 있게 되었습니다.

8

기뻐서 뒷산에 오른 장금이는 돌아가신 엄마를 떠올리며 눈물짓습니다.

활동 팁

등장인물의 표정, 몸짓, 말투에 주의하며 만화 영화를 감상해 보세요.

▲ 장금이　　▲ 동이　　▲ 한 상궁

독해로 이해 콕

1 임금님은 친척이 혼례를 하는 날에 특별히 (　　　　　　)들을 보내셨다.

2 장금이는 수라간 상궁의 모습을 (불쌍하게, 신기하게) 바라보았다.

3 장금이의 강아지가 잔칫집을 뛰어다니다가 (국수, 국밥)을/를 쏟았다.

4 국수가 엉망이 되자, 장금이는 옥수수 전분으로 (　　　　　　)을/를 만들자고 하여 위기를 넘겼다.

5 한 상궁의 추천으로 장금이는 수라간의 생각시가 되었다. (○, ×)

낱말풀이

혼례 부부 관계를 맺는 서약을 하는 의식. 결혼식.

수라간 예전에 궁중에서 임금의 진지를 짓는 부엌을 이르는 말.

상궁 조선 시대에, 궁궐에서 임금을 모시던 여인의 정오품 벼슬.

잔칫집 기쁜 일이 있을 때에 음식을 차려 놓고 여러 사람이 모여 즐기는 잔치를 벌이는 집.

위기 위험한 고비나 시기. 예 세계는 지금 전염병으로 큰 위기에 처해 있다.

생각시 나이 어린 궁녀.

선발 많은 가운데서 골라 뽑음. 예 체육 시간에 달리기 선수 선발을 하기로 했다.

교과서 문제

01 장면 **2**에서 아이들의 칭찬을 들은 장금이의 표정으로 알맞은 것에 ○표 하시오.

(1)  (　　　)

(2)  (　　　)

02 ㉠을 들을 때 장금이의 표정으로 알맞은 것은 무엇입니까? (　　　)

① 눈물을 글썽인다.　　　② 눈을 감고 미소를 짓는다.

③ 눈을 가늘게 뜨고 노려본다.　　④ 눈을 크게 뜨고 입을 벌린다.

⑤ 눈썹을 찡그리고 입을 다문다.

서술형

03 다음 상황에 알맞은 장금이의 몸짓과 말투를 쓰시오.

강아지 때문에 국수를 쏟아 꾸중을 듣는 장면	
「고마운 줄 알아! 다른 상궁님 같았으면 너희는 옥살이야!」	 ?　　마음 죄송함./속상함. 표정 죄송하다는 표정 몸짓 (1) _____ 말투 (2) _____

중요

04 다음 장면에 나타난 장금이의 표정, 몸짓, 말투를 통해 알 수 있는 마음으로 알맞은 것에 ○표 하시오.

시험을 볼 수 있다는 소식을 듣고 뒷산에 홀로 올라가는 장면
「엄마, 궁에 갈 수 있게 됐어요.」　표정 눈물을 글썽이며 몸짓 두 손에 힘을 꼭 주며 말투 가늘고 떨리는 목소리로

(1) 놀라움과 호기심을 느낌.　　　(　　　)

(2) 엄마를 만나게 되어 반가움.　　(　　　)

(3) 궁으로 가게 된 것이 무척 기쁨.　(　　　)

> 인물이 처한 상황과 인물의 표정, 몸짓, 말투를 통해 그 마음을 짐작할 수 있어요.

교과서 쏙쏙 미미 언니 자두

1 미미는 엄마와 언니 자두와 함께 과일을 사러 시장에 갑니다.

2 과일 사러 온 거야, 언니 얘기 하러 온 거야?

미미는 어른들이 엄마를 '자두 엄마'로만 부르자 섭섭해합니다.

3 언니랑 같이 다니고 싶지 않아!

미미는 학교 친구와 선생님도 언니 자두에게만 관심을 기울여 화가 납니다.

4 자두야! 왜 그랬어?

자두는 학예회에서 미미를 돋보이게 하려고 일부러 엉뚱한 춤을 추어 자신의 무대를 망칩니다.

5 그게 정말이야?

자두는 미미가 자신보다 유명해지고 싶어서 은희에게 몰래 발레를 배웠다는 사실을 알고 놀랐던 일을 떠올립니다.

└ 자두가 친구 은희에게 들었던 말을 떠올리는 장면임.

6 언니가 큰 거 먹어.

아니야, 네가 큰 거 먹어.

학예회에서 인기상을 탄 미미는 자두와 화해합니다.

활동 립

인물의 말과 행동을 주의 깊게 살피며 만화 영화를 감상해 보세요.

▲ 미미

▲ 자두

독해로 이해 콕

6 미미는 어른들과 학교 친구, 선생님이 (   )에게만 관심을 보여 화가 났다.

7 자두는 돋보이고 싶어서 학예회 무대에서 최선을 다했다. (○ , ✕)

8 미미는 언니보다 유명해지고 싶어서 몰래 (   )을/를 배웠다.

9 미미는 학예회에서 (대상 , 인기상)을 탔다.

10 학예회 후 미미와 자두는 화해하였다.
(○ , ✕)

낱말풀이

섭섭해합니다 서운하고 아쉬워합니다.

관심 어떤 것에 마음이 끌려 주의를 기울임. 또는 그런 마음이나 주의.

학예회 학생의 예능 발표와 학예품 전시를 주로 하는 특별 교육 활동.

돋보이게 무리 중에서 훌륭하거나 뛰어나 도드라져 보이게. **예** 이 옷은 입는 사람을 돋보이게 만듭니다.

유명해지고 이름이 널리 알려지고.

1단원
1회

공부한 날

월

일

05 이 만화 영화에 나타난 미미의 마음으로 알맞지 <u>않은</u> 것은 무엇입니까?

(   )

① 언니보다 돋보이고 싶다.

② 언니보다 유명해지고 싶다.

③ 언니가 유명해서 든든하다.

④ 사람들이 언니에게만 관심을 기울여 화가 난다.

⑤ 어른들이 엄마를 '자두 엄마'로만 불러 섭섭하다.

중요

06 장면 **3**에서 미미의 말과 행동을 통해 알 수 있는 마음은 무엇입니까? (   )

① 놀란 마음   ② 화난 마음   ③ 부러운 마음

④ 즐거운 마음   ⑤ 뿌듯한 마음

07 이 만화 영화에서 재미있거나 감동받은 부분을 알맞게 말한 친구의 이름을 쓰시오.

> 승우: 미미와 자두가 끝까지 화해하지 않아서 속상했어.
> 지현: 자두가 일부러 엉뚱한 춤을 추는 부분이 우스웠어.
> 혜성: 미미가 인기상을 받자 자두가 질투하는 장면이 인상적이었어.

(   )

서술형

08 다음 인물의 말과 행동을 보고 자신이라면 어떻게 했을지 생각하여 쓰시오.

미미는 사람들이 자신을 자두 동생이라고 부르는 게 너무 속상해서 울었어. 나라면

_____

_____

인물이 어떤 일을 겪는지 살펴보고, 자신이라면 어떻게 할지 생각해 보세요.

09 인물의 표정, 몸짓, 말투에 주의하며 만화 영화를 보면 어떤 점이 좋은지 알맞은
것에 ○표 하시오.

⑴ 만화 영화를 더 (자주, 재미있게) 볼 수 있다.

⑵ 만화 영화의 (줄거리, 배경 음악)을/를 이해하는 데 도움이 된다.

거인 부벨라와 지렁이 친구 글: 조 프리드먼, 옮김: 지혜연

1 부벨라는 거인이에요. 모든 사람이 부벨라를 무서워했는데 이 <u>자그마한 목소리의 주인공만은</u> **예외**였어요.

부벨라는 발 근처 땅바닥을 자세히 들여다보았어요. 땅속에서 지렁이 한 마리가 고개만 **빠끔히** 내밀고는 말을 하고 있었어요.

이번에는 부벨라가 말을 시작했어요.

"난 부벨라야. 네 이름은 뭐니?"

"이제야 뭔가 제대로 되네. 나는 지렁이라고 해."

"아니, 네 이름 말이야. 제이미나 다니엘 같은."

지렁이는 온몸이 흔들릴 정도로 고개를 가로저었어요.

"지렁이 이름이 제이미라고?"

지렁이는 그렇게 되묻더니 **요란하게** 웃으며 말을 잇지 못했답니다.

"정말 웃기지도 않네. 우리 지렁이들은 **젠체하고** 살지 않아. 우리는 그냥 지렁이야."

㉠"너는 내가 무섭지 않니?"

"왜 너를 무서워해야 하는데?"

"내가 너보다 훨씬 덩치가 크니까."

부벨라는 당연하다는 듯이 대답했어요.

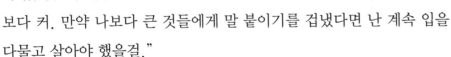

"무슨 그런 말도 안 되는 소리가 다 있어? 이 세상 모든 것이 다 나보다 커. 만약 나보다 큰 것들에게 말 붙이기를 겁냈다면 난 계속 입을 다물고 살아야 했을걸."

부벨라는 숨을 깊이 들이마시고 난 뒤 조심스럽게 물었어요.

"우리 집에 차 마시러 올래?"

"좋아. 내일 갈게. 네 시에 여기서 만나자."

중심 내용 거인 부벨라는 자신을 무서워하지 않는 지렁이를 자신의 집으로 초대했어요.

2 그날 밤부터 그다음 날까지 부벨라는 정신없이 움직였어요. 집 안 곳곳을 닦고 정리했을 뿐 아니라 자신도 머리부터 발까지, 특히 발가락은 몇 번이나 씻고 또 씻었어요. 부벨라는 **정원**의 잔디를 깎고, 낡은 종이들과 깡통도 치웠어요.

독해로 이해 콕

11 부벨라는 (거인, 지렁이)(이)다.

12 지렁이들은 젠체한다. (○, ×)

13 지렁이의 이름은 제이미이다. (○, ×)

14 지렁이는 덩치가 큰 부벨라를 무서워했다. (○, ×)

15 부벨라는 차를 마시러 오라고 하며 지렁이를 (　　　)(으)로 초대했다.

낱말풀이

예외 일반적 규칙 또는 일정하게 정하여진 규칙이나 관례에서 벗어나는 일. **예** 이번 일은 예외로 처리하였다.

빠끔히 작은 구멍이나 틈 사이로 조금만 보이는 모양.

요란하게 시끄럽고 떠들썩하게. **예** 폭죽 소리가 요란하게 들려왔다.

젠체하고 잘난 체하고.

정원 집 안에 있는 뜰이나 꽃밭.

10 부벨라에 대한 설명으로 알맞은 것은 무엇입니까? (   )

① 이름이 없다.
② 지렁이를 무서워한다.
③ 모든 사람이 무서워하는 거인이다.
④ 지렁이 같은 작은 생물들을 괴롭힌다.
⑤ 누군가 자신의 집에 오는 것을 싫어한다.

중요
11 ㉠을 말하는 부벨라의 표정, 몸짓, 말투로 알맞은 것에 각각 ○표 하시오.

> 너는 내가 무섭지 않니?

표정 (1) (놀란, 무시하는) 표정
몸짓 (2) (쪼그리고 앉아서, 팔짱을 끼고 으스대며)
말투 (3) (높은, 실망한) 목소리로

> 부벨라가 자신을 무서워하지 않는 지렁이를 만났을 때 어떤 표정, 몸짓, 말투로 말했을지 상상해 보세요.

12 다음은 지렁이가 부벨라를 무서워하지 않는 까닭입니다. 빈칸에 들어갈 알맞은 것에 ○표 하시오.

> ⬚ 큰 것들에게 말 붙이기를 겁내면 계속 입을 다물고 살아야 하기 때문이다.

(1) 이 세상 모든 것이 다 자신보다 커서   (   )
(2) 거인 부벨라의 덩치가 생각보다 작아서   (   )

13 부벨라가 지렁이를 집에 초대한 뒤 한 일이 <u>아닌</u> 것은 무엇입니까? (   )

① 차와 음식을 샀다.   ② 몸을 깨끗하게 씻었다.
③ 정원의 잔디를 깎았다.   ④ 집 안 곳곳을 정리했다.
⑤ 낡은 종이들과 깡통을 치웠다.

서술형
14 글 ❷에서 집을 정리하고, 깨끗이 몸을 씻은 부벨라의 기분은 어떠할지 짐작하여 쓰시오.

_____

집을 다 치운 다음, 부벨라는 차와 함께 먹으려고 자신이 가장 좋아하는 바나나케이크를 구웠어요. 그러고는 가장 예쁜 옷을 꺼내 입었지요. 무지개 그림이 그려진 티셔츠에, 구멍이 하나밖에 나지 않은 청바지를 입고 제일 아끼는 야구 모자를 썼어요. 이것저것 준비를 끝낸 다음 부벨라는 잠시 앉아서 쉬었어요.

중심 내용 부벨라는 집을 치우고, 음식을 준비하고, 예쁜 옷을 꺼내 입는 등 바쁘게 움직였어요.

3 그러다 문득 지렁이가 바나나케이크를 싫어할지도 모른다는 생각이 들었어요. 그러자 **초조하고** 당황스러웠어요.

'그럼 차 마실 때 무엇을 내놓아야 할까? 누구에게 물어보지?'

부벨라는 예전에 보았던 아름다운 정원이 생각났어요. 어쩌면 그곳에서 일하는 **정원사**는 지렁이가 무엇을 먹고 사는지 알고 있을지도 몰라요. 부벨라는 서둘러 그 정원으로 갔어요. 그런데 정원사는 거인 부벨라가 오는데도 놀라지 않고 그저 물끄러미 바라보기만 했어요.

"아저씨는 도망을 가지 않네요."

"나는 이제 도망 다닐 나이가 아니야, 거인 아가씨."

정원사는 어쩐지 아파 보였어요.

㉠"그런데 무슨 걱정거리라도 있니?"

부벨라는 정원사에게 걱정거리를 솔직히 털어놓았어요.

"지렁이가 저희 집에 차를 마시러 오기로 했어요. 그런데 저는 지렁이가 무얼 먹고 사는지, 무슨 음식을 좋아하는지 모르겠어요. 바나나케이크를 좋아할 것 같지는 않은데……." <u>부벨라의 걱정거리</u>

정원사는 가만히 생각에 **잠겼어요.**

"지렁이들은 멀리 다니지 않으니까 어쩌면 다른 집 정원의 흙을 좋아할 것 같구나. 진흙파이를 만들어 주면 어떻겠니?"

"아, 그게 좋겠네요! 하지만 어디에서 흙을 구하죠?"

"잠깐 여기서 기다려 봐라."

그러더니 정원사는 돌아서서 집 안으로 들어갔어요.

정원사는 허리가 **굽어서** 아주 천천히 움직였는데, 움직이는 게 무척이나 힘들어 보였어요.

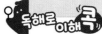

독해로 이해 **콕**

16 부벨라는 차와 함께 먹으려고 자신이 가장 좋아하는 (딸기, 바나나)케이크를 구웠다.

17 부벨라는 지렁이가 무엇을 먹고 사는지 알기 위해 예전에 보았던 (   )(으)로 갔다.

18 정원사는 부벨라가 오는 것을 보고 도망을 갔다. (○, ✕)

19 정원사는 지렁이에게 (   )을/를 만들어 줄 것을 추천했다.

20 정원사는 움직이는 게 무척 힘들어 보였다. (○, ✕)

낱말풀이

문득 생각이나 느낌 따위가 갑자기 떠오르는 모양. 예 그를 보자 <u>문득</u> 옛날 기억이 떠올랐다.

초조하고 애가 타서 마음이 조마조마하고.

정원사 정원의 꽃밭이나 수목을 가꾸는 일을 직업으로 하는 사람.

잠겼어요 어떤 한 가지 일이나 생각에 열중했어요.

굽어서 한쪽으로 휘어서. 예 그 길은 <u>굽어서</u> 운전이 힘들다.

15 부벨라가 초조하고 당황스러워진 까닭은 무엇입니까? (   )

① 지렁이가 자신을 싫어할지도 모른다는 생각이 들어서
② 지렁이와 함께 차를 마시는 것이 부끄럽다는 생각이 들어서
③ 지렁이가 자신의 정원을 싫어할지도 모른다는 생각이 들어서
④ 지렁이가 바나나케이크를 싫어할지도 모른다는 생각이 들어서
⑤ 지렁이가 자기 집에 놀러 오지 않을지도 모른다는 생각이 들어서

16 부벨라가 정원사를 찾아간 까닭으로 알맞은 것에 ○표 하시오.

(1) 자신이 입은 옷이 괜찮은지 물어보기 위해 (   )
(2) 정원을 아름답게 가꾸는 방법을 물어보기 위해 (   )
(3) 지렁이와 차를 마실 때 먹을 음식을 물어보기 위해 (   )

중요

17 ㉠을 말하는 정원사의 표정으로 알맞은 것은 무엇입니까? (   )

① 비웃는 표정
② 활짝 웃는 표정
③ 궁금해하는 표정
④ 자신만만한 표정
⑤ 불만스럽게 찡그린 표정

> 자신이 정원사라면 부벨라에게 어떤 표정으로 말할 것인지 상상해 보세요.

서술형

18 정원사가 부벨라에게 만들어 보라고 추천한 음식과 그 음식을 추천한 까닭을 쓰시오.

(1) 추천한 음식: (   )

(2) 추천한 까닭: _____

_____

19 집 안으로 들어가는 정원사의 모습으로 알맞은 것을 두 가지 고르시오.

(   )

① 허리가 굽었다.   ② 손을 흔들었다.
③ 다리를 절뚝였다.   ④ 천천히 움직였다.
⑤ 재빨리 뛰어갔다.

정원사는 접시를 들고 다시 집 밖으로 나왔어요. 그리고는 천천히 움직이며 정원 세 곳에서 각기 다른 종류의 흙을 접시에 담은 뒤, 접시를 부벨라에게 건네주었어요.

"지렁이 친구가 정말 좋아할 거야."

㉠"고맙습니다, 고맙습니다."

부벨라는 얼마나 기쁜지 눈물이 나올 것만 같았어요. 정말 오랜만에 누군가가 부벨라에게 친절을 베풀어 주었거든요.

중심 내용 부벨라는 지렁이를 위해 어떤 음식을 준비해야 할지 정원사에게 물어보았고, 정원사는 진흙파이를 추천하며 흙을 담아 주었어요.

4 부벨라는 친절한 정원사에게 어떻게든 ㉡꼭 보답을 하고 싶었어요.

그때 갑자기 부벨라의 손이 간지러워지기 시작하더니 아주 따뜻해졌어요. 무슨 일이 벌어지고 있는지는 정확히 알 수가 없었지요.

부벨라는 손을 들어 정원사를 가리켰어요. 그러자 손이 점점 더 간지러워지고 따뜻해졌어요. 그리고 깜짝 놀랄 만한 일이 벌어졌어요. 갑자기 정원사가 허리를 꼿꼿하게 펴더니 똑바로 선 거예요. 정원사는 한 발자국 한 발자국 내디며 보다가 덩실덩실 춤을 추었어요.

정원사가 웃으며 큰 소리로 외쳤어요.

㉢"이제 하나도 아프지가 않아!"

부벨라는 자신의 손을 쳐다보았어요. 무슨 일인지는 모르겠지만 분명 좋은 일임엔 틀림없었어요.

집으로 돌아오면서 부벨라의 머릿속은 많은 생각으로 가득 찼어요. 지렁이를 만난 순간부터 모든 것이 변한 것 같았어요. 게다가 아주 특별한 일까지 일어났잖아요. '어쩌면 나에게 마법의 힘이 생긴 것은 아닐까' 하는 생각이 들었어요.

중심 내용 정원사의 친절에 보답하고 싶었던 부벨라가 손을 들어 정원사를 가리키자 굽었던 정원사의 허리가 꼿꼿하게 펴졌어요.

5 부벨라는 부엌에 들어가서 정원사가 준 흙으로 아주 근사한 진흙파이를 만들었어요. 그런 다음 파이를 뚜껑으로 덮어 식탁 위에 놓은 뒤 손을 씻었답니다. 그것도 두 번이나 말이죠.

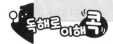 독해로 이해 쏙

21 정원사는 각기 다른 종류의 (   ) 을/를 접시에 담아 부벨라에게 주었다.

22 부벨라는 정원사의 친절에 꼭 보답을 하고 싶었다. (○, ×)

23 부벨라가 손을 들어 정원사를 가리키자 정원사의 허리가 (굽었다, 꼿꼿하게 펴졌다).

24 정원사는 이제 하나도 아프지 않다며 (인사를 했다, 춤을 추었다).

25 부벨라는 자신에게 (   )의 힘이 생긴 것이 아닐까 생각했다.

낱말풀이

베풀어 남에게 돈을 주거나 일을 도와주어서 혜택을 받게 하여.

보답 남에게 입은 은혜나 고마움을 갚는 것. 예 아버지는 아무런 보답도 바라지 않고, 남을 도와주신다.

꼿꼿하게 물건이 휘거나 구부러지지 아니하고 단단하게.

덩실덩실 신이 나서 팔다리를 흥겹게 자꾸 놀리며 춤을 추는 모양.

근사한 그럴듯하게 괜찮은. 예 생일을 맞아 근사한 식당에서 저녁을 먹었다.

20 부벨라가 정원사에게 얻은 것은 무엇입니까? (   )

① 정원사가 직접 구운 케이크
② 정원을 손질할 수 있는 가위
③ 정원사의 정원에 핀 아름다운 꽃
④ 정원 세 곳에서 담은 각기 다른 종류의 흙
⑤ 정원사의 정원에 살고 있는 지렁이 친구들

서술형

21 ㉠에 어울리는 부벨라의 표정, 몸짓, 말투를 알맞게 쓰시오.

_____

오랜만에 누군가의 친절을 받아 감격한 부벨라의 표정, 몸짓, 말투를 상상해 보세요.

22 ㉡ 대신 바꾸어 쓸 수 있는 말에 ○표 하시오.

(1) 꼭 약속을 하고 싶었어요.   (   )
(2) 꼭 은혜를 갚고 싶었어요.   (   )
(3) 꼭 대답을 듣고 싶었어요.   (   )

'보답'의 뜻이 무엇인지 짐작해 보아요.

23 정원사에게 일어난 깜짝 놀랄 만한 일은 무엇입니까? (   )

① 갑자기 젊어진 일
② 허리를 펴고 똑바로 선 일
③ 정원에 지렁이가 많아진 일
④ 정원의 흙이 전부 사라진 일
⑤ 정원의 흙이 진흙파이로 변한 일

중요

24 ㉢을 말하는 정원사의 표정, 몸짓, 말투로 알맞지 <u>않은</u> 것을 두 가지 고르시오.
(   )

① 활짝 웃으며
② 큰 소리로 외치며
③ 덩실덩실 춤을 추며
④ 작은 목소리로 속삭이며
⑤ 허리를 굽혀 천천히 걸으며

부벨라는 지렁이를 데리러 갔어요. 지렁이는 정확히 네 시 **정각**에 땅 위로 고개를 내밀었어요. 지렁이가 정원을 둘러보며 만족스러운 표정으로 말했어요.

"아주 바빴겠구나."

부벨라는 조심스럽게 지렁이와 그 주변의 흙까지 한 **움큼**을 퍼서 집 안으로 데리고 들어갔어요.

부벨라가 지렁이를 식탁에 내려놓자, 지렁이는 이리저리 기어 다니다가 바나나케이크를 보았어요. 그러고는 식탁을 마저 둘러본 후 물었어요.

"이 안에는 뭐가 들어 있니?"

⊙ "물어보지 않으면 어쩌나 했어!"
_{진흙파이를 덮어 둔 뚜껑 안}

부벨라는 그렇게 말하고는 **과장된** 몸짓으로 뚜껑을 들어 올렸어요.

지렁이는 신이 나서 진흙파이 속으로 파고들어 갔어요. 지렁이가 다시 위로 올라왔을 때에는 머리 위에 나뭇잎 조각이 얹어져 있었어요. 마치 모자를 쓴 듯 말이에요.

부벨라가 물었어요.

"특별한 대접을 받았으면 고맙다고 해야 정상 아니니?"

지렁이는 부벨라를 뚫어져라 쳐다보다가 온몸이 흔들릴 정도로 **호탕하게** 웃으며 말했어요.

ⓒ "어쩐지 네가 좋아질 것 같아."

부벨라와 지렁이는 차를 마시면서 즐거운 시간을 보냈어요. 두 친구는 시간 가는 줄 모르고 이야기꽃을 피웠답니다.

중심 내용 | 부벨라는 지렁이에게 근사한 진흙파이를 대접했고, 둘은 함께 즐거운 시간을 보냈어요.

6 ⓒ부벨라는 자기만 보면 무서워서 도망을 치는 사람들을 볼 때마다 어떤 기분이 드는지 지렁이에게 솔직하게 털어놓았어요. 사실 부벨라는 파리 한 마리도 해치지 못했거든요.

"그런데 지금 누구랑 살고 있니?"

"난 혼자 살아." / "왜?"

"부모님이 약초를 캐러 다부쉬타 정글로 가셨거든. 그동안 할머니가 돌보아 주셨는데, 갑자기 할아버지가 아프셔서 할아버지가 계시는 작은 섬으로 돌아가셨어."

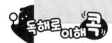
독해로 이해 콕

26 지렁이는 바나나케이크가 맛있다며 좋아했다. (○ , ✕)

27 지렁이는 부벨라에게 특별한 대접을 받아 고맙다고 말하였다. (○ , ✕)

28 부벨라와 지렁이는 시간 가는 줄 모르고 즐겁게 이야기를 나누었다. (○ , ✕)

29 부벨라는 (   ) 한 마리도 해치지 못한다.

30 부벨라는 부모님, 할머니, 할아버지와 함께 살고 있다. (○ , ✕)

낱말풀이

정각 틀림없는 바로 그 시각.

움큼 손으로 한 줌 움켜쥘 만한 분량을 세는 단위.

과장된 사실보다 지나치게 불려서 나타낸. 예 그의 글에는 과장된 표현이 많다.

호탕하게 씩씩하고 쾌활하게.

서술형

25 ㉠을 말할 때 어울리는 부벨라의 표정과 말투를 쓰시오.

지렁이의 말을 듣고
부벨라가 어떤 마음이 들었을지
생각해 보세요.

(1) 표정: _____

(2) 말투: _____

26 부벨라가 뚜껑을 들어 올렸을 때, 지렁이가 한 행동으로 알맞은 것은 무엇입니까? (   )

① 손을 씻으러 감.
② 뚜껑을 다시 덮음.
③ 뚜껑을 모자처럼 씀.
④ 흙 속 나뭇잎을 골라냄.
⑤ 진흙파이 속으로 파고듦.

중요

27 ㉡을 통해 알 수 있는 지렁이 마음을 알맞게 짐작하여 말한 친구의 이름을 쓰시오.

지렁이는 부벨라와
함께 있던 시간이
불편했던 것 같아.

현지

지렁이는 부벨라가
준비한 진흙파이가
마음에 들었던 것 같아.

승현

(   )

28 ㉢에서 부벨라는 어떤 기분이 든다고 말하였을지 알맞은 것에 ○표 하시오.

(1) 자신을 보고 도망치는 사람들을 볼 때마다 재밌고 즐겁다.   (   )
(2) 자신을 보고 도망치는 사람들을 볼 때마다 속상하고 슬프다.   (   )

29 부벨라가 혼자 사는 까닭으로 알맞은 것을 두 가지 고르시오. (   )

① 겁이 없고 용감하기 때문에
② 할머니께서 많이 아프시기 때문에
③ 부모님이 세계 여행을 떠나셨기 때문에
④ 부모님이 정글로 약초를 캐러 가셨기 때문에
⑤ 할머니께서 할아버지가 계시는 섬으로 돌아가셨기 때문에

지렁이는 부벨라가 **안쓰러워** 보였어요. 지렁이들은 수백 명이나 되는 친척들과 가까이에서 함께 살았기 때문에 홀로 지내는 것이 어떤 생활일지 그저 짐작할 수밖에 없었답니다.

부벨라는 바나나케이크를 먹고, 지렁이는 진흙파이를 여기저기 파 들어가며 먹었어요.

㉠"정말 맛있어. 흙 맛이 이렇게 다양하고 좋은지 몰랐어."

지렁이의 말에 부벨라는 드디어 기다리던 순간이 되었다고 생각했어요.

"네가 내 친구가 되어 준다면 _{친구가 되어 달라고 말하는 순간} 어디든지 데리고 다닐게. 그러면 가는 곳마다 맛있는 흙으로 만든 훌륭한 파이를 맛보게 될 거야."

지렁이는 생각만 해도 **군침**이 돌았어요.

"그러면 너에게 좋은 점은 뭐야?"

"나를 무서워하지 않고 늘 진실을 말해 줄 수 있는 좋은 친구가 생기는 거지. 너를 만난 이후로 하루하루가 더없이 즐거워. 난 너와 헤어지고 싶지 않아."

지렁이는 잠시 생각을 해 보더니 미소를 지으며 말했어요.

"그건 나도 마찬가지야."

"너에게 줄 것이 또 있어."

부벨라는 커다란 성냥갑으로 만든 작은 상자를 꺼냈어요. 상자에는 가죽 줄이 달려 있었고, 안은 근사한 검은흙으로 채워져 있었어요.

지렁이는 상자를 살펴더니 안으로 기어들어 갔어요.

부벨라는 상자를 들어 올려 어깨에 매달았어요.

"정말 멋지구나."

지렁이는 새로운 집에서 세상을 내려다볼 수 있었고, 걸어 다닐 때도 부벨라와 이야기를 나눌 수 있었어요.

"널 처음 보았을 때, 발에서 이렇게 지독한 냄새가 나는 사람은 정말 **이기적**일 거라고 생각했었어."

부벨라가 **뿌듯해하며** 대답했어요.

"지금껏 내게 관심을 보인 친구는 단 한 명도 없었는데……. 이제는 네가 있구나."

중심 내용 부벨라는 지렁이에게 친구가 되어 달라고 부탁했고, 둘은 좋은 친구가 되었어요.

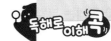
31 지렁이는 홀로 지내는 부벨라가 (행복해, 안쓰러워) 보였다.

32 지렁이들은 수백 명이나 되는 친척들과 가까이에서 함께 산다. (○, ×)

33 부벨라는 지렁이가 자신을 무서워하지 않고 늘 (칭찬, 진실)을 말해 줄 친구라고 생각한다.

34 부벨라가 지렁이에게 준 작은 상자는 (보물, 검은흙)(으)로 채워져 있었다.

35 지렁이는 부벨라를 처음 보았을 때 정말 착한 아이일 것이라고 생각했다.
(○, ×)

36 지금까지 부벨라에게 관심을 보인 친구가 많이 있었다. (○, ×)

낱말풀이

안쓰러워 손아랫사람이나 약자의 딱한 형편이 마음이 아프고 가여워.

군침 공연히 입 안에 도는 침.

이기적 자기 자신의 이익만을 꾀하는 것.
예 그는 이기적이고 배려심이 없다.

뿌듯해하며 기쁨이나 감격이 마음에 가득 차서 벅차며.

중요

30 ㉠을 말하는 지렁이의 표정, 몸짓, 말투로 가장 알맞은 것에 ○표 하시오.

(1) 무뚝뚝한 표정으로 진흙파이를 가리키며, 큰 목소리로 ( )

(2) 웃는 표정으로 진흙파이를 파고들며, 신나는 목소리로 ( )

(3) 놀란 표정으로 진흙파이를 바라보며, 속삭이는 목소리로 ( )

(4) 슬픈 표정으로 진흙파이를 헤쳐 나오며, 풀이 죽은 목소리로 ( )

맛있는 음식을 먹었을 때의 경험을 떠올려 보세요.

31 부벨라가 지렁이에게 부탁한 것은 무엇인지 쓰시오.

( )

교과서 문제

32 부벨라가 지렁이와 함께 있고 싶은 까닭으로 알맞은 것을 두 가지 고르시오.

( )

① 잘난 척을 하지 않아서

② 자신을 무서워하지 않아서

③ 자신의 음식을 뺏어 먹지 않아서

④ 늘 진실을 말해 주는 좋은 친구여서

⑤ 작아서 어디든 쉽게 데리고 다닐 수 있어서

부벨라가 지렁이와 친구가 되면 좋은 점이 무엇인지 말한 부분을 살펴보세요.

서술형

33 이 글에서 그림으로 표현하고 싶은 장면을 고르고, 그 장면을 고른 까닭을 쓰시오.

(1) 고른 장면: _____

(2) 그 장면을 고른 까닭: _____

_____

이미지로 보는 사전

#지렁이 #붉은줄지렁이 #환형동물

비가 갠 날 땅바닥에서 꿈틀거리며 기어가는 지렁이를 볼 수 있어요.

지렁이는 고리 모양을 한 마디가 여러 개 있어 환형동물(環形動物)이라고 불러요.

지렁이의 대표로 치는 '붉은줄지렁이'는 다 크면 몸길이가 12~30cm가 돼요.

지렁이는 땅속을 헤집고 다녀 바람이 통하게 하고, 지렁이의 배설물은 땅을 기름지게 만들어 줘요.

1 작품을 보고 느낌을 나누어요

01 친구에게 사과할 때 어울리는 표정, 몸짓, 말투로 알맞지 <u>않은</u> 것은 무엇입니까? (   )

① 진지한 표정
② 진심을 담은 말투
③ 약 올리는 표정과 말투
④ 몸을 움츠리고 풀 죽은 표정
⑤ 장난스럽지 않은 표정과 말투

02~05 다음 만화 영화를 보고, 물음에 답하시오.

수라간에서 오신 분들이다.

1

임금님은 친척의 혼례라 특별히 수라간 상궁들을 보내셨습니다. 강아지를 찾으러 다니던 장금이는 처음 보는 수라간 상궁을 신기하게 바라봅니다.

㉠ 고마운 줄 알아!

2

그런데, 잔칫집을 뛰어다니던 장금이의 강아지가 국수를 쏟아 국수를 못 먹게 되었습니다. 수라간 궁녀에게 꾸중을 듣던 장금이는 옥수수 전분으로 올챙이국수를 만들자고 하여 위기를 넘깁니다.

우리 장금이가 궁녀가 된단 말이야?

3

그렇지!

한 상궁의 추천으로 장금이는 수라간의 생각시 선발 시험을 볼 수 있게 되었습니다. 기뻐서 뒷산에 오른 장금이는 돌아가신 엄마를 떠올리며 눈물 짓습니다.

02 장금이가 신기하게 바라본 것은 누구인지 쓰시오.

(   )

중요

03 장면 **1**~**2**에 어울리는 장금이의 표정, 몸짓을 알맞게 선으로 이으시오.

(1) **1** ·

(2) **2** ·

· ㉮

· ㉯

04 ㉠을 말할 때 인물의 표정, 몸짓, 말투로 알맞은 것을 두 가지 고르시오. (   )

① 화가 난 표정
② 깜짝 놀란 표정
③ 높고 큰 목소리
④ 울먹이는 목소리
⑤ 고개를 숙이고 어깨를 움츠림.

서술형

05 장면 **3**에 어울리는 장금이의 표정, 몸짓, 말투를 쓰시오.

장금이의 마음	궁으로 가게 된 것이 무척 기쁨.

(1) 표정: _____

(2) 몸짓: _____

(3) 말투: _____

➜ 바른답·알찬풀이 04쪽

06~09 다음 만화 영화를 보고, 물음에 답하시오.

가
> 과일 사러 온 거야, 언니 얘기 하러 온 거야?

미미는 어른들이 엄마를 '자두 엄마'로만 부르자 섭섭해합니다.

나
> 언니랑 같이 다니고 싶지 않아!

미미는 학교 친구와 선생님도 언니 자두에게만 관심을 기울여 화가 납니다.

다
> 자두야! 왜 그랬어?

자두는 학예회에서 미미를 돋보이게 하려고 일부러 엉뚱한 춤을 추어 자신의 무대를 망칩니다.

라
> 그게 정말이야?

자두는 미미가 자신보다 유명해지고 싶어서 은희에게 몰래 발레를 배웠다는 사실을 알고 놀랐던 일을 떠올립니다.

마
> 언니가 큰 거 먹어.

> 아니야, 네가 큰 거 먹어.

학예회에서 인기상을 탄 미미는 자두와 화해합니다.

06 장면 에서 알 수 있는 미미의 마음으로 알맞은 것은 무엇입니까? (   )

① 놀람.　　② 서운함.　　③ 즐거움.
④ 미안함.　　⑤ 뿌듯함.

07 장면 **나**에 어울리는 미미의 표정, 몸짓, 말투를 모두 고르시오. (   )

① 인상을 찡그리며
② 작고 낮은 목소리로
③ 크게 소리를 지르며
④ 두 팔을 마구 휘두르며
⑤ 풀이 죽은 듯 고개를 숙이며

08 이 만화 영화에서 일이 일어난 순서대로 기호를 쓰시오.

> ㉠ 미미는 모두 자두에게만 관심을 기울여 화가 났다.
> ㉡ 학예회에서 인기상을 탄 미미는 자두와 화해했다.
> ㉢ 미미는 언니보다 유명해지고 싶어서 몰래 발레를 배웠다.
> ㉣ 자두는 미미를 돋보이게 하려고 일부러 자신의 무대를 망쳤다.

(   ) → (   ) → (   ) → (   )

서술형

09 장면 **라**에 어울리는 자두의 표정과 말투를 쓰시오.

_____

중요

10 인물의 표정, 몸짓, 말투에 주의하며 만화 영화를 보면 좋은 점을 모두 골라 기호를 쓰시오.

> ㉮ 만화 영화를 더 재미있게 볼 수 있다.
> ㉯ 만화 영화의 줄거리 이해에 도움이 된다.
> ㉰ 만화 영화의 내용을 절대 잊어버리지 않는다.

(   )

11~12 다음 글을 읽고, 물음에 답하시오.

> 이번에는 부벨라가 말을 시작했어요.
> "난 부벨라야. 네 이름은 뭐니?"
> "이제야 뭔가 제대로 되네. 나는 지렁이라고 해."
> "아니, 네 이름 말이야. 제이미나 다니엘 같은."
> 지렁이는 온몸이 흔들릴 정도로 고개를 가로저었어요.
> "지렁이 이름이 제이미라고?"
> 지렁이는 그렇게 되묻더니 요란하게 웃으며 말을 잇지 못했답니다.
> "정말 웃기지도 않네. 우리 지렁이들은 젠체하고 살지 않아. 우리는 그냥 지렁이야."
> ㉠"너는 내가 무섭지 않니?"
> "왜 너를 무서워해야 하는데?"
> "내가 너보다 훨씬 덩치가 크니까."
> 부벨라는 당연하다는 듯이 대답했어요.
> "무슨 그런 말도 안 되는 소리가 다 있어? 이 세상 모든 것이 다 나보다 커. 만약 나보다 큰 것들에게 말 붙이기를 겁냈다면 난 계속 입을 다물고 살아야 했을걸."

11 부벨라는 왜 지렁이가 자신을 무서워할 것이라고 생각했습니까? (   )

① 이름이 특이해서
② 자신의 덩치가 커서
③ 자신의 얼굴이 못생겨서
④ 구멍이 난 옷을 입고 있어서
⑤ 자기 발에서 냄새가 심하게 나서

중요

12 ㉠을 말하는 부벨라의 표정, 몸짓, 말투로 알맞지 않은 것을 두 가지 고르시오. (   )

① 놀란 표정으로
② 따지는 말투로
③ 비웃는 표정으로
④ 목소리를 높여서
⑤ 쪼그리고 앉아서

13~15 다음 글을 읽고, 물음에 답하시오.

> 부벨라는 친절한 정원사에게 어떻게든 꼭 보답을 하고 싶었어요. 그때 갑자기 부벨라의 손이 간지러워지기 시작하더니 아주 따뜻해졌어요. 무슨 일이 벌어지고 있는지는 정확히 알 수가 없었지요.
> 부벨라는 손을 들어 정원사를 가리켰어요. 그러자 손이 점점 더 간지러워지고 따뜻해졌어요. 그리고 깜짝 놀랄 만한 일이 벌어졌어요. 갑자기 정원사가 허리를 꼿꼿하게 펴더니 똑바로 선 거예요. 정원사는 한 발자국 한 발자국 내디며 보다가 덩실덩실 춤을 추었어요.
> 정원사가 웃으며 큰 소리로 외쳤어요.
> ㉠"이제 하나도 아프지가 않아!"
> 부벨라는 자신의 손을 쳐다보았어요. 무슨 일인지는 모르겠지만 분명 좋은 일임엔 틀림없었어요.

13 부벨라는 누구에게 보답을 하고 싶었습니까?

(   )

① 지렁이
② 정원사
③ 할머니
④ 자기 자신
⑤ 이웃 사람들

14 부벨라와 정원사에게 어떤 일이 일어났습니까?

(   )

① 부벨라와 정원사가 함께 춤을 춤.
② 부벨라가 정원사의 허리를 아프게 만듦.
③ 정원사가 거인 부벨라를 작아지게 만듦.
④ 부벨라 덕분에 정원사의 손이 따뜻해짐.
⑤ 정원사의 굽은 허리가 부벨라 덕분에 펴짐.

서술형

15 ㉠에 어울리는 정원사의 표정, 몸짓, 말투를 쓰시오.

_____

_____

16~17 다음 만화를 보고, 물음에 답하시오.

[4-1] 10단원 280~281쪽

수업 시간에 글: 박현진, 그림: 윤정주

공부한 날

월

일

어떻게 읽을까?

1. 인물이 처한 상황과 그때의 마음을 생각해 보세요.
2. 인물의 표정, 몸짓, 말투를 자세히 살펴보세요.

● 수업 시간에 일어난 일

> 소민이가 수업 시간에 일어나서 교과서를 읽었는데 선생님께서 다음부터는 더 ① ☐☐ 읽으라고 하심.

↓

> 소민이는 창피한 마음이 듦.

● 소민이의 상황에 어울리는 표정, 몸짓, 말투

- 표정: 눈썹을 내리고 얼굴을 붉히는 등 ② ☐☐☐ 표정
- 몸짓: 두 손으로 ③ ☐☐을/를 가림.
- 말투: ④ ☐☐ 목소리, 소심한 말투

답 ① 크게 ② 창피한 ③ 얼굴 ④ 작은

16 이 만화를 통해 짐작할 수 있는 소민이의 성격으로 알맞은 것은 무엇입니까? ( )

① 장난이 심함.
② 호기심이 많음.
③ 잘난 척을 잘함.
④ 당당하고 활기참.
⑤ 소심하고 수줍음이 많음.

단원 개념

17 장면 마에 어울리는 소민이의 표정과 몸짓으로 알맞지 <u>않은</u> 것은 무엇입니까? ( )

① 활짝 웃는 표정
② 부끄러워하는 표정
③ 어깨를 움츠린 모습
④ 눈썹을 내리고 빨개진 얼굴
⑤ 두 손으로 얼굴을 감싸는 몸짓

1 다음 빈칸에 들어갈 알맞은 낱말을 **보기**에서 찾아 쓰시오.

> **보기**
>
> 문득   보답   선발   예외

(1) 사진을 보다가 [　　　] 옛 친구가 생각났다.

(2) 오늘만 [　　　] (으)로 교실 청소를 하지 않고 집에 가기로 했다.

(3) 어머니는 어떤 [　　　] 도 바라지 않고, 남을 돕는 데 앞장서신다.

(4) 우리 반 대표 달리기 선수를 [　　　] 하는 시합에서 지혜가 1등을 했다.

2 다음 문장에서 밑줄 그은 낱말과 뜻이 비슷한 낱말을 찾아 선으로 이으시오.

(1) 푹죽 소리가 <u>요란하게</u> 들려왔다. •

(2) 아픈 고양이가 <u>안쓰러워</u> 보인다. •

(3) 앉을 때에는 허리를 <u>꼿꼿하게</u> 세워야 한다. •

• ㉮ 곧게

• ㉯ 안타까워

• ㉰ 시끄럽게

3 다음 문장을 읽고, 올바른 발음에 ○표 하시오.

(1) ┌ 동녘에[동녀게] ┐
　　└ 동녘에[동녀케] ┘ 해가 떠올랐다.

(2) 문틈으로 ┌ 빛이[비시] ┐
　　　　　 └ 빛이[비치] ┘ 새어 나왔다.

(3) 길을 가다가 넘어져서 ┌ 무릎에[무르베] ┐
　　　　　　　　　　　　└ 무릎에[무르페] ┘ 상처가 생겼다.

속담

4 다음 글과 그림을 보고, | 공든 탑이 무너지랴 | 를 알맞게 사용한 대화에 ○표 하시오.

공든 탑이 무너지랴
무너질 리 없다는 말을 강조하기 위해 물어보는 것처럼 표현함.
정성을 들여 쌓은 탑은 무너질 리 없다는
뜻으로, 힘을 다하고 정성을 다하여 한 일은
그 결과가 반드시 헛되지 아니함을 이르는 말.

벽돌로 담을 쌓을 때, 정성을 들여 한 장 한 장 쌓은 담과 대충대충 쌓은 담 중에 어떤 것이 더 튼튼할까요? 당연히 정성껏 쌓은 담이 튼튼할 거예요. 이렇게 어떤 일이든 최선을 다해야 후회가 없고 좋은 결과도 얻을 수 있어요.

(1)
준영: 나는 지우랑 친하지도 않은데, 우리 둘이 사귄다는 소문이 났어.
서현: 그런 소문이 왜 났을까? <u>공든 탑이 무너지겠어?</u>

( )

(2)
세민: 피아노 연주를 잘할 수 있을지 너무 걱정돼.
승우: 넌 하루도 빠짐없이 매일 1시간씩 연습했잖아. <u>공든 탑이 무너지겠어?</u>

( )

2

중심 생각을 찾아요

아는 내용이나 겪은 일과
관련지어 글 읽기

글을 읽고 중심 생각을
찾는 방법 알기

알고 싶은 내용이 담긴
글을 읽고 간추려 발표하기

단원에 대한 공부 계획을 세우고, 공부한 내용을
얼마나 이해했는지 스스로 평가해 보세요.

	공부할 내용	스스로 평가
5회	**그림으로 개념 탄탄** **독해로 교과서 쏙쏙 ❶** • 「안전하게 과학 실험을 해요」	☆☆☆
6회	**독해로 교과서 쏙쏙 ❷** • 「갯벌을 보존해야 하는 까닭」 • 「옷차림이 바뀌었어요」	☆☆☆
7회	**단원 평가** **독해로 생각 Up** → 「에너지를 절약하자」 **어휘 마무리 뚝딱** → 사자성어 〈요산요수〉	☆☆☆

★★★ 잘함.   ★★ 보통임.   ★ 아쉬움.

그림으로 개념 탄탄

Q 아는 내용이나 겪은 일과 관련지어 글을 어떻게 읽어야 할까요?

과학 실험 안전 수칙

첫째, 선생님께서 계실 때에만 실험을 한다.

둘째, 과학실에서는 장난을 치지 않는다.

셋째, 실험할 때 책상에 바짝 다가가지 않는다.

선생님께서 자주 말씀하시던 거네.

'셋째'는 새롭게 알게 됐어.

A ✿ 글을 읽을 때 자신이 알고 있는 내용이나 경험을 생각하며 글을 읽어요.

✿ 자신이 알고 있는 내용과 다른 내용을 비교해 새롭게 안 내용을 생각하면서 읽어요.

Q 글을 읽고 중심 생각을 찾는 방법은 무엇일까요?
글쓴이가 글 전체에서 말하고 싶은 생각

글

제목도 살펴보고,

사진이나 그림도 보면서,

중심 문장을 찾고,

찾았다!

중심 생각

A ✿ 문단의 중심 <u>문장</u>을 찾아보고 중심 생각을 간추려요.
문단의 전체 내용을 대표하는 문장

✿ 글의 제목을 보고 무엇에 대해 쓴 글인지 생각해요.

✿ 글에 있는 사진이나 그림을 보고 글쓴이의 중심 생각을 찾아요.

 알고 싶은 내용이 담긴 글을 읽고 간추려 발표하는 방법은 무엇일까요?

옛날과 오늘날 사람들의 옷차림에는 차이가 많이 있습니다. 사람들은 옛날에 우리나라 고유한 옷인 한복을 입었습니다. ……

❀ 알고 싶은 내용이 담긴 글을 찾아 내용을 생각하며 글을 읽어요.

❀ 글을 읽고 중심 생각을 간추려 보아요.

❀ 글을 읽고 더 알고 싶은 내용을 조사해 써 보아요.

❀ 친구들의 글을 읽고 새롭게 안 내용과 더 알고 싶은 내용을 말해 보아요.

 글을 읽고 중심 생각을 찾는 방법으로 알맞지 <u>않은</u> 것에 ×표 하시오.

(1) 글의 제목을 살펴본다. ( )

(2) 각 문단의 중심 문장을 찾아본다. ( )

(3) 글에 있는 사진이나 그림을 살펴본다. ( )

(4) 더 알고 싶은 내용을 찾아서 친구들과 비교해 본다. ( )

답 (4) ×

안전하게 과학 실험을 해요

1 어린이들은 과학 실험을 하면서 호기심이 생기고 평소에 품었던 궁금증을 해결합니다. 또 실험을 하면서 탐구 능력을 키우기도 합니다. 과학 실험을 하면 이와 같은 좋은 점이 있지만 안전사고가 발생하는 경우도 있습니다. 그러므로 안전하게 과학 실험을 하려면 과학 실험 안전 수칙을 확인하고 실천해 안전사고의 위험을 줄여야겠습니다. 지금부터 과학 실험 안전 수칙을 알아보겠습니다.

중심 내용 안전하게 과학 실험을 하기 위해 과학 실험 안전 수칙을 알아봅시다.

2 첫째, 선생님께서 계시지 않을 때에는 과학 실험을 하지 않습니다. 과학실에는 조심히 다루어야 할 실험 기구와 위험한 화학 약품이 많습니다. 선생님의 말씀에 따라 실험 기구나 화학 약품을 다루어야 사고가 나는 것을 예방할 수 있습니다. 그러므로 선생님께서 계시지 않을 때에는 과학 실험을 해서는 안 됩니다.

중심 내용 선생님께서 계시지 않을 때에는 과학 실험을 하지 않습니다.

3 둘째, 과학실에서는 절대 장난을 치면 안 됩니다. 과학실에는 깨지기 쉽거나 위험한 실험 기구가 많습니다. 장난을 치다가 유리로 만든 실험 기구가 깨지면 날카로운 유리 조각이 생겨 이 유리 조각에 사람이 다칠 수 있습니다. 또 장난을 치다가 알코올램프가 바닥에 떨어지면 과학실에 화재가 발생할 수도 있습니다. 그러므로 과학실에서는 장난을 치지 말고 진지한 자세로 실험을 해야 합니다.

중심 내용 과학실에서는 절대 장난을 치면 안 됩니다.

4 셋째, 실험할 때 책상에 바짝 다가가지 않습니다. 실험하다가 만약 실험 기구가 넘어지면 깨진 기구의 조각이나 기구 속 화학 약품이 주변에 튈 수 있습니다. 이때 책상에 바짝 다가가 앉아 있으면 다칠 수가 있습니다. 그러므로 실험을 할 때에는 책상에 너무 바짝 다가가 앉지 않고 실험 기구와 어느 정도 거리를 유지하는 것이 안전합니다.

중심 내용 실험할 때 책상에 바짝 다가가지 않습니다.

5 과학 실험을 할 때에는 무엇보다 안전이 중요합니다. 실험이 재미있고 공부에 도움이 된다 하더라도 사고가 발생하면 아무런 소용이 없습니다. 그러므로 과학 실험 안전 수칙을 항상 기억하고 실천해 안전하게 실험을 할 수 있도록 노력해야 합니다.

중심 내용 과학 실험 안전 수칙을 항상 기억하고 실천합시다.

읽기 팁

안전하게 과학 실험을 하려면 어떻게 해야 하는지 아는 내용이나 과학 실험을 해 보았던 경험을 떠올리며 글을 읽어 보세요.

독해로 이해 콕

1 안전하게 과학 실험을 하려면 과학 실험 (   )을/를 확인해야 한다.

2 선생님께서 계시지 않을 때에는 과학 실험을 하지 않는다. (○ , ×)

3 과학실에서는 절대로 장난을 치지 말고 (   ) 자세로 실험을 해야 한다.

4 실험할 때 책상에 바짝 다가가서 앉는다.
(○ , ×)

5 실험이 재미있고 공부에 도움이 된다면 사고가 발생해도 괜찮다. (○ , ×)

낱말풀이

호기심 새롭고 신기한 것을 좋아하거나 모르는 것을 알고 싶어 하는 마음.

탐구 필요한 것을 조사하여 찾아내거나 얻어 냄.

수칙 행동이나 절차에 관하여 지켜야 할 사항을 정한 규칙. 📖 전염병 예방을 위해 방역 수칙을 잘 지키자.

예방 질병이나 재해 따위가 일어나기 전에 미리 대처하여 막는 일.

알코올램프 알코올을 연료로 하는 가열 장치. 그을음이 없고 화력이 세어 화학 실험 따위에 쓰임.

01 이 글은 무엇을 설명하는 글입니까? (   )

① 과학 실험 안전 수칙
② 위험한 화학 약품의 종류
③ 학교에 과학실을 만든 까닭
④ 과학 실험 보고서를 쓰는 방법
⑤ 과학실에 있는 실험 기구의 종류

02 실험을 할 때 책상에 바짝 다가가면 안 되는 까닭으로 알맞은 것에 ○표 하시오.

(1) 장난을 치다가 알코올램프가 바닥에 떨어지면 화재가 발생할 수 있어서
(   )
(2) 실험 기구가 넘어지면서 깨진 조각이나 화학 약품이 주변에 튀어 다칠
수 있어서   (   )
(3) 선생님의 말씀에 따라 실험 기구나 화학 약품을 다루어야 사고를 예방
할 수 있어서   (   )

교과서 문제
03 이 글의 내용을 정리하여 (   ) 안에 들어갈 알맞은 말을 각각 쓰시오.

(1) (   )께서 계시지 않을 때에는 과학 실험을 하지 않습니다.
(2) 과학실에서는 절대 (   ) 안 됩니다.
(3) 실험할 때 (   )에 바짝 다가가지 않습니다.

중요
04 이 글을 읽을 때 떠올리거나 관련지어 읽으면 좋은 내용을 두 가지 고르시오.

(   )

① 1학기에 받은 과학 시험 성적
② 과학실에서 실험을 했던 경험
③ 유명한 과학자의 일생과 업적
④ 과학의 발전으로 달라진 세상의 모습
⑤ 평소 들어 보았던 과학 실험 전 주의 사항

> 아는 내용이나 겪은
> 일과 관련지어 글을 읽으면
> 글의 내용을 더 쉽게
> 이해할 수 있어요.

서술형
05 앞으로 자신이 지킬 일을 생각하며 자신만의 과학 실험 안전 수칙을 만들어 쓰
시오.

> 과학 실험을 할 때
> 주의할 점들을 생각해 나만의
> 안전 수칙을 만들어 보세요.

1 갯벌에 가 본 적이 있나요? 갯벌에서 무엇을 보았나요? 바닷물이 빠져나가는 썰물 때에 육지로 드러나는 바닷가의 편평한 곳을 갯벌이라고 불러요. 바닷물이 육지로 밀려오는 밀물 때 갯벌은 바닷물로 덮여 있어 보이지 않지만 자연과 사람에게 여러 가지 도움을 줍니다.

중심 내용 갯벌은 자연과 사람에게 여러 가지 도움을 줍니다.

2 첫째, 갯벌은 다양한 생물이 살 수 있는 장소입니다. 갯벌에 물이 들어오기도 하고 빠지기도 하면서 생물이 살기에 적합한 환경을 만듭니다. 그래서 게, 조개, 갯지렁이, 불가사리, 물고기 같은 여러 가지 생명체가 삽니다. 또한 갯벌은 철새들이 휴식하거나 번식하려고 이동하는 중간에 머물며 살기도 하는 장소입니다. 중심 내용 갯벌은 다양한 생물이 살 수 있는 장소입니다.

3 둘째, 어민들은 갯벌에서 수산물을 키우고 거두어 돈을 법니다. 어민들은 갯벌에서 조개나 물고기, 낙지 따위를 잡아 팝니다. 또 갯벌은 생물이 살기에 좋은 환경이므로 어민들이 바다 생물들을 직접 키우기도 합니다. 이것을 양식이라고 하는데, 양식은 농민들이 밭이나 논에서 농작물을 키워 파는 것과 비슷합니다. 중심 내용 어민들은 갯벌에서 수산물을 키우고 거두어 돈을 법니다.

4 셋째, 갯벌은 육지에서 나오는 오염 물질을 분해해 좋은 환경을 만듭니다. 갯벌은 겉으로는 그냥 진흙탕처럼 보이지만 작은 생물이 갯벌에 많이 살고 있습니다. 이 생물들은 오염 물질 분해가 잘 이루어지게 합니다. 갯벌에서 흔히 사는 갯지렁이도 오염 물질 분해를 돕습니다.

중심 내용 갯벌은 육지에서 나오는 오염 물질을 분해해 좋은 환경을 만듭니다.

5 넷째, 갯벌은 기후를 조절하고 홍수를 줄여 주는 역할을 합니다. 갯벌 흙은 물을 많이 흡수해 저장했다가 내보내는 기능을 합니다. 그러므로 갯벌은 비가 많이 오면 빗물을 저장해 갑작스러운 홍수를 막아 줍니다. 그리고 주변 온도와 습도에 따라 물을 흡수하고 내보내는 역할을 알맞게 수행해 기후를 알맞게 만들어 줍니다. 중심 내용 갯벌은 기후를 조절하고 홍수를 줄여 주는 역할을 합니다.

6 갯벌의 환경은 특별하고 다양합니다. 갯벌과 그 속에 사는 여러 생물은 자연과 사람을 위해 좋은 역할을 많이 합니다. 그러므로 갯벌은 쓸모없는 땅이 아니라 우리와 함께 살아가는 소중한 장소입니다. 소중한 갯벌을 잘 보존해야겠습니다. 중심 내용 소중한 갯벌을 잘 보존해야겠습니다.

읽기 🔖

갯벌에 대해 알고 있는 내용이나 경험한 일을 떠올려 보고, 각 문단의 중심 문장을 찾으며 글을 읽어 보세요.

독해로 이해 콕

6 바닷물이 빠져나가는 (   ) 때에 육지로 드러나는 바닷가의 편평한 곳을 갯벌이라고 부른다.

7 갯벌은 다양한 생물이 살 수 있는 장소이다. (◯, ✕)

8 갯벌에서 어민들이 바다 생물들을 직접 키우는 것을 (농사, 양식)(이)라고 한다.

9 갯벌은 육지에서 나오는 오염 물질을 (   )해 좋은 환경을 만든다.

10 갯벌은 기후를 조절하고 홍수를 일으키는 역할을 한다. (◯, ✕)

낱말풀이

적합한 일이나 조건 따위에 꼭 알맞은. 예 오늘은 소풍 가기에 적합한 날씨이다.

철새 철을 따라 이리저리 옮겨 다니며 사는 새.

번식 붙고 늘어서 많이 퍼짐. 예 우리 집 마당에 잡초가 빠르게 번식하고 있다.

홍수 비가 많이 와서 강이나 개천에 갑자기 크게 불은 물.

수행 생각하거나 계획한 대로 일을 해냄.

교과서 문제

06 갯벌에 대한 설명으로 알맞은 것은 무엇입니까? (   )

① 물을 대어 주로 벼를 심어 가꾸는 땅

② 농작물이 잘 자랄 수 있는 영양분이 풍부한 땅

③ 땅바닥이 우묵하게 빠지고 늘 물이 괴어 있는 곳

④ 비가 오지 않아 식물이 자라지 않고, 인간이 활동하기도 어려운 곳

⑤ 바닷물이 빠져나가는 썰물 때에 육지로 드러나는 바닷가의 편평한 곳

07 다음 중 갯벌에 사는 생물이 <u>아닌</u> 것은 무엇입니까? (   )

① 게   ② 조개   ③ 고래   ④ 불가사리   ⑤ 갯지렁이

서술형

08 각 문단의 중심 문장을 정리하여 빈칸에 알맞은 문장을 쓰시오.

문단	중심 문장
1	바닷물이 육지로 밀려오는 밀물 때 갯벌은 바닷물로 덮여 있어 보이지 않지만 자연과 사람에게 여러 가지 도움을 줍니다.
2	(1)
3	어민들은 갯벌에서 수산물을 키우고 거두어 돈을 법니다.
4	(2)
5	갯벌은 기후를 조절하고 홍수를 줄여 주는 역할을 합니다.
6	(3)

한 문단의 전체 내용을 대표하는 문장을 중심 문장이라고 해요.

중요

09 이 글의 중심 생각을 한 문장으로 알맞게 쓴 것에 ○표 하시오.

(1) 어민들은 갯벌에서 돈을 벌 수 있다.   (   )

(2) 갯벌은 우리에게 좋은 환경을 만든다.   (   )

(3) 갯벌이 주는 좋은 점을 알고 갯벌을 잘 보존하자.   (   )

이 글을 통해 글쓴이가 말하고 싶은 생각을 찾아보세요.

이미지로 보는
📷 사전

#갯벌 #썰물 때 드러나는 땅 #바다의 보물 창고

갯벌은 바닷물이 들어오면 물에 잠기고, 바닷물이 나가면 땅이 드러나는 곳이에요.

어민들은 갯벌에서 조개 등을 캐서 돈을 벌고, 갯벌을 이용해 축제도 해요.

갯벌은 우리나라 서해안과 남해안에서 주로 볼 수 있어요.

갯벌을 메워서 땅을 넓히는 간척 사업을 하기도 해요.

1 옛날과 오늘날 사람들의 옷차림에는 차이가 많이 있다. 사람들은 옛날에 우리나라 고유한 옷인 한복을 입었다. 오늘날에는 서양 사람들이 입던 차림의 옷인 양복을 주로 입는다. 그리고 명절이나 결혼식같이 특별한 행사가 있을 때에만 한복을 입는 경우가 ㉠많다. 지금부터 사람들이 입는 옷차림이 옛날과 오늘날에 어떻게 다른지 **신분**과 성별, 옷감 종류에 따라 나누어 알아보자.

중심 내용 옛날과 오늘날의 옷차림이 어떻게 다른지 신분과 성별, 옷감 종류에 따라 나누어 알아보자.

2 먼저, 옛날에는 신분에 따라 옷차림이 달랐지만 오늘날에는 직업이나 유행에 따라 다른 경우가 많다. 옛날에는 양반과 평민의 신분에 따라 옷차림이 달랐다. 양반 가운데에서 남자는 소매가 넓은 저고리와 폭이 큰 바지를 입었고, 여자는 폭이 넓고 긴 치마를 입었다. 평민 가운데에서 남자는 비교적 폭이 좁은 저고리와 바지를 입었고, 여자는 폭이 좁은 치마를 입었다. 그리고 평민이 입는 치마 길이는 양반보다 짧은 편이었다. 하지만 오늘날에는 직업이나 유행에 따라 옷을 입는 경우가 많다. 또 사람들이 입는 옷 종류도 옛날보다 더 다양해졌다.

중심 내용 옛날에는 신분에 따라 옷차림이 달랐지만 오늘날에는 직업이나 유행에 따라 다른 경우가 많다.

3 다음으로, 옛날에는 사람들이 성별에 따라 다른 옷을 입었지만 오늘날에는 자신이 좋아하는 옷을 입는다. 옛날에 남자는 아래에 바지를 입고 위에는 저고리와 조끼, **마고자**를 입었다. 그리고 춥거나 나들이를 갈 때에는 겉에 **두루마기**를 입었다. 여자는 아래에 속바지와 치마를 입고 위에는 저고리를 입었다. 여자도 두루마기를 입지만 남자가 입는 두루마기와 모양이 달랐다. 오늘날에는 남자와 여자의 옷차림을 엄격하게 구분하지 않는다. 대신 각자 좋아하는 옷을 입기 때문에 옷차림이 사람에 따라 다르다.

중심 내용 옛날에는 사람들이 성별에 따라 다른 옷을 입었지만 오늘날에는 자신이 좋아하는 옷을 입는다.

4 마지막으로, 옛날에는 자연에서 얻은 실로 짠 옷감으로 옷을 만들었지만 오늘날에는 합성 섬유로 옷을 만드는 경우가 많다. 우리 조상은 식물이나 누에고치에서 실을 뽑아 옷감을 얻었다. 식물에서 뽑은 실로 짠 옷감으로는 **삼베·모시·무명** 따위가 있고, 누에고치에서 뽑은 실로 짠 옷감으로는 **비단**이 있다. 오늘날에는 옛날처럼 자연에서 얻은 실로 옷감을 짜기도 하지만 공장에서 만든 합성 섬유에서 옷감을 더 많이 얻는다.

중심 내용 옛날에는 자연에서 얻은 실로 짠 옷감으로, 오늘날에는 합성 섬유로 옷을 만드는 경우가 많다.

독해로 이해 콕

11 사람들은 옛날에 우리나라 고유한 옷인 ( )을/를 입었다.

12 옛날에는 (신분, 직업)에 따라 옷차림이 달랐다.

13 오늘날에는 남자와 여자의 옷차림을 엄격하게 구분한다. (○, ×)

14 옛날 사람들은 춥거나 나들이를 갈 때에 겉에 (저고리, 두루마기)를 입었다.

15 오늘날에는 (합성 섬유, 비단)(으)로 옷을 만드는 경우가 많다.

낱말풀이

신분 개인의 사회적인 위치나 계급.

마고자 깃과 고름이 없고, 두 자락을 맞대어 단추를 끼워 한복 저고리 위에 덧입는 남자의 웃옷.

두루마기 나들이를 할 때 입는 기다란 한복의 겉옷.

삼베 삼이라는 식물의 껍질에서 뽑아낸 실로 짠 옷감.

모시 모시풀 껍질의 섬유로 짠 옷감. 베보다 곱고 빛깔이 희며 여름 옷감으로 많이 쓰임.

무명 목화솜에서 뽑은 무명실로 짠 옷감.

비단 누에고치에서 뽑아낸 명주실로 짠 광택이 나는 옷감을 통틀어 이르는 말. 가볍고 빛깔이 좋고 촉감이 부드러움.

10 옛날의 옷차림에 대한 설명으로 알맞지 <u>않은</u> 것은 무엇입니까? (　　　)

① 신분에 따라 옷차림이 달랐다.
② 성별에 따라 다른 옷을 입었다.
③ 유행에 따라 옷을 입는 경우가 많았다.
④ 양반은 폭이 넓은 바지와 치마를 입었다.
⑤ 평민이 입는 치마 길이는 양반보다 짧은 편이었다.

(중요)
11 이 글의 제목을 보고 글쓴이의 생각을 바르게 짐작한 친구의 이름을 쓰시오.

> 준영: 각자 개성 있는 옷차림을 하자고 주장하는 것 같아.
> 지현: 옛날과 오늘날 사람들의 옷차림에 차이가 많다는 것을 말하는 것 같아.
> 시현: 옷을 단정하게 입는 것이 사회생활을 하는 데 매우 중요하다고 말하는 것 같아.

(　　　　　　　)

(중요)
12 이 글의 중심 생각을 간추리기 위해 할 일로 알맞은 것을 두 가지 고르시오.

(　　　)

① 각 문단의 중심 문장을 찾아 정리한다.
② 글을 읽고 더 알고 싶은 내용을 조사해 본다.
③ 글에 쓰인 낱말과 뜻이 비슷한 낱말을 찾아본다.
④ 글의 제목을 보고 글쓴이의 생각을 짐작해 본다.
⑤ 친구들의 글을 읽고 자신의 경험을 떠올려 생각을 말해 본다.

> 중심 생각을 찾기 위해서는 글의 제목, 각 문단의 중심 문장, 사진이나 그림을 잘 살펴봐야 해요.

[교과서 문제]
13 ㉠과 뜻이 비슷한 낱말을 두 가지 고르시오. (　　　)

① 무겁다　　　② 덜하다　　　③ 풍족하다
④ 모자라다　　　⑤ 무진장하다

[서술형]
14 이 글의 중심 생각을 한 문장으로 쓰시오.

_____

_____

01 아는 내용이나 겪은 일과 관련지어 글을 읽으면 좋은 점이 <u>아닌</u> 것은 무엇입니까? (   )

① 글씨를 더 반듯하게 쓸 수 있다.
② 글의 내용에 더 흥미를 느끼게 된다.
③ 글의 내용을 더 쉽게 이해할 수 있다.
④ 글의 내용을 더 쉽게 기억할 수 있다.
⑤ 글을 읽으면서 그 모습을 잘 상상할 수 있다.

02 과학 실험을 하면 좋은 점을 모두 고르시오.
(   )

① 호기심이 생긴다.
② 안전사고가 발생할 수 있다.
③ 평소에 품었던 궁금증을 해결할 수 있다.
④ 실험을 하면서 탐구 능력을 키울 수 있다.
⑤ 화학 약품으로 재미있는 장난을 칠 수 있다.

03 ㉠에 들어갈 가장 알맞은 말에 ◯표 하시오.

빠르게	부드럽게
안전하게	재미있게

02~05 다음 글을 읽고, 물음에 답하시오.

어린이들은 과학 실험을 하면서 호기심이 생기고 평소에 품었던 궁금증을 해결합니다. 또 실험을 하면서 탐구 능력을 키우기도 합니다. 과학 실험을 하면 이와 같은 좋은 점이 있지만 안전사고가 발생하는 경우도 있습니다. 그러므로 ㉠ 과학 실험을 하려면 과학 실험 안전 수칙을 확인하고 실천해 안전사고의 위험을 줄여야겠습니다. 지금부터 과학 실험 안전 수칙을 알아보겠습니다.

첫째, 선생님께서 계시지 않을 때에는 과학 실험을 하지 않습니다. 과학실에는 조심히 다루어야 할 실험 기구와 위험한 화학 약품이 많습니다. 선생님의 말씀에 따라 실험 기구나 화학 약품을 다루어야 사고가 나는 것을 예방할 수 있습니다. 그러므로 선생님께서 계시지 않을 때에는 과학 실험을 해서는 안 됩니다.

둘째, 과학실에서는 절대 장난을 치면 안 됩니다. 과학실에는 깨지기 쉽거나 위험한 실험 기구가 많습니다. 장난을 치다가 유리로 만든 실험 기구가 깨지면 날카로운 유리 조각이 생겨 이 유리 조각에 사람이 다칠 수 있습니다. 또 장난을 치다가 알코올램프가 바닥에 떨어지면 과학실에 화재가 발생할 수도 있습니다. 그러므로 과학실에서는 장난을 치지 말고 진지한 자세로 실험을 해야 합니다.

04 이 글에 나타난 과학 실험 안전 수칙을 두 가지 고르시오. (   )

① 화학 약품에 손을 대지 않는다.
② 실험 기구가 깨지지 않도록 꽉 잡는다.
③ 과학실에서는 절대 장난을 치면 안 된다.
④ 알코올램프는 꼭 뚜껑을 닫아 불을 끈다.
⑤ 선생님께서 계시지 않을 때에는 과학 실험을 하지 않는다.

05 이 글을 읽고 자신이 알고 있는 내용과 새롭게 알게 된 내용을 정리하여 쓰시오.

(1) 알고 있는 내용: _____

_____

(2) 새롭게 알게 된 내용: _____

_____

06~09 다음 글을 읽고, 물음에 답하시오.

가 첫째, 갯벌은 다양한 생물이 살 수 있는 장소입니다. 갯벌에 물이 들어오기도 하고 빠지기도 하면서 생물이 살기에 적합한 환경을 만듭니다. 그래서 게, 조개, 갯지렁이, 불가사리, 물고기 같은 여러 가지 생명체가 삽니다.

나 둘째, 어민들은 갯벌에서 수산물을 ㉠키우고 거두어 돈을 법니다. 어민들은 갯벌에서 조개나 물고기, 낙지 따위를 잡아 팝니다. 또 갯벌은 생물이 살기에 좋은 환경이므로 어민들이 바다 생물들을 직접 키우기도 합니다. 이것을 양식이라고 하는데, 양식은 농민들이 밭이나 논에서 농작물을 키워 파는 것과 비슷합니다.

다 셋째, 갯벌은 육지에서 나오는 오염 물질을 분해해 좋은 환경을 만듭니다. 갯벌은 겉으로는 그냥 진흙탕처럼 보이지만 작은 생물이 갯벌에 많이 살고 있습니다. 이 생물들은 오염 물질 분해가 잘 이루어지게 합니다. 갯벌에서 흔히 사는 갯지렁이도 오염 물질 분해를 돕습니다.

라 넷째, 갯벌은 기후를 조절하고 홍수를 줄여 주는 역할을 합니다. 갯벌 흙은 물을 많이 흡수해 저장했다가 내보내는 기능을 합니다. 그러므로 갯벌은 비가 많이 오면 빗물을 저장해 갑작스러운 홍수를 막아 줍니다. 그리고 주변 온도와 습도에 따라 물을 흡수하고 내보내는 역할을 알맞게 수행해 기후를 알맞게 만들어 줍니다.

마 갯벌의 환경은 특별하고 다양합니다. 갯벌과 그 속에 사는 여러 생물은 자연과 사람을 위해 좋은 역할을 많이 합니다. 그러므로 갯벌은 쓸모없는 땅이 아니라 우리와 함께 살아가는 소중한 장소입니다. 소중한 갯벌을 잘 보존해야겠습니다.

06 이 글은 무엇을 설명하고 있습니까? (   )

① 갯벌이 생기는 까닭
② 갯벌을 메워 땅을 넓히면 좋은 점
③ 갯벌이 자연과 사람에게 주는 도움
④ 우리나라에서 갯벌을 볼 수 있는 곳
⑤ 갯벌에서 바다 생물을 양식하는 방법

07 ㉠과 바꾸어 쓸 수 있는 낱말은 무엇입니까?
(   )

① 거르고   ② 양식하고
③ 조절하고   ④ 흡수하고
⑤ 저장하고

08 문단 **마**의 중심 문장에 ○표 하시오.

⑴ 갯벌의 환경은 특별하고 다양합니다.
(   )
⑵ 갯벌과 그 속에 사는 여러 생물은 자연과 사람을 위해 좋은 역할을 많이 합니다.
(   )
⑶ 갯벌은 쓸모없는 땅이 아니라 우리와 함께 살아가는 소중한 장소입니다.   (   )
⑷ 소중한 갯벌을 잘 보존해야겠습니다.
(   )

서술형

09 이 글의 중심 생각을 한 문장으로 쓰시오.

_____

_____

중요

10 글을 읽고 중심 생각을 찾는 방법을 정리하여 빈칸에 들어갈 알맞은 말을 쓰시오.

⑴ 문단의 (   )을/를 찾아보고 중심 생각을 간추린다.
⑵ 글의 (   )을/를 보고 무엇에 대해 쓴 글인지 생각한다.
⑶ 글에 있는 사진이나 (   )을/를 보고 글쓴이의 중심 생각을 찾는다.

11~15 다음 글을 읽고, 물음에 답하시오.

가 옛날과 오늘날 사람들의 옷차림에는 차이가 많이 있다. 사람들은 옛날에 우리나라 고유한 옷인 한복을 입었다. 오늘날에는 서양 사람들이 입던 차림의 옷인 양복을 주로 입는다. 그리고 명절이나 결혼식같이 특별한 행사가 있을 때에만 한복을 입는 경우가 많다. 지금부터 사람들이 입는 옷차림이 옛날과 오늘날에 어떻게 다른지 신분과 성별, 옷감 종류에 따라 나누어 알아보자.

나 먼저, 옛날에는 신분에 따라 옷차림이 달랐지만 오늘날에는 직업이나 유행에 따라 다른 경우가 많다. 옛날에는 양반과 평민의 신분에 따라 옷차림이 달랐다. 양반 가운데에서 남자는 소매가 넓은 저고리와 폭이 큰 바지를 입었고, 여자는 폭이 넓고 긴 치마를 입었다. 평민 가운데에서 남자는 비교적 폭이 좁은 저고리와 바지를 입었고, 여자는 폭이 좁은 치마를 입었다. 그리고 평민이 입는 치마 길이는 양반보다 짧은 편이었다. 하지만 오늘날에는 직업이나 유행에 따라 옷을 입는 경우가 많다. 또 사람들이 입는 옷 종류도 옛날보다 더 다양해졌다.

다 마지막으로, 옛날에는 자연에서 얻은 실로 짠 옷감으로 옷을 만들었지만 오늘날에는 합성 섬유로 옷을 만드는 경우가 많다. 우리 조상은 식물이나 누에고치에서 실을 뽑아 옷감을 얻었다. 식물에서 뽑은 실로 짠 옷감으로는 삼베·모시·무명 따위가 있고, 누에고치에서 뽑은 실로 짠 옷감으로는 비단이 있다. 오늘날에는 옛날처럼 자연에서 얻은 실로 옷감을 짜기도 하지만 공장에서 만든 합성 섬유에서 옷감을 더 많이 얻는다.

11 오늘날 사람들의 옷차림에 대한 설명으로 알맞지 <u>않</u>은 것은 무엇입니까? (   )

① 양복을 주로 입는다.
② 신분에 따라 옷차림이 다르다.
③ 직업이나 유행에 따라 옷을 입는다.
④ 입는 옷의 종류가 옛날보다 다양하다.
⑤ 공장에서 만든 합성 섬유에서 옷감을 많이 얻는다.

12 이 글에 나오는 낱말 중에 서로 뜻이 반대인 낱말끼리 바르게 연결한 것을 두 가지 고르시오.

(   )

① 신분 – 성별
② 직업 – 유행
③ 넓은 – 좁은
④ 옷감 – 자연
⑤ 옛날 – 오늘날

중요
13 각 문단의 중심 문장을 정리하여 (   ) 안에 들어갈 알맞은 말을 쓰시오.

- **가**: 사람들이 입는 옷차림이 옛날과 오늘날에 어떻게 다른지 신분과 (1) (   ), (2) (   )에 따라 나누어 알아보자.
- **나**: 옛날에는 (3) (   )에 따라 옷차림이 달랐지만 오늘날에는 (4) (   )에 따라 다른 경우가 많다.
- **다**: 옛날에는 (5) (   )에서 얻은 실로 짠 옷감으로 옷을 만들었지만 오늘날에는 (6) (   )(으)로 옷을 만드는 경우가 많다.

14 이 글의 중심 생각을 잘 나타내기 위해 넣을 사진이나 그림으로 알맞은 것에 ○표 하시오.

(1) 계절별 유행하는 옷차림 사진 (   )
(2) 다른 나라의 전통 옷차림 그림 (   )
(3) 옛날과 오늘날의 옷차림 차이를 나타낸 그림 (   )

서술형
15 이 글의 내용과 관련하여 더 알고 싶은 내용을 쓰시오.

_____

_____

→ 바른답·알찬풀이 07쪽

16~17 다음 글을 읽고, 물음에 답하시오.

[4-1] 2단원 83~84쪽

에너지를 절약하자

1 우리는 생활을 편하고 넉넉하게 하려고 많은 에너지 자원을 사용하고 있다. 음식을 만들거나 집을 따뜻하게 하거나 불을 밝히려고 가스나 전기를 쓴다. 또 자동차를 타고 다니려면 석유가 필요하며 공장에서 생활에 필요한 물건을 만들 때에도 전기를 사용한다.

인간 생활 및 경제 생산에 이용되는 원료.

2 석탄, 석유, 가스, 전기 같은 에너지 자원은 한없이 있는 것이 아니다. 다 쓰고 나면 더는 에너지 자원을 구할 수 없게 된다. 특히 석유는 우리나라에서는 나지 않아 외국에서 수입해 오고 있다. 이처럼 중요한 에너지를 어떻게 절약해야 할까?

다른 나라로부터 상품이나 기술 따위를 국내로 사들임.

3 에너지를 절약하는 것은 그리 어렵지 않다. 관심을 가지고 내가 할 수 있는 작은 일부터 실천하면 된다.

4 우리가 에너지를 절약하는 방법은 두 가지로 나눌 수 있다. 먼저, 에너지를 불필요하게 사용하지 않는 것이다. 쓰지 않는 꽂개는 반드시 뽑아 놓고, 빈방에 켜 놓은 전깃불은 끈다. 그리고 뜨거운 음식은 식힌 뒤에 냉장고에 넣는다.

들인 노력과 얻은 결과의 비율.

5 다음은, 에너지 사용을 줄이는 것이다. 가전제품은 에너지 효율이 높은 것을 쓰고, 조명 기구는 전기가 적게 드는 제품을 사용한다. 한여름에는 냉방기를 적게 쓰고 겨울에도 난방 기구를 덜 쓰도록 노력해야 한다.

6 지금까지 에너지 절약 방법을 알아보았다. 에너지 절약은 말로 하는 것이 아니다. 생활 속에서 바로 실천해야 한다.

어떻게 읽을까?

1. 제목을 보고 글쓴이의 생각을 짐작하며 읽어 보세요.
2. 각 문단의 중심 문장을 정리하며 읽어 보세요.

● 글의 중요한 내용 간추리기

· **1**: 우리는 많은 ① ☐☐☐ 자원을 사용한다.
· **2**: 에너지를 어떻게 ② ☐☐ 해야 할까?
· **3**: 에너지를 절약하는 것은 어렵지 않다.
· **4**: 에너지를 ③ ☐☐☐ 하게 사용하지 않는다.
· **5**: 에너지 ④ ☐☐ 을/를 줄인다.
· **6**: 에너지 절약은 생활 속에서 ⑤ ☐☐ 해야 한다.

답 ① 에너지 ② 절약 ③ 불필요
④ 사용 ⑤ 실천

---

16 에너지 절약 실천 방법으로 알맞지 <u>않은</u> 것은 무엇입니까? ( )

① 빈방에 켜 놓은 전깃불을 끈다.
② 쓰지 않는 꽂개는 뽑아 놓는다.
③ 겨울에 난방 기구 사용을 줄인다.
④ 음식이 뜨거울 때 냉장고에 넣는다.
⑤ 전기가 적게 드는 조명 기구를 사용한다.

단원 개념

17 이 글의 중심 생각으로 알맞은 것은 무엇입니까?
( )

① 물을 아껴 쓰자.
② 에너지 절약을 실천하자.
③ 새로운 에너지 자원을 개발하자.
④ 에너지의 종류를 알고 공부하자.
⑤ 필요한 석유를 외국에서 수입해 오자.

1 다음 문장에서 밑줄 그은 낱말의 뜻으로 알맞은 것을 찾아 선으로 이으시오.

(1) 감기를 <u>예방</u>하려면 손을 자주 씻어야 한다. ·

(2) 두루미는 겨울에 우리나라를 찾아오는 <u>철새</u>이다. ·

(3) 당번은 자기가 맡은 일을 충실히 <u>수행</u>해야 한다. ·

· ㉮ 철을 따라 이리저리 옮겨 다니며 사는 새.

· ㉯ 생각하거나 계획한 대로 일을 해냄.

· ㉰ 질병이나 재해 따위가 일어나기 전에 미리 대처하여 막는 일.

2 다음 빈칸에 들어갈 낱말로 알맞지 <u>않은</u> 것은 무엇입니까? (   )

맑으면서도 시원한 바람이 불어 나들이 가기에 [   ] 날씨구나.

① 적절한   ② 알맞은   ③ 적당한   ④ 적합한   ⑤ 적막한

3 다음 문장에서 밑줄 그은 낱말을 준말로 바르게 쓴 것에 ○표 하시오.

(1) 숙제가 뭔지 좀 알려 <u>주어</u>.

죠   줘

(2) 도서관에서는 목소리를 <u>낮추어</u> 말해야 해.

낮춰   낮쳐

(3) 부끄러움이 많은 정수가 학예회에서 춤을 <u>추었다니</u> 놀랍다.

첬다니   췄다니

사자성어

4 다음 글과 그림을 보고, 요산요수 를 사용할 수 있는 상황으로 알맞은 것에 ○표 하시오.

요산요수

(樂 좋을 요, 山 뫼 산, 樂 좋을 요, 水 물 수)
산과 물의 자연을 즐기고 좋아함.

산이나 강가, 바다 같은 곳에 가서 아름다운 경치를 보며 즐긴 적이 있나요? '요산요수'는 자연 경치를 즐기고 좋아하는 모습을 가리키는 표현이에요.

(1) 식탁에 차려진 맛있는 음식들을 바라보며 기뻐하는 상황 ( )

(2) 높은 빌딩에서 눈부시게 빛나는 도시의 야경을 바라보는 상황 ( )

(3) 한라산에 올라가서 아름다운 경치를 내려다보며 감탄하는 상황 ( )

(4) 도서관에서 책을 잔뜩 쌓아 둔 채 책 읽기의 재미에 푹 빠진 상황 ( )

3

자신의 경험을
글로 써요

단원에 대한 공부 계획을 세우고, 공부한 내용을
얼마나 이해했는지 스스로 평가해 보세요.

공부할 내용	스스로 평가
8회 그림으로 개념 탄탄 독해로 교과서 쏙쏙 ❶ • 기억에 남는 일	☆☆☆
9회 독해로 교과서 쏙쏙 ❷ • 「동생이 아파요」 • 인상 깊은 일로 글을 쓰고, 고쳐쓰기 하기	☆☆☆
10회 단원 평가 독해로 생각 Up → 「수아의 봉사 활동」 어휘 마무리 뚝딱 → 속담 〈서당 개 삼 년에 풍월 한다〉	☆☆☆

★★★ 잘함.   ★★ 보통임.   ★ 아쉬움.

그림으로 개념 탄탄

Q 기억에 남는 일에 대해 이야기 나누는 방법은 무엇일까요?

A
※ 자신이 겪은 일을 떠올려 친구들과 이야기해 보아요.

※ 이야기한 일 가운데에서 기억에 남는 일을 간단히 정리해 보아요.

Q 자신의 경험에서 인상 깊은 일을 글로 쓰는 방법은 무엇일까요?

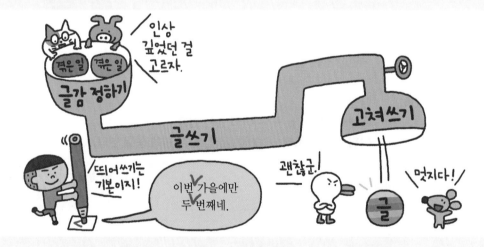

A
※ 겪은 일 가운데에서 어떤 일을 글로 쓸지 정해요.

※ 쓸 내용을 정리해요.
언제, 어디에서, 누구와 있었던 일인지, 무슨 일이 있었는지, 어떤 마음이 들었는지 정리함.

※ 띄어쓰기에 주의하며 글을 써요.
띄어쓰기를 바르게 하면 전하고자 하는 뜻을 정확히 전할 수 있고, 글을 읽는 사람도 편하게 읽을 수 있음.

※ 낱말과 낱말 사이는 띄어 쓰고, '이/가, 을/를, 은/는, 의'와 같은 말은 앞말에 붙여 써요. 마침표(.)나

쉼표(,) 뒤에 오는 말은 띄어 쓰고, 수를 나타내는 말과 단위를 나타내는 말 사이는 띄어 써요.

※ 고쳐쓰기를 해요.

 자신이 쓴 글을 어떻게 고쳐 쓸까요?

❊ 자신이 쓴 글을 친구들과 바꾸어 읽고 고쳐 쓸 점을 이야기해 보아요.

❊ 있었던 일을 자세히 썼는지, 생각이나 느낌을 잘 표현했는지, 띄어쓰기를 올바르게 했는지 점검해요.

❊ 자신이 점검한 내용과 친구들의 의견을 바탕으로 자신이 쓴 글을 고쳐 써 보아요.

❊ 고쳐쓰기를 하면 자신이 전하고자 하는 내용을 효과적으로 표현했는지 확인할 수 있고, 잘못된 띄어쓰기나 표현을 고칠 수 있어요.

 다음 밑줄 그은 부분을 보고, 띄어쓰기를 바르게 한 것에 ○표 하시오.

답 (1) ○

기억에 남는 일

가

▲ 수영하기

▲ 축구하기

▲ 갯벌 체험

▲ 즐거운 운동회

▲ 독서 그림 그리기

▲ 피자 만들기

▲ 선물 받은 경험

나

친구들과 함께한 운동회	
언제	어디에서
5월	학교 운동장
있었던 일	생각이나 느낌
친구들과 공 굴리기, 장애물 달리기와 같은 운동을 했다.	친구들과 함께 여러 가지 운동을 해서 즐거웠다.

활동 팁

사진을 보면서 자신이 겪은 일을 떠올리고 기억에 남는 일을 생각해 보세요.

독해로 이해 콕

1 **가**의 첫 번째 사진을 보고 (   )을/를 한 경험을 떠올릴 수 있다.

2 **나**에서는 기억에 남는 다양한 경험 가운데 (학예회, 운동회, 졸업식)에 대해 정리하였다.

3 기억에 남는 일을 정리할 때에는 언제, 어디에서, 무슨 일이 있었는지, 어떤 생각이나 느낌이 들었는지 정리한다.
(○, ×)

낱말풀이

장애물 가로막아서 거추장스럽게 자꾸 거슬리거나 방해가 되는 사물. 예 다음 체육 시간에 **장애물** 달리기 시합이 있다.

01 **가**를 보고 겪은 일을 떠올려 볼 때, 떠올릴 수 <u>없는</u> 일은 무엇입니까? (   )

① 동생과 함께 조개를 잡았던 일
② 가족들과 숲에 나무를 심었던 일
③ 생일날 친구에게 선물을 받은 일
④ 쉬는 시간에 친구들과 축구 시합을 한 일
⑤ 책을 읽고 인상 깊은 장면을 골라 그림으로 그렸던 일

교과서 문제

02 **가**를 보고 자신이 겪은 일을 떠올려 알맞게 이야기한 친구의 이름을 쓰시오.

> 성빈: 어제는 저녁밥을 먹고 피곤해서 일찍 잤어.
> 은율: 추석 때 할머니와 함께 송편을 만들었던 일이 기억나.

(   )

중요

03 기억에 남는 일을 정리할 때 꼭 들어가야 할 내용이 <u>아닌</u> 것은 무엇입니까?

(   )

① 언제 있었던 일인가?   ② 어디에서 있었던 일인가?
③ 누구와 무슨 일을 하였는가?   ④ 어떤 생각이나 느낌이 들었는가?
⑤ 앞으로 바라는 것은 무엇인가?

04 **나**와 같이 자신이 겪은 일 가운데 기억에 남는 일을 떠올려 간단히 정리하시오.

기억에 남는 일	(1)	
언제		어디에서
(2)		(3)
있었던 일		생각이나 느낌
(4)		(5)

> 있었던 일을 구체적으로 떠올려 보고, 자신의 생각이나 느낌, 그렇게 생각한 까닭을 정리해 봐요.

중요

05 기억에 남는 일을 정리하면 좋은 점으로 알맞은 말에 각각 ◯표 하시오.

(1) 자신이 한 일을 (계획할, 되돌아볼) 수 있다.
(2) 기억에 남는 일을 (대강, 자세히) 떠올릴 수 있다.
(3) 어떤 내용을 말하거나 쓸지 (점검, 상상)할 수 있다.

가 ㉠"아이고, 배야."

동생 주혁이가 끙끙 앓는 소리에 잠에서 깼다.

"열이 39도가 넘잖아! 배도 많이 아파하고, 큰일이네."

걱정스럽게 말씀하시는 아빠의 목소리도 들렸다. 나는 눈을 비비고 자리에서 일어났다.

"아빠, 무슨 일이에요?"

나는 주혁이 머리맡에 앉아 계신 아빠 옆으로 다가갔다.

"주혁이가 열이 많이 나는구나. 아무래도 장염에 걸린 것 같다. 이번 가을에만 ㉡두번째네."

아빠께서 걱정스럽게 말씀하셨다. 주혁이는 얼굴을 찡그리며 힘들어했다. 아빠께서 병원에 갈 채비를 하시는 동안 나는 주혁이 옆에 앉아 있었다.

"누나, 나 아파."

주혁이가 눈물이 그렁그렁한 얼굴로 말했다.

"병원 다녀오면 금방 나을 거야."

나는 주혁이의 이마에 차가운 물수건을 얹어 주었다.

마음이 아팠다. 동생이 얼른 나았으면 좋겠다.

나 띄어쓰기 방법

> 낱말과 낱말 사이는 띄어 쓰되, '이/가, 을/를, 은/는, 의'와 같은 말은 앞말에 붙여 써요.

> 마침표(.)나 쉼표(,) 뒤에 오는 말은 띄어 써요.

> 수를 나타내는 말과 단위를 나타내는 말 사이는 띄어 써요.

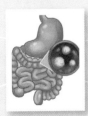
이미지로 보는
사전

#장염 #배가 아파요

> 장염이란 장에 염증이 생기는 질병이에요.

> 장염에 걸리는 원인은 매우 다양해요.

> 장염에 걸리면 열이 나고, 설사, 구토, 배가 아픈 증상 등이 나타나요.

> 장염을 예방하려면 손을 깨끗이 씻고, 음식도 조심히 먹어야 해요.

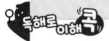
독해로
이해 콕

4 '나'는 동생이 (웃는, 앓는) 소리에 잠에서 깼다.

5 동생은 열이 나고, (배, 머리)도 많이 아파했다.

6 아버지께서는 주혁이가 (   )에 걸린 것 같다고 말씀하셨다.

7 '나'는 동생의 이마에 차가운 (   )을/를 얹어 주었다.

8 '나'는 동생이 아픈 것을 보고 고소한 마음이 들었다. (○, ×)

낱말풀이

앓는 병에 걸려 고통을 겪는.

머리맡 누웠을 때의 머리 부근. 예 할머니께서 머리맡에 앉아 자장가를 불러 주셨다.

채비 어떤 일이 되기 위하여 필요한 물건, 자세 따위가 미리 갖추어져 차려지거나 그렇게 되게 함. 또는 그 물건이나 자세. 예 아버지께서는 아침 일찍 일어나 등산을 갈 채비를 하셨다.

그렁그렁한 눈에 눈물이 넘칠 듯이 그득 괴어 있는.

06 글 **가**에서 '나'는 어떤 일을 떠올려 글을 썼습니까? (   )

① 자신이 아팠던 일   ② 동생이 아팠던 일

③ 동생과 싸웠던 일   ④ 장염에 대해 조사한 일

⑤ 아버지와 병원에 간 일

중요

07 글 **가**에 나타난 '나'의 마음으로 알맞은 것은 무엇입니까? (   )

① 동생을 좋아하는 마음   ② 동생을 미워하는 마음

③ 동생을 걱정하는 마음   ④ 동생을 부러워하는 마음

⑤ 동생을 자랑스러워하는 마음

교과서 문제

08 **나**를 참고하여 ㉠을 바르게 띄어 쓴 것에 ○표 하시오.

(1) "아이고, 배야."   (   )

(2) "아이고, ∨배야."   (   )

(3) "아∨이∨고, ∨배∨야."   (   )

서술형

09 ㉡을 바르게 띄어 쓰고, 그렇게 띄어 쓴 까닭을 쓰시오.

(1) 바르게 띄어 쓰기: _____

(2) 그렇게 띄어 쓴 까닭: _____

10 **보기**와 같이 문장에서 띄어 써야 할 부분에 V표를 하고 바르게 띄어 쓰시오.

> **보기**
>
> • 하늘이∨맑고∨푸르다.
>
> ➡ 하늘이 맑고 푸르다.

띄어쓰기를 하면 전하고자 하는 뜻을 정확히 전달할 수 있고, 글을 읽는 사람도 편하게 읽을 수 있어요.

(1) 우정은예쁘게가꿀수록좋다.

　➡ (   )

(2) 책을읽으면지식이쌓인다.

　➡ (   )

가 일 년 동안 경험한 일

봄에 있었던 일	여름에 있었던 일	가을에 있었던 일

나 인상 깊은 일로 쓴 글을 친구들과 바꾸어 읽고 고쳐 쓸 점 이야기하기

어떤 생각이나 느낌이 들었는지를 써야 해.

있었던 일을 더 자세히 쓰면 좋을 것 같아.

친구들이 이해하기 쉽고 재미있는 표현을 많이 쓰면 좋겠어.

㉠

다

내가 전하고자 한 내용을 효과적으로 표현했는지 확인할 수 있어.

잘못된 띄어쓰기나 표현을 고칠 수 있어.

활동 팁

자신이 일 년 동안 경험한 일 가운데에서 인상 깊은 일을 떠올려 보고, 글로 쓴다면 어떻게 해야 할지 생각해 보세요.

독해로 이해 콕

9 **가**는 (계절, 장소)별로 어떤 일이 있었는지 떠올려 본 것이다.

10 인상 깊은 일을 글로 쓸 때에는 있었던 일을 되도록 간결하게 쓰는 것이 좋다.
(○, ✕)

11 인상 깊은 일을 글로 쓸 때에는 친구들이 이해하기 (쉽고, 어렵고) 재미있는 표현을 쓰는 것이 좋다.

12 글을 고쳐 쓰면 자신이 전하고자 한 내용을 효과적으로 표현했는지 확인할 수 있다. (○, ✕)

13 고쳐쓰기를 하면 잘못된 띄어쓰기나 표현을 고칠 수 있다. (○, ✕)

낱말풀이

효과적 어떤 목적을 지닌 행위에 의하여 보람이나 좋은 결과가 드러나는 것.
㉠ 이 약은 감기에 <u>효과적</u>이다.

서술형

11 **가**와 같이 자신이 일 년 동안 경험한 일 가운데 인상 깊은 일을 떠올려 쓰고, 그 까닭을 쓰시오.

(1) 인상 깊은 일: _____

(2) 그 까닭: _____

기억에 남는 일을 정리해 보면 자신이 한 일을 되돌아볼 수 있어요.

12 **11**에서 떠올린 일을 글로 쓰는 방법을 알맞게 말한 친구의 이름을 모두 쓰시오.

> 수민: 언제, 어디에서, 누구와 무슨 일이 있었는지 써야 해.
> 지우: 어떤 마음이 들었는지, 왜 그런 마음이 들었는지는 쓰지 않는 것이 좋아.
> 도윤: 제목은 자신이 쓴 글에서 가장 하고 싶은 말이 무엇인지, 어떤 마음을 표현하고 싶은지를 생각해서 정해야 해.

(　　　　　　)

중요

13 인상 깊은 일을 글로 쓰는 방법의 순서대로 기호를 쓰시오.

> ㉠ 글을 쓴다.
> ㉡ 고쳐쓰기를 한다.
> ㉢ 쓸 내용을 정리한다.
> ㉣ 겪은 일 가운데에서 어떤 일을 글로 쓸지 정한다.

(　　) → (　　) → (　　) → (　　)

글을 쓰기 전에 할 일과 글을 쓴 후 할 일을 나누어 생각해 보세요.

교과서 문제

14 ㉠에서 할 수 있는 말로 알맞은 것에 ○표 하시오.

(1) 글을 짧게 요약해서 쓰면 좋겠어. 　　(　　)

(2) 띄어쓰기를 바르게 했는지 확인해 보면 좋겠어. 　　(　　)

(3) 어려운 낱말과 영어나 한자를 넣어 쓰면 좋겠어. 　　(　　)

15 **다**에서 친구들은 무엇에 대해 이야기를 나누고 있습니까? (　　)

① 고쳐쓰기를 하면 좋은 점
② 띄어쓰기를 해야 하는 까닭
③ 쓸 내용을 정리하면 좋은 점
④ 일의 원인과 결과를 정리하면 좋은 점
⑤ 일이 일어난 차례를 정리하면 좋은 점

01~02 다음 사진을 보고, 물음에 답하시오.

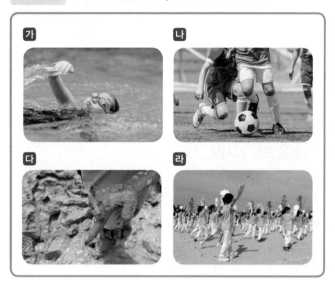

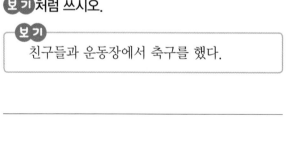

01 사진 가~라를 보고 떠올릴 수 있는 일을 알맞게 선으로 이으시오.

(1) 가 •   • ㉠ 축구하기

(2) 나 •   • ㉡ 수영하기

(3) 다 •   • ㉢ 갯벌 체험

(4) 라 •   • ㉣ 즐거운 운동회

서술형

02 자신이 겪은 일 중에 인상 깊은 일을 떠올려 보고 보기처럼 쓰시오.

보기

친구들과 운동장에서 축구를 했다.

_____

_____

03~05 다음을 보고, 물음에 답하시오.

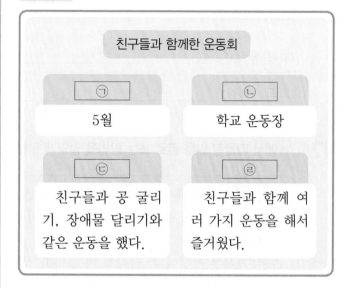

친구들과 함께한 운동회

㉠	㉡
5월	학교 운동장

㉢	㉣
친구들과 공 굴리기, 장애물 달리기와 같은 운동을 했다.	친구들과 함께 여러 가지 운동을 해서 즐거웠다.

03 친구들과 운동회 때 한 운동을 두 가지 쓰시오.

(   )

04 ㉠~㉣에 들어갈 알맞은 말을 선으로 이으시오.

(1) ㉠ •   • ㉮ 어디에서

(2) ㉡ •   • ㉯ 언제

(3) ㉢ •   • ㉰ 생각이나 느낌

(4) ㉣ •   • ㉱ 있었던 일

중요

05 이와 같이 기억에 남는 일을 정리하면 좋은 점이 아닌 것은 무엇입니까? (   )

① 자신이 한 일을 되돌아볼 수 있다.
② 기억에 남는 일을 글로 쓸 수 있다.
③ 앞으로 할 일을 미리 계획할 수 있다.
④ 기억에 남는 일을 자세히 떠올릴 수 있다.
⑤ 어떤 내용을 말하거나 쓸지 점검할 수 있다.

06~11 다음 글을 읽고, 물음에 답하시오.

> ㉠"아이고, 배야."
> 동생 주혁이가 끙끙 앓는 소리에 잠에서 깼다.
> "열이 39도가 넘잖아! 배도 많이 아파하고, 큰일이네."
> 걱정스럽게 말씀하시는 아빠의 목소리도 들렸다. 나는 눈을 비비고 자리에서 일어났다.
> "아빠, 무슨 일이에요?"
> 나는 주혁이 머리맡에 앉아 계신 아빠 옆으로 다가갔다.
> "주혁이가 열이 많이 나는구나. 아무래도 장염에 걸린 것 같다. 이번 가을에만 ㉡두번째네."
> 아빠께서 걱정스럽게 말씀하셨다. 주혁이는 얼굴을 찡그리며 힘들어했다. 아빠께서 병원에 갈 채비를 하시는 동안 나는 주혁이 옆에 앉아 있었다.
> "누나, 나 아파."
> ㉢주혁이가눈물이 그렁그렁한 얼굴로 말했다.
> "병원 다녀오면 금방 나을 거야."
> 나는 주혁이의 이마에 차가운 물수건을 얹어 주었다.
> 마음이 ㉣아팠다.동생이 얼른 나았으면 좋겠다.

06 '나'가 잠에서 깬 까닭은 무엇입니까? (   )

① 무서운 꿈을 꿔서
② 집에 손님이 찾아와서
③ 동생이 앓는 소리를 내서
④ 배가 아파서 화장실에 가려고
⑤ 아버지께서 나갈 준비를 하셔서

07 주혁이는 어떻게 아팠는지 두 가지 고르시오.

(   )

① 열이 난다.　　　② 몸이 차갑다.
③ 배가 아프다.　　④ 다리가 아프다.
⑤ 머리가 아프다.

08 '나'가 주혁이를 위해 한 행동은 무엇입니까?

(   )

① 창문 열기　　　② 약 사 오기
③ 다리 주무르기　④ 병원에 업고 가기
⑤ 차가운 물수건 얹어 주기

09 이 글의 제목으로 가장 알맞은 것은 무엇입니까?

(   )

① 가을이 왔어요　　② 동생이 아파요
③ 아버지의 요리　　④ 귀여운 내 동생
⑤ 장염을 이기는 법

10 ㉠의 띄어쓰기를 고쳐야 하는 까닭으로 알맞은 것은 무엇입니까? (   )

① 쉼표(,) 뒤에 오는 말은 띄어 쓴다.
② 마침표(.) 뒤에 오는 말은 띄어 쓴다.
③ 수를 나타내는 말 사이를 띄어 쓴다.
④ 단위를 나타내는 말 사이를 띄어 쓴다.
⑤ '이/가, 을/를, 은/는, 의'와 같은 말은 앞말에 붙여 쓴다.

서술형
11 ㉡~㉣의 띄어쓰기를 바르게 고쳐 쓰시오.

(1) ㉡ ➡ _____

(2) ㉢ ➡ _____

(3) ㉣ ➡ _____

중요

12 띄어쓰기를 바르게 하면 좋은 점을 두 가지 고르시오. ( )

① 공책을 절약할 수 있다.
② 있었던 일을 더 간단히 나타낼 수 있다.
③ 글을 읽는 사람이 편하게 읽을 수 있다.
④ 전하고자 하는 뜻을 정확히 전할 수 있다.
⑤ 낱말의 뜻과 발음을 정확하게 쓸 수 있다.

13 인상 깊은 일을 글로 쓸 때 가장 마지막에 할 일은 무엇입니까? ( )

① 글을 쓴다.
② 고쳐쓰기를 한다.
③ 쓸 내용을 정리한다.
④ 겪은 일 가운데에서 어떤 일을 글로 쓸지 정한다.
⑤ 자신이 경험한 일 가운데에서 인상 깊은 일을 떠올린다.

14~16 다음 그림을 보고, 물음에 답하시오.

가 봄에 있었던 일   나 여름에 있었던 일

다 가을에 있었던 일

14 그림 **가**~**다**는 어떤 방법으로 인상 깊은 일을 떠올리고 있는지 알맞은 것에 ○표 하시오.

⑴ 친구들과 어떤 일이 있었는지 떠올림.
( )
⑵ 주말마다 어떤 일이 있었는지 떠올림.
( )
⑶ 계절별로 어떤 일이 있었는지 떠올림.
( )

서술형

15 그림 **다**와 같은 계절에 자신이 경험한 일 중 인상 깊은 일을 떠올려 쓰시오.

언제, 어디에서, 누구와 있었던 일인가요?	⑴
무슨 일이 있었나요?	⑵
어떤 마음이 들었나요?	⑶
왜 그런 마음이 들었나요?	⑷

중요

16 15에서 정리한 내용으로 글을 쓴 후 자신이 쓴 글을 고쳐 쓸 때, 살펴볼 내용으로 알맞지 <u>않은</u> 것은 무엇입니까? ( )

① 띄어쓰기를 바르게 했는가?
② 경험한 일을 자세히 썼는가?
③ 첫인사, 끝인사를 바르게 썼는가?
④ 어떤 생각이나 느낌이 들었는지 썼는가?
⑤ 이해하기 쉽고 재미있는 표현을 사용했는가?

독해로 생각 Up

➜ 바른답·알찬풀이 10쪽

해설 강의

3 단원

10 회

공부한 날

월

일

17~18 다음 글을 읽고, 물음에 답하시오.

[4-1] 7단원 202~203쪽

수아의 봉사 활동 고수산나

가 일요일 아침이라 더 자고 싶었는데 ㉠엄마가깨웠다.

"수아야, 오늘이 무슨 요일인지 알지? 가족 봉사 활동 가기로 한 일요일이잖아. 얼른 일어나."

나는 다시 이불을 뒤집어썼지만 곧 엄마에게 **빼앗기고** 말았다.

우리 가족이 간 곳은 ㉡할머니,할아버지 들이 계시는 요양원이었다.

뭘 해야 할까 **두리번거리고** 있을 때 안경 쓴 할머니가 나에게 오라고 손짓
_{눈을 크게 뜨고 여기저기를 자꾸 휘둘러 살펴보고.}
을 했다.

"여기 책 좀 읽어 줄래? 내가 이래 봬도 예전에는 **문학소녀**여서 책을 많
_{문학을 좋아하고 문학 작품의 창작에 뜻이 있는 소녀.}
이 읽었는데 요즘은 눈이 침침해서 글씨가 잘 안 보이는구나."

할머니는 낡은 책 ㉢한권을 내미셨다. 다른 책이 없어서 같은 책만 스무
번을 넘게 읽으셨다고 했다.

할머니는 눈을 감고 책 읽는 내 목소리에 귀를 기울이셨다.

"할머니, 다음에 올 때 재미있는 책을 가지고 올게요."

나 일주일 뒤, 요양원에 도착하자마자 할머니에게 달려갔다. 할머니는 나
를 기다렸다며 서랍에서 사탕이랑 과자를 꺼내 주셨다.

"할머니 드시지……." / **사양했지만** 할머니가 내 생각을 하며 모아 두셨
_{겸손하여 받지 아니했지만.}
다며 호주머니에 사탕을 넣어 주셨다.

나는 가져간 동화책을 읽어 드렸다. 할머니는 내 이야기를 듣고 어린아
이처럼 웃기도 하고 눈물을 글썽이기도 하셨다.

봉사 활동이 힘들어도 왜 계속하는지 이제 알 것 같다. 나를 기다리며 반
가워하는 할머니 생각을 하면 일요일 아침이 기다려진다.

어떻게 읽을까?

1. 수아가 겪은 일은 무엇이며 어떤 마음이 들었는지 살펴보며 읽어 보세요.
2. 띄어쓰기를 바르게 하였는지 살펴보세요.

😊 **수아가 겪은 일**

· 언제: ① ☐☐☐ 아침

· 어디서: 할머니, 할아버지 들이 계시는 ② ☐☐☐

· 누구와: 가족, 요양원에 계신 할머니

· 무엇을: 요양원으로 ③ ☐☐ ☐☐을/를 가서 할머니께 책을 읽어 드림.

· 생각이나 느낌: 봉사 활동이 힘들어도 계속하고 싶고, 일요일 아침이 ④ ☐☐☐짐.

답 ① 일요일 ② 요양원 ③ 봉사 활동 ④ 기다려

단원 개념

17 이 글에서 수아가 겪은 일은 무엇입니까?

( )

① 가족과 여행 간 일

② 외할머니를 찾아뵌 일

③ 재미있는 책을 빌린 일

④ 가족과 봉사 활동을 간 일

⑤ 늦잠을 자서 어머니께 혼난 일

18 ㉠~㉢의 띄어쓰기를 바르게 고쳐 쓰시오.

㉠	(1)
㉡	(2)
㉢	(3)

어휘 확인

1 다음 빈칸에 들어갈 알맞은 낱말을 보기에서 찾아 쓰시오.

보기

그렁그렁한　　　장애물　　　채비

(1) 나그네는 먼 길을 떠날 [　　　　]을/를 하였다.

(2) 지수는 두 눈에 눈물이 [　　　　] 채로 나를 바라보았다.

(3) 꿈을 이루기 위해서 넘어야 할 [　　　　]이/가 아직도 많다.

어휘 적용

2 다음 그림의 상황에 알맞은 문장을 찾아 선으로 이으시오.

(1)

(2)

• ㉮ 　아기가 오리를 보았다.

• ㉯ 　아기 가오리를 보았다.

• ㉰ 　나물 좀 줘.

• ㉱ 　나 물 좀 줘.

어법

3 다음 문장을 읽고, 올바른 발음에 ○표 하시오.

(1) 몸살이 나서 [앓아[아라] / 앓아[알하]] 누웠다.

(2) 갑자기 추워진 날씨에 감기를 [앓다[알따] / 앓다[알타]].

(3) 옆에 누우신 할머니께서 자꾸만 [앓는[알른] / 앓는[알흔]] 소리를 내셨다.

속담

4 다음 글과 그림을 보고, │ **서당 개 삼 년에 풍월 한다** │ 를 알맞게 사용한 대화에 ○표 하시오.

서당 개 삼 년에 풍월 한다
얻어들은 짧은 지식.
어떤 분야에 대해 전혀 아는 것이 없는 사람이라도 그 분야에 오래 있으면 어느 정도 지식과 경험을 갖게 된다는 말.

서당에서 매일 글 읽는 소리를 듣다 보면, 개도 글 읽는 소리를 흉내 낼 수 있다는 뜻의 속담이에요. 경험이 전혀 없더라도 같은 일을 반복해서 보고 들으면 자연히 그 일을 할 줄 알게 돼요.

(1)
해진: 오늘 우리 도서관에서 책 빌리기로 했지? 그런데 오늘 도서관 문 닫는 날이래.
다연: 에구, 서당 개 삼 년에 풍월 한다더니 다음에 가야겠네.

( )

(2)
지연: 우리 학교 김치는 젓갈이 많이 들어가서 색이 거무스름한 것 같아.
은후: 너희 할머니께서 요리 연구가이시라고 했지? 서당 개 삼 년에 풍월 한다더니……

( )

4

감동을 나타내요

단원에 대한 공부 계획을 세우고, 공부한 내용을
얼마나 이해했는지 스스로 평가해 보세요.

	공부할 내용	스스로 평가
11회	**그림으로 개념 탄탄** **독해로 교과서 쏙쏙 ❶** • 「감기」 • 「지구도 대답해 주는구나」	☆☆☆
12회	**독해로 교과서 쏙쏙 ❷** • 「진짜 투명 인간」	☆☆☆
13회	**독해로 교과서 쏙쏙 ❸** • 「진짜 투명 인간」	☆☆☆
14회	**단원 평가** **독해로 생각 Up → 「의심」** **어휘 마무리 뚝딱 → 사자성어 〈동고동락〉**	☆☆☆

★★★ 잘함. ★★ 보통임. ★ 아쉬움.

그림으로 개념 탄탄

Q 감각적 표현을 사용해 느낌을 나타내면 무엇이 좋을까요?

눈으로 보고, 귀로 듣고, 입으로 맛보고, 코로 냄새 맡고, 손으로 만지면서 알게 된 대상의 느낌을 생생하게 표현한 것

❋ 대상의 느낌을 생생하게 표현할 수 있어요.

❋ 대상의 느낌을 재미있게 나타낼 수 있어요.

❋ 감각적 표현을 말하려고 대상을 더 자세히 관찰할 수 있어요.

Q 시를 읽고 여러 가지 감각적 표현을 어떻게 말할 수 있을까요?

❋ 시의 장면을 떠올리며 시를 읽어요.

❋ 시에 나타난 감각적 표현을 찾아보아요.

소리나 모양을 흉내 내는 말, 다른 대상에 빗대어 나타낸 표현 등을 찾아봄.

❋ 감각적 표현에 주의하며 시에 대한 생각이나 느낌을 친구들과 이야기해 보아요.

이야기를 읽고 생각이나 느낌을 어떻게 표현할 수 있을까요?

아저씨에 대한 인물의 마음

인물의 마음을 생각하니 더 감동적이야.

아저씨가 색을 볼 수 없어 슬픔.

수술한 아저씨를 보고 놀람.

아저씨를 좋아함.

색깔을 가르쳐 드리기로 결심함.

어디 보자. 어떤 사건이 먼저이지?

A ❁ 인물의 마음을 생각하며 이야기를 읽어요.

❁ 이야기에서 사건이 어떻게 연결되었는지 찾아보아요.
<u>원인과 결과에 주의하여 살펴봄.</u>

❁ 이야기를 읽고 생각이나 느낌을 친구들과 이야기해 보아요.

확인 문제

❓ 다음 중 감각적 표현을 사용한 문장에 모두 ○표 하시오.

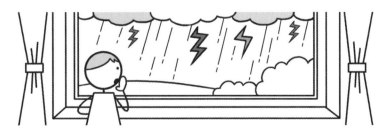

(1) 번쩍! 하고 번개가 쳤다.　　(2) 수도꼭지를 튼 것처럼 비　(3) 하늘에 어둑어둑 먹구름
　　　　　(　　)　　　　　　 가 내린다.　(　　)　　　 이 끼어 있다. (　　)

답 (1) ○ (2) ○ (3) ○

감기 정유경

1연

내 몸에
불덩이가 들어왔다.
─뜨끈뜨끈.
불덩이를 따라
몹시 추운 사람도 들어왔다.
─오들오들.

2연

약을 먹고 나니
㉠느릿느릿,
거북이도 들어오고
㉡까무룩,
잠꾸러기도 들어왔다.

3연

내 몸에
너무 많은 것들이 들어왔다.
불덩이, 몹시 추운 사람, 거북이, 잠꾸러기
그래서
내 몸이 아주 무거워졌다.

068 초코 초등 국어 3-2

읽기 팁

감기에 걸린 말하는 이의 모습을 떠올리며 시를 읽어 보세요.

독해로 이해 콕

1 '내' 몸에 몹시 추운 사람이 들어왔다고 말한 까닭은 감기에 걸려 몹시 더웠기 때문이다. (○, ×)

2 감기약을 먹고 몸이 무거워졌기 때문에 (거북이, 코끼리)가 들어왔다고 했다.

3 '내' 몸에 잠꾸러기가 들어왔다고 한 까닭은 감기약을 먹고 몹시 (아팠기, 졸렸기) 때문이다.

4 이 시는 말하는 이가 (   )에 걸린 상태를 실감 나게 표현하고 있다.

낱말풀이

불덩이 몹시 뜨겁게 열이 나는 몸이나 뜨겁게 된 물건을 비유적으로 이르는 말.
오들오들 춥거나 무서워서 몸을 잇따라 심하게 떠는 모양. 예 무서운 영화를 보면서 오들오들 떨었다.
까무룩 정신이 갑자기 흐려지는 모양.
잠꾸러기 잠을 많이 자는 사람.

교과서 문제

01 **1연**에서 '내' 몸에 불덩이가 들어왔다고 말한 까닭은 무엇입니까? ( )

① 몸이 춥기 때문이다.
② 열이 많이 나기 때문이다.
③ 기침을 많이 하기 때문이다.
④ 병원에서 주사를 맞았기 때문이다.
⑤ 따뜻한 이불을 덮고 있기 때문이다.

02 이 시에서 감기약을 먹고 졸린 모습을 어떻게 표현했는지 알맞은 것에 ○표 하시오.

(1) 잠꾸러기가 들어왔다고 표현했다. ( )
(2) '뜨끈뜨끈', '오들오들'이라고 표현했다. ( )
(3) 불덩이를 따라 몹시 추운 사람이 들어왔다고 표현했다. ( )

서술형

03 ㉠, ㉡을 빼고 읽을 때와 넣고 읽을 때 느낌이 어떻게 다른지 쓰시오.

_____

'느릿느릿', '거북이도 들어오고', '까무룩', '잠꾸러기도 들어왔다'는 감기에 걸린 상태를 생생하게 나타낸 감각적 표현이에요.

04 이 시에서 말하는 이의 마음을 표현할 때 어울리는 목소리는 무엇입니까?

( )

① 화난 목소리   ② 힘없는 목소리
③ 신이 난 목소리   ④ 깜짝 놀란 목소리
⑤ 자랑스러워하는 목소리

중요

05 이 시에 대한 생각이나 느낌을 알맞게 말하지 <u>못한</u> 친구에게 ×표 하시오.

감기에 걸린 상태를 몸에 무엇이 들어온 것처럼 표현한 점이 창의적이야.

우진

감기에 걸린 모습을 감각적 표현으로 나타내서 실감 나게 느낄 수 있었어.

예린

감기에 걸렸다가 몸이 다 나은 모습까지 생생하게 표현해서 재미있었어.

승현

( )   ( )   ( )

지구도 대답해 주는구나 박행신

1연 강가 고운 모래밭에서
발가락 옴지락거려
두더지처럼 파고들었다.

2연 지구가 간지러운지
굼질굼질 움직였다.

3연 아, 내 ㉠작은 신호에도
지구는 대답해 주는구나.

4연 그 큰 몸짓에
이 조그마한 발짓
_{발가락으로 모래밭을 파고든 것}
그래도 지구는 대답해 주는구나.

읽기 팁

시에 나타난 감각적 표현을 생각하며 시를 읽어 보세요.

독해로 이해 콕

5 말하는 이는 강가 고운 (잔디밭, 모래밭)에 있다.

6 발가락을 움직여 모래밭을 파고들었지만 지구는 아무런 움직임이 없었다.
(○ , ✕)

7 '내' 작은 (신호, 질문)에도 지구는 대답해 주었다.

8 이 시에서 말하는 이는 오염된 지구에 대해 말하고 있다. (○ , ✕)

낱말풀이

옴지락거려 작은 것이 느릿느릿 자꾸 움직여. 또는 작은 것을 느릿느릿 자꾸 움직여. 예 아기가 <u>옴지락거려</u> 엄마의 손을 잡았다.

두더지 뾰족한 주둥이와 튼튼한 발로 땅속을 파고 다니는 젖먹이 짐승.

굼질굼질 '굼지럭굼지럭'의 준말. 몸을 계속 천천히 굼뜨게 움직이는 모양.

발짓 발을 움직이는 일.

이미지로 보는 사전

#지구 #자전 #공전

우리가 사는 푸른 행성이에요.

스스로 도는 '자전'과 태양 주위를 도는 '공전'을 해요.

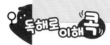

지구는 태양계에 속해 있어요.

공기와 물이 있어서 생물이 살 수 있는 환경이 갖춰져 있어요.

교과서 문제

06 이 시에서 말하는 이는 무엇을 하고 있는지 알맞은 것에 ○표 하시오.

(1) 강가 모래밭에서 두더지의 집을 만들고 있다. ( )

(2) 강가 모래밭에서 모래성을 만들며 두더지와 놀고 있다. ( )

(3) 강가에서 두더지처럼 발가락으로 모래밭을 파고들고 있다. ( )

07 다음에서 설명하는 감각적 표현은 무엇인지 시에서 찾아 쓰시오.

> • 이 시에 쓰인 흉내 내는 말이다.
> • 모래가 움직이는 모습을 지구가 천천히 움직이는 모습이라고 생각하여 표현한 말이다.

( )

08 ㉠이 뜻하는 것은 무엇입니까? ( )

① 강물이 움직인 것

② 손으로 모래를 던진 것

③ 강가에서 두더지를 만난 것

④ 발가락으로 모래밭을 파고든 것

⑤ 강가 모래밭에서 크게 소리친 것

중요

09 이 시에서 지구가 대답해 준다고 표현한 까닭으로 알맞은 것의 기호를 쓰시오.

> ㉮ 모래를 만질 때마다 작은 소리가 들려서
> ㉯ 모래의 움직임을 지구가 움직이는 것으로 생각해서
> ㉰ 강물의 움직임을 지구가 신호를 보내는 것으로 생각해서

( )

모래밭에서 발가락으로 모래 속을 파고들면 어떤 일이 벌어지는지 생각해 봐요.

서술형

10 이 시의 말하는 이처럼 지구가 살아 있다고 생각한 경험을 쓰시오.

_____

진짜 투명 인간 글: 레미 쿠르종, 옮김: 이정주

1 "봐, 이건 투명 인간이 된 남자의 이야기야. 사람들이 눈치채지 못하게 정상인 것처럼 보이려고 애를 쓰지. 그러던 어느 날, 투명 인간은 자신에게 **장점**이 많다는 걸 알게 돼."

내가 단짝 폴에게 신나게 투명 인간의 이야기를 하고 있을 때 엄마가
_{에밀}
부르는 소리가 들렸어요.

"에밀, 피아노 쳐야지!"
_{엄마께서 에밀을 부르신 까닭}
"네, 가요!"

"그래서 들키지 않으려면 **홀딱** 벗어야 하는 거야?"

폴이 눈이 동그래져서 물었어요.

"응. 하지만 겨울이 문제야. 감기에 걸리면 재채기를 하다가 들켜 버리거든."

"에이, 안됐네."

"난 이만 갈게. ㉠악! 괴로운 시간이야."

우리 엄마는 피아노 선생님이에요.

그래서 엄마의 제자 중에서 내가 제일 잘 치기를 원하지만 난 그렇지 못해요.

이날은 엄마가 ㉡내 탓이 아니라며 딴 데서 핑계를 찾았어요. 피아노 음이 맞지 않는다고요. **조율**이 안 됐다고 말이에요.

난 방으로 올라가서 투명 인간 책을 읽었어요.

정말이지 투명 인간처럼 되고 싶어요.

<code>중심 내용</code> 엄마는 '나'가 피아노를 잘 치기를 원하지만 '나'는 피아노를 잘 치지 못해요.

2 학교에서 돌아와 보니 검은 **선글라스**를 낀 아저씨가 피아노 앞에 몸을
_{블링크 아저씨}
숙인 채 앉아 있었어요. 밖엔 비가 오는데 선글라스를 끼고 말이에요.

"누구세요?"

내가 물었어요.

"안녕, 나는 피아노 **조율사** 블링크란다. 넌 누구니?"

"전 피아니스트 에밀이에요."

아저씨가 웃었어요.

아저씨의 웃음소리가 피아노 줄 위에서 통통 뛰었어요.

 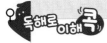
독해로
이해 콕

9 '나'는 단짝 폴에게 (투명 인간, 유령 인간)에 대한 이야기를 하고 있었다.

10 '나'는 피아노 치는 시간을 (즐거운, 괴로운) 시간이라고 생각한다.

11 '나'의 엄마는 피아노 선생님이다.
(○, ×)

12 블링크 아저씨의 직업은 무엇입니까?
( )

낱말풀이

장점 좋거나 잘하거나 긍정적인 점.

홀딱 남김없이 벗거나 벗어진 모양. 例 옷을 홀딱 벗고 목욕탕으로 들어갔다.

조율 악기의 음을 표준음에 맞추어 고름. 例 조율이 잘된 바이올린으로 연주를 시작했다.

선글라스 강렬한 햇빛 따위로부터 눈을 보호하기 위하여 쓰는, 색깔 있는 안경.

조율사 악기, 특히 건반 악기나 현악기의 음을 표준음에 맞추어 고르는 일을 직업으로 하는 사람.

11 엄마께서 '나'에게 원하는 것은 무엇입니까? (   )

① 책을 많이 읽는 것
② 피아노를 잘 치는 것
③ 투명 인간이 되는 것
④ 피아노의 음을 잘 맞추는 것
⑤ 겨울에 감기에 걸리지 않는 것

12 ㉠에 나타난 '나'의 마음으로 알맞은 것의 기호를 쓰시오.

> ㉮ 피아노를 잘 치고 싶다.
> ㉯ 피아노를 치는 것이 정말 싫다.
> ㉰ 엄마께 피아노를 배우는 것이 자랑스럽다.

(   )

서술형

13 엄마께서 ㉡과 같이 생각한 까닭은 무엇인지 쓰시오.

_____

14 '나'가 학교에서 돌아와서 본 사람은 누구입니까? (   )

① 투명 인간이 된 단짝 친구 폴
② 피아노를 치고 있는 '나'의 엄마
③ 검은 선글라스를 낀 '나'의 아빠
④ 피아노 앞에 앉아 있는 블링크 아저씨
⑤ 투명 인간에 대한 책을 읽고 있는 '나'의 동생

중요

15 이 글에 쓰인 감각적 표현으로 알맞은 것에 ○표 하시오.

(1) 우리 엄마는 피아노 선생님이에요.   (   )
(2) 난 방으로 올라가서 투명 인간 책을 읽었어요.   (   )
(3) 아저씨의 웃음소리가 피아노 줄 위에서 통통 튀었어요. (   )

> 대상의 느낌을 생생하게
> 표현한 것을 '감각적 표현'
> 이라고 하지요.

아저씨가 일을 마치고 일어나자 엄마는 아저씨의 소매를 잡고 현관까지 안내했어요.

길에 나온 아저씨는 <u>흰 지팡이를 펼치며</u> 말했어요.

앞을 보지 못하는 시각 장애인이어서

"됐습니다, 됐어요. 집이 코앞인걸요. 길도 잘 압니다."

나는 조율사를 본 게 처음이었어요.

시각 장애인을 본 것도 처음이었어요.

[중심 내용] '나'는 피아노 조율사이자 시각 장애인인 블링크 아저씨를 처음 보았어요.

---

3 "에밀, 피아노 쳐야지!"

"또요?"

"그럼. 매일 쳐야 실력이 늘지."

나는 식당에서 정확한 음을 자동으로 연주하는 피아노를 본 적이 있어요. 마치 투명 인간이 치는 듯했지요.

정말이지 난 ㉠그 피아노를 사고 싶었어요. 우리 부모님이 내 피아노 실력이 많이 늘었다고 믿게 말이에요.

"에밀, **집중해**."

"엄마, 엄청 집중하고 있어요."

"<u>이 곡 다 치고 조율사 아저씨 댁에 갔다 올래? 비(b) **플랫** 건반이 이상한 것 같구나.</u>"
엄마께서 '나'에게 시키신 일

나는 블링크 아저씨 집에 가서 **초인종**을 눌렀어요.

"안녕, 에밀. 들어오너라."

나는 아직 인사도 안 했는데 아저씨는 이미 나란 것을 알았어요.

"비(b) 플랫이 여전히 이상해서 왔어요."

"그래? 내일 가 보마. 주스 마실래?"

아저씨는 손끝으로 벽을 더듬어 주방에 들어갔다가 큰 유리잔을 들고 나왔어요. 주스를 한 방울도 흘리지 않았어요.

"질문 하나 해도 돼요?"

"물론이지, 에밀."

"조금 전에 어떻게 저란 걸 아셨어요? 앞이 보이지 않으시면서요."

아저씨는 웃으며 말했어요.

중요

16 엄마께서 블링크 아저씨의 소매를 잡고 현관까지 안내한 까닭으로 알맞은 것의 기호를 쓰시오.

> ㉮ 블링크 아저씨의 집이 어디인지 물어보려고
> ㉯ 시각 장애인인 블링크 아저씨가 현관문을 찾도록 도와주려고
> ㉰ 잘 듣지 못하는 블링크 아저씨에게 초인종 소리를 들려주려고

(   )

17 블링크 아저씨에 대한 설명으로 알맞은 말에 각각 ○표 하시오.

• 블링크 아저씨는 ⑴ (조율사, 피아니스트)이고, ⑵ (청각, 시각) 장애인이다.

18 ㉠은 어떤 피아노를 가리키는 것인지 알맞은 것에 ○표 하시오.

⑴ 누구나 부러워할 만큼 멋진 피아노 (   )
⑵ 정확한 음을 자동으로 연주하는 피아노 (   )
⑶ 연주하는 것과 다른 소리를 내는 피아노 (   )

교과서 문제

19 '나'가 블링크 아저씨 집에 간 까닭은 무엇입니까? (   )

① 블링크 아저씨께서 초대해 주셔서
② 블링크 아저씨에게 피아노를 배우려고
③ 블링크 아저씨의 피아노 연주를 들으려고
④ 블링크 아저씨에게 음식을 가져다 드리려고
⑤ 블링크 아저씨에게 피아노 조율을 부탁하려고

> 엄마께서 '나'에게
> 블링크 아저씨 댁에 다녀오라고
> 하신 까닭을 생각해 보세요.

서술형

20 '나'가 블링크 아저씨에게 궁금하게 생각하여 질문한 내용은 무엇인지 쓰시오.

"그래, 난 태어날 때부터 앞을 보지 못했지. 그 대신 어릴 적부터 다른 **감각**들이 아주 발달되어 있단다. **촉각, 후각, 미각, 청각** 이런 것들 말이야. 아까 네가 현관문을 열 때 너희 집 냄새와 네 바지가 구겨지는 소리, 그 밖에 설명하기 **애매한** 것들로 너란 걸 알았어."

"그러면 제가 투명 인간이어도 알아채실 수 있어요?"

"에밀, 넌 나에게 투명 인간이란다."

나는 잠시 **망설이다** 말했어요.

"그러면 아저씨는 뭐가 보여요? 검은 색이요? 아니면 흰색이요?"

"아무것도 없는 게 보여."

"그게 무슨 말이에요?"

"에밀, 넌 네 무릎으로 뭐가 보이니?"

"아무것도 안 보여요."

"나도 마찬가지야. 내 눈은 네 무릎처럼 본단다."

아저씨는 또다시 웃음을 터뜨렸어요.

이어서 손가락이 잘 보이지 않을 정도로 **빠른** 곡을 쳤어요.

> **중심 내용** 블링크 아저씨는 태어날 때부터 앞을 보지 못했지만, 그 대신 다른 감각들이 아주 발달되어 있었어요.

4 집에 돌아오는 길에 나는 슬펐어요. 색깔들이 참 아름다워서요. 오만 가지 질문이 머릿속에서 **맴돌았어요**.

투명 인간은 먹을 때 음식물이 순식간에 사라질까요?

아니면 투명한 **소화 기관**을 따라 내려가는 게 보일까요?

그리고 소화가 다 되면 천천히 없어질까요?

블링크 아저씨의 미각으로는 코코아가 가장 맛있지 않을까요?

아저씨가 오렌지를 먹을 때 오렌지색을 알면 더 좋을 텐데.

아주 조금이라도 말이에요.

나는 간식을 먹다가 결심했어요.

아저씨에게 색깔을 가르쳐 주기로요.

독해로 이해 **콕**

17 블링크 아저씨는 태어날 때부터 앞을 보지 못하였다. (○, ✕)

18 블링크 아저씨는 에밀이 자신에게 투명 인간과 같다고 하였다. (○, ✕)

19 '나'는 집으로 돌아오는 길에 (   ) 이/가 아름답다고 생각했다.

20 블링크 아저씨는 코코아를 가장 좋아한다고 하셨다. (○, ✕)

21 '나'는 블링크 아저씨가 오렌지를 먹을 때 오렌지의 (색, 맛)을 알면 좋을 것 같다고 생각했다.

낱말풀이

감각 눈, 코, 귀, 혀, 살갗을 통하여 바깥의 어떤 자극을 알아차림.

촉각 물건이 피부에 닿아서 느껴지는 감각.

후각 냄새를 맡는 감각.

미각 맛을 느끼는 감각.

청각 소리를 느끼는 감각.

애매한 희미하여 분명하지 아니한. **예** 어떤 옷을 입어야 할지 애매한 날씨였다.

망설이다 이리저리 생각만 하고 태도를 결정하지 못하다.

맴돌았어요 일정한 범위나 장소에서 되풀이하여 움직였어요. **예** 엄마의 목소리가 내 귓가에 맴돌았어요.

소화 기관 음식물을 소화하고 흡수하는 기관.

서술형

21 사건의 원인과 결과를 생각하여 빈칸에 들어갈 알맞은 내용을 쓰시오.

> 블링크 아저씨는 태어날 때부터 앞을 보지 못했다. 그 결과, 블링크 아
>
> 저씨는ㅤ_____
>
> _____

교과서 문제

22 블링크 아저씨가 집에 온 사람이 '나'라는 것을 어떻게 알았는지 알맞은 것을 두 가지 고르시오. (　　　　　)

① '나'의 목소리를 듣고
② '나'의 집 냄새를 맡고
③ '나'를 직접 만져 보고
④ '나'의 티셔츠와 바지를 보고
⑤ '나'의 바지가 구겨지는 소리를 듣고

23 블링크 아저씨에 대한 설명으로 알맞은 것의 기호를 쓰시오.

> ㉮ '나'의 무릎 부분 아래쪽만 보인다.
> ㉯ '나'의 무릎처럼 아무것도 볼 수 없다.
> ㉰ 검은색과 흰색만 구별해서 볼 수 있다.

(　　　　　　　　　)

24 집으로 돌아오는 길에 '나'의 마음은 어떠했습니까? (　　　　　)

① 기뻤다.　　　　② 슬펐다.　　　　③ 무서웠다.
④ 당황했다.　　　⑤ 부끄러웠다.

> 아름다운 색깔들을 보면서
> '나'는 어떤 생각을 했나요?

중요

25 '나'가 간식을 먹다가 결심한 것은 무엇인지 빈칸에 들어갈 알맞은 말을 두 글자로 쓰시오.

> 블링크 아저씨에게 [　　　]을/를 가르쳐 주는 것

(　　　　　　　　　)

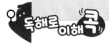

블링크 아저씨에게 알려 주기 위해 나는 색깔을 떠올리는 것을 찾아봤어요.

가장 초록색인 것은 맨발로 걸을 때 발가락 사이로 살살 **삐져나오는** 촉촉한 풀잎이에요.

가장 붉은색인 것은 할아버지 밭에서 나는 토마토 맛이에요.

가장 푸른색인 것은 옆집 수영장에서 헤엄치는 것이에요.

가장 흰 것은 여름에 푹 자고 열 시쯤에 일어났을 때예요.

난 할아버지네 토마토를 블링크 아저씨 집에 가져갔어요.

아저씨는 맛있게 먹었어요.

"이건 붉은색이에요."

내가 말했어요. 그러자 아저씨는 피아노 한 곡을 쳤어요.

"나한테는 이게 붉은색이란다!"

진짜였어요. 왜 그런지 설명하기는 어렵지만 딱 붉은색인 곡이었어요.

나는 아저씨를 풀밭에 데려가 걸었어요.

그러자 아저씨는 **아코디언**을 가져와 즉석에서 딱 초록색인 곡을 연주했어요.

이건 우리 사이의 놀이가 되었어요.

나는 아저씨에게 색깔을 알려 주려고 애를 썼고, 아저씨는 내게 색깔을 연주해 주려고 애를 썼어요.

어떤 색은 다른 색보다 훨씬 쉬웠어요.

하지만 난 가끔 집에 돌아올 때에는 기운이 쭉 빠졌어요.

아저씨가 진짜 색깔을 볼 수 있으면 얼마나 좋을까요?

하루는 아저씨가 **점자책**을 보여 줬어요.

작은 점으로 된 글씨가 **오톨도톨** 나 있는데, 시각 장애인들은 이것을 손가락으로 만지면서 읽는다고 했어요.

나는 감자를 갈 때 쓰는 **강판**을 만지는 것 같았어요.

아저씨의 세상은 또 다른 별이에요.

중심 내용 '나'는 블링크 아저씨에게 색깔을 알려 주기 위해 색깔을 떠올리는 것들을 찾았고, 아저씨는 '나'에게 색깔을 연주해 주었어요.

독해로 이해 **콕**

22 '나'가 블링크 아저씨에게 붉은색을 알려 주기 위해 가져간 것은 무엇입니까?
( )

23 '나'는 블링크 아저씨에게 초록색을 알려 주기 위해 아저씨를 (풀밭, 바닷가)에 데려가 걸었다.

24 블링크 아저씨는 색깔의 느낌을 악기로 연주했다. (○, ✕)

25 '나'는 블링크 아저씨의 점자책을 만질 때 구슬을 만지는 것 같다고 생각했다.
(○, ✕)

낱말풀이

삐져나오는 속에 있는 것이 겉으로 불거져 나오는.

아코디언 양손으로 들고 주름상자를 폈다 접었다 하면서 건반을 눌러 연주하는 악기.

점자책 시각 장애인이 읽을 수 있도록 점자로 만든 책.

오톨도톨 물건의 거죽이나 바닥이 여기저기 잘게 부풀어 올라 고르지 못한 모양. **예** 바닥이 미끄럽지 않도록 오톨도톨 솟아오르게 만들었다.

강판 무, 생강, 과일 따위를 갈아 즙을 내거나 채를 만들기 위하여 사용하는, 표면이 거칠게 생긴 도구.

교과서 문제

26 '나'가 블링크 아저씨에게 알려 주기 위해 떠올린 색깔의 느낌을 알맞게 선으로 이으시오.

(1) 초록색 •

(2) 붉은색 •

(3) 푸른색 •

(4) 흰색 •

• ㉮ 옆집 수영장에서 헤엄치는 것

• ㉯ 할아버지 밭에서 나는 토마토 맛

• ㉰ 여름에 푹 자고 열 시쯤에 일어났을 때

• ㉱ 맨발로 걸을 때 발가락 사이로 살살 삐져나오는 촉촉한 풀잎

에밀은 색깔을 피부의 느낌이나 맛으로 설명했어요.

서술형

27 이 글의 '나'가 자신이라면 블링크 아저씨에게 '갈색'을 어떻게 알려 주고 싶은지 쓰시오.

_____

28 블링크 아저씨는 붉은색을 어떻게 표현했습니까? ( )

① 풀밭에서 맨발로 걸었다.
② 아코디언을 가져와 연주했다.
③ 토마토를 가져와 맛있게 먹었다.
④ 피아노로 붉은색인 곡을 연주했다.
⑤ 붉은 장미를 가져와 냄새를 맡았다.

29 아저씨를 만나고 집으로 돌아올 때 '나'의 마음으로 알맞은 것에 ○표 하시오.

(1) 아저씨가 색깔을 연주하는 것을 계속 듣고 싶다. ( )
(2) 아저씨가 진짜 색깔을 볼 수 없어서 아쉽고 안타깝다. ( )
(3) 아저씨에게 진짜 색깔을 보여 준 것이 자랑스럽고 뿌듯하다. ( )

중요

30 '나'는 점자책을 만져 본 느낌을 어떻게 표현했는지 빈칸에 알맞은 말을 쓰시오.

• 감자를 갈 때 쓰는 _____ 같았다고 하였다.

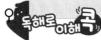

5 그리고 겨울이 왔어요.

블링크 아저씨는 먼 여행을 떠났어요. 아저씨의 음악도요.

날씨가 춥고 **우중충해졌어요**. 그래서 난 도서관에서 책을 한아름 빌렸어요.

『투명 인간의 복수』

『투명 인간의 일곱 명의 아이들』

『투명 인간들이 사는 행성』

『투명 개 키키』

난 빌린 책들을 다 읽고 폴에게 얘기해 줬어요.

엄마는 내 피아노 실력이 늘었다고 좋아했어요.

그럴 수밖에요. 난 블링크 아저씨가 돌아오면 세상 모든 색을 들려주려고 많이 연습했으니까요.

어느 날, 학교에서 돌아온 나는 눈이 **휘둥그레졌어요**.

진짜 투명 인간을 봤거든요.

㉠투명 인간은 거실에 앉아 엄마와 얘기하고 있었어요.

얼굴을 **붕대**로 칭칭 감은 것이 책과 똑같았어요.

"에밀, 네 피아노 실력이 늘었다며?"

블링크 아저씨의 목소리였어요. 나는 <u>말문</u>이 막혔어요.
투명 인간의 정체

"블링크 아저씨는 외국에서 다른 사람에게서 **안구를 기증받아** 수술을 받고 돌아오셨어."

엄마가 말했어요.

<u>새하얀 **침묵**이 거실을 뒤덮었어요.</u>
조용한 거실의 분위기를 나타낸 감각적 표현

"한 달 뒤에 붕대를 풀 거야. 그러면 네가 어떻게 생겼는지 드디어 볼 수 있겠지?"

아저씨가 말했어요.

그제야 난 알았어요.

이제 새로운 이야기가 시작된다는 것을요.

> **중심 내용** '나'는 블링크 아저씨가 돌아오면 세상 모든 색을 들려주려고 피아노를 많이 연습했고, 아저씨는 안구를 기증받아 수술을 받고 돌아오셨어요.

낱말풀이

우중충해졌어요 날씨나 분위기 따위가 어둡고 침침해졌어요.

휘둥그레졌어요 놀라거나 두려워서 눈이 크고 둥그렇게 되었어요.

붕대 상처나 부스럼 따위에 감는 소독한 헝겊.

말문 말을 할 때에 여는 입. 예 나는 놀라운 소식을 듣고 말문이 막혔다.

안구 눈구멍 안에 있는 공 모양의 시각 기관. 눈알.

기증받아 남에게서 선물이나 기념으로 물품을 거저 받아.

침묵 아무 말도 없이 잠잠히 있음. 또는 그런 상태.

4 단원

13 회

공부한 날

월

일

서술형

31 '나'가 피아노 연습을 많이 한 까닭은 무엇인지 쓰시오.

_____

32 ㉠은 누구를 가리키는지 알맞은 것의 기호를 쓰시오.

㉮ '나'의 엄마	㉯ '나'의 아빠
㉰ 블링크 아저씨	㉱ '나'의 단짝 폴

(   )

중요

33 블링크 아저씨가 먼 여행을 떠났던 까닭으로 알맞은 것에 ○표 하시오.

⑴ 안구를 기증받아 수술을 받았기 때문이다. (   )

⑵ 외국으로 피아노 연주회를 다녀왔기 때문이다. (   )

⑶ 건강이 좋지 않아 병원에 오래 입원했기 때문이다. (   )

블링크 아저씨가 얼굴을 붕대로 감고 있었던 까닭은 무엇일까요?

교과서 문제

34 이 글을 읽고 떠오른 생각이나 느낌을 알맞게 말하지 <u>못한</u> 친구의 이름을 쓰시오.

정우: 블링크 아저씨가 세상을 볼 수 있을 때 어떤 느낌이 들지 궁금해.
유나: 에밀이 블링크 아저씨를 위해 피아노 연습을 많이 한 점이 감명 깊었어.
서율: 에밀이 블링크 아저씨에게 서운해하며 화를 내서 안타까운 마음이 들었어.

(   )

이미지로 보는
사전

#피아노 #건반 악기

건반을 손가락으로 누르거나 두드려서 소리를 내는 악기예요.

건반을 누르면 솜 망치가 줄을 두드리면서 소리를 내요.

피아노의 원래 이름은 '피아노포르테'예요.

여리게 연주하라는 의미의 '피아노'와 세게 연주하라는 의미의 '포르테'를 합친 말이에요.

4 감동을 나타내요

01 다음 대상에 어울리는 표현으로 알맞지 <u>않은</u> 것은 무엇입니까? (　　)

① 보들보들
② 꼬불꼬불
③ 푹신푹신
④ 아삭아삭
⑤ 물렁물렁

02 다음 대상의 느낌을 감각적 표현을 넣어 표현할 때, (　　) 안에 들어갈 알맞은 말을 쓰시오.

• (　　　　　　)처럼 둥그스름한 귤

03~06 다음 시를 읽고, 물음에 답하시오.

> **감기**
>
> 내 몸에
> 불덩이가 들어왔다.
> ─뜨끈뜨끈.
> 불덩이를 따라
> 몹시 추운 사람도 들어왔다.
> ─오들오들.
>
> 약을 먹고 나니
> 느릿느릿,
> 거북이도 들어오고
> 까무룩,
> 잠꾸러기도 들어왔다.
>
> 내 몸에
> 너무 많은 것들이 들어왔다.
> 그래서
> 내 몸이 아주 무거워졌다.

03 이 시에서 말하는 이의 상황으로 알맞은 것은 무엇입니까? (　　)

① 거북이와 헤엄치고 있다.
② 뜨거운 음식을 먹고 있다.
③ 따뜻한 물속에 들어가 있다.
④ 감기에 걸려 힘들어하고 있다.
⑤ 날씨가 추워서 덜덜 떨고 있다.

04 이 시에서 거북이가 들어왔다고 한 까닭으로 빈칸에 들어갈 알맞은 말은 무엇입니까? (　　)

감기약을 먹고 [　　　] 때문이다.

① 힘이 났기
② 몹시 추웠기
③ 몸이 다 나았기
④ 열이 많이 났기
⑤ 몸이 무거워졌기

중요
05 '내' 몸에 들어온 것으로 알맞지 <u>않은</u> 것은 무엇입니까? (　　)

① 불덩이　　　　② 거북이
③ 잠꾸러기　　　④ 장난꾸러기
⑤ 몹시 추운 사람

서술형
06 이 시에 쓰인 감각적 표현을 하나 골라 어떤 생각이나 느낌이 드는지 쓰시오.

_____

_____

07~09 다음 시를 읽고, 물음에 답하시오.

지구도 대답해 주는구나

강가 고운 모래밭에서
발가락 ㉠옴지락거려
두더지처럼 파고들었다.

지구가 간지러운지
㉡굼질굼질 움직였다.

아, 내 ㉢작은 신호에도
㉣지구는 대답해 주는구나.

그 큰 몸짓에
이 ㉤조그마한 발짓
그래도 지구는 대답해 주는구나.

중요

07 ㉠~㉤ 중에서 지구가 천천히 움직이는 모습을 감각적으로 표현한 것은 무엇입니까? (   )

① ㉠   ② ㉡   ③ ㉢   ④ ㉣   ⑤ ㉤

08 이 시를 읽고 떠오른 생각이나 느낌을 말했을 때, 빈칸에 들어갈 알맞은 말은 무엇입니까? (   )

⬚ 을/를 지구의 대답이라고 생각한 점이 재미있어.

① 작은 신호   ② 모래의 움직임
③ 조그마한 발짓   ④ 두더지의 움직임
⑤ 모래밭을 파고든 것

09 이 시는 말하는 이의 어떤 경험을 쓴 것인지 알맞은 것에 ○표 하시오.

(1) 지구를 보호했다고 생각한 경험   (   )
(2) 지구가 살아 있다고 생각한 경험   (   )
(3) 지구가 오염되었다고 생각한 경험   (   )

10~11 다음 글을 읽고, 물음에 답하시오.

㉮ 학교에서 돌아와 보니 검은 선글라스를 낀 아저씨가 피아노 앞에 몸을 숙인 채 앉아 있었어요. 밖엔 비가 오는데 선글라스를 끼고 말이에요.
"누구세요?"
내가 물었어요.
"안녕, 나는 피아노 조율사 블링크란다. 넌 누구니?"
㉯ "질문 하나 해도 돼요?"
"물론이지, 에밀."
"조금 전에 어떻게 저란 걸 아셨어요? 앞이 보이지 않으시면서요."
아저씨는 웃으며 말했어요.
"그래, 난 태어날 때부터 앞을 보지 못했지. 그 대신 어릴 적부터 다른 감각들이 아주 발달되어 있단다. 촉각, 후각, 미각, 청각 이런 것들 말이야. 아까 네가 현관문을 열 때 너희 집 냄새와 네 바지가 구겨지는 소리, 그 밖에 설명하기 애매한 것들로 너란 걸 알았어."

10 블링크 아저씨에 대한 설명으로 알맞지 <u>않은</u> 것은 무엇입니까? (   )

① 피아노 조율사이다.
② 검은 선글라스를 끼고 있다.
③ 다른 사람보다 시각이 발달했다.
④ 태어날 때부터 앞을 보지 못했다.
⑤ 어릴 적부터 촉각, 후각, 미각, 청각이 발달했다.

서술형

11 블링크 아저씨는 집에 온 사람이 에밀이라는 것을 어떻게 알 수 있었는지 쓰시오.

_____

_____

12~17 다음 글을 읽고, 물음에 답하시오.

> **가** 블링크 아저씨에게 알려 주기 위해 나는 색깔을 떠올리는 것을 찾아봤어요.
>
> 가장 초록색인 것은 맨발로 걸을 때 발가락 사이로 살살 삐져나오는 촉촉한 풀잎이에요.
>
> 가장 붉은색인 것은 할아버지 밭에서 나는 토마토 맛이에요.
>
> 가장 푸른색인 것은 옆집 수영장에서 헤엄치는 것이에요.
>
> 가장 흰 것은 여름에 푹 자고 열 시쯤에 일어났을 때예요.
>
> **나** ㉠엄마는 내 피아노 실력이 늘었다고 좋아했어요.
>
> 그럴 수밖에요. 난 블링크 아저씨가 돌아오면 세상 모든 색을 들려주려고 많이 연습했으니까요.
>
> 어느 날, 학교에서 돌아온 나는 눈이 휘둥그레졌어요.
>
> 진짜 투명 인간을 봤거든요.
>
> 투명 인간은 거실에 앉아 엄마와 얘기하고 있었어요.
>
> 얼굴을 붕대로 칭칭 감은 것이 책과 똑같았어요.
>
> "에밀, 네 피아노 실력이 늘었다며?"
>
> ㉡블링크 아저씨의 목소리였어요. 나는 말문이 막혔어요.
>
> "블링크 아저씨는 외국에서 다른 사람에게서 안구를 기증받아 수술을 받고 돌아오셨어."
>
> 엄마가 말했어요.
>
> ㉢새하얀 침묵이 거실을 뒤덮었어요.

중요

12 글 **가**에서 '나'는 색깔을 어떻게 표현했는지 알맞은 것의 기호를 쓰시오.

> ㉮ 물건을 가져와서 보여 주었다.
> ㉯ 색깔의 느낌을 피아노로 연주했다.
> ㉰ 피부의 느낌이나 맛으로 설명했다.

( )

13 다음은 '나'가 어떤 색깔을 알려 주려고 떠올린 것입니까? ( )

> 옆집 수영장에서 헤엄치는 것

① 흰색 ② 검은색
③ 붉은색 ④ 푸른색
⑤ 초록색

14 글 **나**의 내용으로 알맞지 <u>않은</u> 것은 무엇입니까?
( )

① 블링크 아저씨가 돌아왔다.
② '나'의 피아노 실력이 많이 늘었다.
③ 블링크 아저씨는 얼굴을 붕대로 감고 있었다.
④ 블링크 아저씨는 안구를 다른 사람에게 기증했다.
⑤ '나'는 블링크 아저씨에게 색깔을 들려주려고 피아노를 연습했다.

15 글 **나**에서 블링크 아저씨를 본 '나'의 마음은 어떠했습니까? ( )

① 화남 ② 놀람 ③ 무서움
④ 죄송함 ⑤ 안타까움

16 ㉠~㉢ 중 감각적 표현이 쓰인 것의 기호를 쓰시오.

( )

서술형

17 이 글을 읽고 재미있거나 감동받은 부분에 대한 생각이나 느낌을 쓰시오.

_____

_____

독해로 생각 Up

→ 바른답·알찬풀이 14쪽

해설 강의

4 단원
14 회

공부한 날

월

일

18~19 다음 글을 읽고, 물음에 답하시오.

[4-1] 1단원 46~48쪽

의심 현덕
확실히 알 수 없어서 믿지 못하는 마음.

가 어쩌다가 노마는 유리구슬 한 개를 잃어버렸습니다. 아주 이쁘게 생긴 파란 구슬인데요, 어디서 어떻게 하다 잃었는지 아무리 생각해도 모르겠습니다. 아마 ⓐ　◯　ⓑ 처럼 깡충깡충 뛰고 놀다가 흘렸나 하고 우물둔덕에도 가 보았습니다. 거기도 없습니다. 영이하고 나뭇잎을 줍다가 흘렸나 하고 집 뒤 버드나무 밑에도 가 보았습니다. 거기도 없습니다. 아무리 찾아도 　◯　ⓒ 처럼 아주 없어진 듯이 구슬은 간 데를 모르겠습니다.

우물 둘레의 작은 둑 모양으로 된 곳.

나 그러다가 노마는 담 모퉁이에서 기동이를 만났습니다.

그리고 노마는 기동이 아래위를 보다가 입을 열어 물었습니다.

"너, 내 구슬 봤니?" / "무슨 구슬 말야?"

"파란 유리구슬 말야." / "난 못 봤다."

그러나 노마는 그 말을 정말로 듣지 않나 봅니다. 여전히 기동이 조끼 주머니를 보고, 두 손을 보고 합니다.

그러다가 노마는 입을 열어 또 물었습니다.

"너, 구슬 가진 것 좀 보자."

"그건 봐 뭣 해."

"보면 어때." / "봐 뭣 해."

하고 기동이는 조끼 주머니를 손으로 가립니다.

정말 기동이가 그 구슬을 얻어 제 것처럼 가졌나 봅니다. 아니면 선선하게 보이지 못할 게 뭡니까.

성질이나 태도가 까다롭지 않고 주저함이 없게.

노마는 더욱 의심이 났습니다.

어떻게 읽을까?

1. 인물에게 일어난 일이 무엇인지 생각해 보세요.
2. 일어난 일에 대해 어떻게 생각하는지 자신의 의견을 떠올려 보세요.

☺ 노마에게 일어난 일 정리하기

> 노마는 ① ☐☐☐ 한 개를 잃어버림.
>
> ↓
>
> 노마는 잃어버린 유리구슬을 찾아다님.
>
> ↓
>
> 노마는 ② ☐☐☐ 을/를 만나 자신의 구슬을 가지고 있는지 캐물음.

☺ 일어난 일에 대한 자신의 의견 말하기

> 예 노마는 기동이를 ③ ☐☐ 하고 있지만 이는 안타까운 마음에 저지른 실수라고 생각합니다.

답 ① 유리구슬 ② 기동이 ③ 의심

---

18 ⓒ과 ⓒ에 들어갈 말을 알맞게 짝 지은 것은 무엇입니까? (　　)

① 바람 – 우물
② 토끼 – 연기
③ 나비 – 주머니
④ 노루 – 피아노
⑤ 풀잎 – 버드나무

단원 개념

19 이 글을 읽고 노마의 행동에 대한 생각이나 느낌을 알맞게 말한 친구의 이름을 쓰시오.

> 은재: 친구를 의심한 것은 잘못이야. 의심받는 일은 속상한 일이기 때문이야.
> 지훈: 기동이에게 의심해서 미안하다고 사과한 일은 참 잘했다고 생각해.

(　　　　　　　　　　　)

어휘 확인

1 다음 밑줄 그은 낱말의 뜻으로 알맞은 것을 **보기**에서 찾아 기호를 쓰시오.

> **보기**
> ㉠ 좋거나 잘하거나 긍정적인 점.
> ㉡ 아무 말도 없이 잠잠히 있음. 또는 그런 상태.
> ㉢ 눈, 코, 귀, 혀, 살갗을 통하여 바깥의 어떤 자극을 알아차림.

(1) 서준이와 단둘이 남게 되자 어색한 침묵이 흘렀다. ( )

(2) 지인이의 솔직하고 당당한 성격은 큰 장점이라고 생각한다. ( )

(3) 우리 집 강아지는 감각이 예민해서 소리를 잘 듣고 냄새도 잘 맡는다. ( )

어휘 적용

2 다음 문장의 빈칸에 들어갈 알맞은 낱말을 **보기**에서 찾아 쓰시오.

> **보기**
> 까무룩   오톨도톨   오들오들

(1) 아기가 엄마 품에서 [   ] 잠이 들었다.

(2) 얇은 옷을 입고 밖에 나가서 [   ] 떨었다.

(3) 갑자기 두드러기가 나서 피부가 [   ] 부어올랐다.

어법

3 다음 짝 지어진 두 낱말에 대한 설명으로 알맞은 것에 ○표 하시오.

> 만날 – 맨날   차지다 – 찰지다   예쁘다 – 이쁘다

(1) 두 낱말을 모두 표준어로 인정한다. ( )

(2) 두 낱말 중 앞에 있는 낱말만 표준어로 인정한다. ( )

(3) 두 낱말 중 뒤에 있는 낱말만 표준어로 인정한다. ( )

사자성어

4 다음 글과 그림을 보고, 동고동락 을 알맞게 사용한 친구의 이름을 쓰시오.

동고동락

(同 같을 동, 苦 괴로울 고, 同 같을 동, 樂 즐길 락)
괴로움도 즐거움도 함께함.

어려운 일이 있을 때에는 위로해 주고, 좋은 일이 있을 때에는 같이 기뻐해 주는 가족이나 친구들이 있지요? 이렇게 괴롭거나 즐거운 모든 순간을 함께하면 그 사이는 더욱 두터워질 수 있을 거예요.

선우: 나와 준서는 만나기만 하면 서로 노려보고 싸우게 돼. 우리는 아무래도 <u>동고동락</u>인 것 같아.

유나: 나는 2학년 때 예지와 같은 반이었어. 우리는 1년 동안 같은 교실에서 <u>동고동락</u>하면서 정말 친해졌어.

(   )

5

바르게 대화해요

무엇을 배울까요?

대상에 따라 알맞은
높임 표현을 사용해 말하기

전화할 때의
바른 대화 예절 알기

상황에 어울리는 표정,
몸짓, 말투로 대화하기

단원에 대한 공부 계획을 세우고, 공부한 내용을
얼마나 이해했는지 스스로 평가해 보세요.

★★★ 잘함.　★★ 보통임.　★ 아쉬움.

그림으로 개념 탄탄

Q 대상에 따라 알맞은 높임 표현을 어떻게 사용해야 할까요?

이런 대화 안 돼요 1 　 이런 대화 안 돼요 2 　 이런 대화 안 돼요 3

상황이나 대상에게
안 맞는 말

상대를 존중하지
않는 대화

A

❊ 상황에 어울리는 말을 해요.

❊ 대상에 따라 알맞은 높임 표현을 사용해 대화해요.
　　　윗어른과 대화할 때는 높임 표현을 사용함.

❊ 상대를 바라보고 상대가 하는 말을 존중하며 대화해요.
　　　　상대가 하는 말을 집중해서 들어야 함.

Q 전화할 때의 바른 대화 예절은 무엇일까요?

이런 대화 안 돼요 1 　 이런 대화 안 돼요 2 　 이런 대화 안 돼요 3

너 누구야?

우하하

조용히

전화 건 사람이
먼저 누구인지 밝히기

공손하게 말하기

공공장소에서는
작은 목소리로 말하기

A

❊ 자신이 누구인지 밝히고 상대가 누구인지 확인해요.

❊ 상대의 상황을 헤아려 보아요.

❊ 상대의 얼굴을 보지 않고 이야기하므로 더 공손하게 말해요.

❊ 공공장소에서는 작은 목소리로 말해요.

 상황에 어울리는 표정, 몸짓, 말투로 어떻게 대화해야 할까요?

 ※ 무슨 일이 생겼는지, 그때의 마음은 어떠할지 생각해 보아요.

※ 상황에 어울리는 표정, 몸짓, 말투로 대화해요.

※ 대상에 따라 알맞은 높임 표현을 사용해 대화해요.

※ 언어 예절을 지키며 대화해요.
언어생활에서 지켜야 할 예절

 전화 예절에 대한 설명이 맞으면 ○에, 틀리면 ×에 ○표 하시오.

(1)

전화로 대화할 때에는 자신이 누구인지 밝히고 상대가 누구인지 확인한다.

(2)
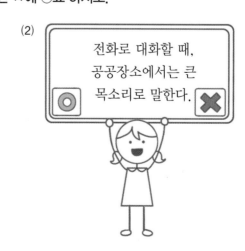
전화로 대화할 때, 공공장소에서는 큰 목소리로 말한다.

답 (1) ○ (2) ×

높임 표현이 나타난 대화문

가

승민아, 네가 좋아하는 과일 사 왔다.

고맙습니다.

승민

나

승민아, 학교생활 어떠니?

공부도 열심히 하고 친구들과 즐겁게 지내요.

다

사과주스
ㄱ .

사과주스 한 잔 주세요.

라

할아버지 지금 뭐 하시니?

할아버지께서 사과주스를
ㄴ .

활동 팁

대상에 따라 높임 표현을 알맞게 사용하는 방법을 생각하며 대화를 읽어 보세요.

독해로 이해 콕

1 대화 **가**에서 승민이는 높임 표현을 사용해 할머니께 말씀드렸다. (○ , ×)

2 대화 **나**는 할머니와 승민이가 (학교생활 , 일상생활)을 주제로 대화하는 상황이다.

3 대화 **다**에서 승민이는 가게에서 (낮춤 , 높임) 표현을 사용해 사과주스를 주문했다.

4 대화 **라**에서 승민이가 높여야 할 대상은 할아버지뿐이다. (○ , ×)

낱말풀이

학교생활 학생으로서 학교에 비치하는 학생에 관한 기록을 두고 지내는 생활.
예 민주와 단짝이 되어 즐거운 <u>학교생활</u>을 했다.

5 단원
15 회

공부한 날

월

일

01 대화 **가**~**라**에서 승민이가 대화하는 상황을 바르게 찾아 선으로 이으시오.

(1) **가**, **나** •

(2) **다** •

(3) **라** •

• ㉮ 어머니와 대화하는 상황

• ㉯ 할머니와 대화하는 상황

• ㉰ 사과주스를 주문하는 상황

교과서 문제

02 대화 **가**와 **나**에 나타난 승민이의 대화 태도로 알맞지 <u>않은</u> 것은 무엇입니까?

( )

① 공손한 태도로 대화한다.

② 버릇없는 자세로 대화한다.

③ 높임 표현을 사용해 대화한다.

④ 할머니의 눈을 바라보며 대화한다.

⑤ 할머니의 말씀을 잘 들으며 대화한다.

서술형

03 ㉠에 들어갈 알맞은 표현을 고르고, 그 표현을 고른 까닭을 쓰시오.

알맞은 표현	(1) (나왔습니다, 나오셨습니다)
표현을 고른 까닭	(2)

중요

04 ㉡에 들어갈 표현으로 알맞은 것은 무엇입니까? ( )

① 먹고 계셔

② 먹고 있어

③ 먹고 있어요

④ 드시고 있어

⑤ 드시고 계세요

승민이는 할아버지와
어머니를 모두 높여야 해요.

교과서 문제

05 **04**의 답을 고른 까닭은 무엇인지 알맞은 말에 ○표 하시오.

• 할아버지와 어머니가 (1) (가족, 웃어른)이므로 (2) (낮춤, 높임) 표현
을 사용해야 하기 때문이다.

독해로 이해 콕

5 대화 **마**에서 승민이는 높임 표현을 사용해 친구와 대화했다. (○ , ✕)

6 대화 **바**에서 선생님은 승민이에게 (주말, 방학)에 무엇을 했는지 물으셨다.

7 대화 **사**에서 승민이는 친구가 하는 말을 (건성으로, 집중해서) 들어야 한다.

8 대화 **아**에서 승민이는 선생님과 대화하면서 높임 표현을 써야 한다. (○ , ✕)

낱말풀이

주말 한 주일의 끝 무렵. 주로 토요일부터 일요일까지를 이른다. 예 학교에 가지 않는 <u>주말</u>에는 늦잠을 잘 수 있다.

서점 책을 갖추어 놓고 팔거나 사는 가게.

소개해 잘 알려지지 아니하였거나, 모르는 사실이나 내용을 잘 알도록 설명해.

06 대화 **마**~**아** 중 승민이가 높임 표현을 사용해 대화해야 하는 상황을 찾아 모두 ○표 하시오.

마	바	사	아
(1)	(2)	(3)	(4)

서술형

07 ㉠에 들어갈 알맞은 말을 쓰시오.

_____

08 대화 **사**에서 여자아이가 승민이에게 부탁한 것은 무엇입니까? ( )

① 책을 함께 사러 가자는 것
② 재미있는 책을 빌려 달라는 것
③ 읽을 만한 책을 소개해 달라는 것
④ 책을 읽은 느낌을 글로 써 달라는 것
⑤ 읽은 책에 대해 자세히 이야기해 달라는 것

교과서 문제

09 ㉡과 ㉢에 들어갈 승민이의 말을 알맞게 선으로 이으시오.

(1) | ㉡ | •   • ㉮ | 이 책이 재미있습니다. |

(2) | ㉢ | •   • ㉯ | 이 책이 재미있어. |

대상에 따라 알맞은 높임 표현을 찾아보세요.

중요

10 대화를 나눌 때 주의할 점으로 알맞지 <u>않은</u> 것은 무엇입니까? ( )

① 상황에 어울리는 말을 한다.
② 상대가 하는 말을 존중한다.
③ 상대의 손을 바라보며 대화한다.
④ 상대가 하는 말을 집중해서 듣는다.
⑤ 대상에 따라 알맞은 높임 표현을 사용한다.

전화 예절이 나타난 대화문

가 (전화벨이 울린다.)

듣기 자료

민지: 여보세요?

지원: 여보세요, 민지 있나요?

민지: ㉠제가 민지인데, 누구신가요?

지원: 나, 지원이야.

지원   민지

나 지원: ㉡나, 아까 학교 앞 문구점에서 미술 준비물을 샀는데 **망가져** 있어.

듣기 자료

민지: 뭐가? 물감에 구멍이 났니? 아니면 물통?

지원: 아니, 물통에 물이 샌다고.
　　　　지원이가 말하려는 내용

민지: 아, 물통을 말하는 거구나.

다 (전화벨이 울린다.)

듣기 자료

예원이 언니: 여보세요?

수진: ㉢예원아! 우리 내일 어디에서 만나서 놀기로 했지?

예원이 언니: (생각) 나는 예원이 언니인데……. 누구지?

수진

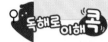
독해로
이해 콕

9　대화 **가**에서 전화를 건 사람은 민지, 전
　화를 받은 사람은 지원이이다.
　　　　　　　　　　　(○, ×)

10　대화 **나**에서 지원이는 민지에게 (물감,
　물통)이 망가졌다는 말을 하려고 했다.

11　대화 **다**는 전화를 건 친구가 예원이 언
　니를 예원이로 잘못 알고 이야기하는 상
　황이다. (○, ×)

낱말풀이

준비물 미리 마련하여 갖추어 놓는 물건.

망가져 부서지거나 찌그러져 못 쓰게 되
어. 예 새로 산 필통이 망가져 속상했다.

11 교과서 문제

민지가 ㉠과 같이 말한 까닭으로 알맞은 것에 ○표 하시오.

(1) 전화를 건 지원이가 너무 작게 말해서 ( )

(2) 전화를 건 지원이가 자신이 누구인지를 밝히지 않아서 ( )

(3) 전화를 건 지원이가 듣고 있음을 나타내는 말을 하지 않아서 ( )

공부한 날

월

일

12 교과서 문제

지원이가 ㉡과 같이 말했을 때, 민지는 어떤 생각을 했는지 알맞은 것의 기호를 쓰시오.

> ㉮ 지원이가 물감을 들고 있어서 물감을 생각했다.
> ㉯ 무엇을 말하는지 몰라서 물통과 물감을 모두 생각했다.
> ㉰ 지원이가 물통이 망가졌다고 정확히 말해서 물통을 생각했다.

( )

13 서술형

대화 **나**의 문제를 해결하기 위해 지원이가 전화로 대화할 때 고쳐야 할 점을 쓰시오.

_____

민지는 지원이가 무엇을 말하는지 몰랐어요.

14 중요

㉢을 전화 예절에 맞게 바르게 고친 것에 ○표 하시오.

(1)
> 저는 예원이 친구 수진이예요. 예원이 좀 바꿔 주시겠어요?

( )

(2)
> 예원아! 나는 수진이야. 우리 3시에 만나기로 한 거 맞지?

( )

15 전화 대화의 특징으로 알맞지 <u>않은</u> 것은 무엇입니까? ( )

① 전화를 거는 사람과 받는 사람이 있다.

② 자신이 누구인지 밝히지 않아야 한다.

③ 듣고 있음을 나타내는 말을 해야 한다.

④ "여보세요?"처럼 자주 사용하는 말이 있다.

⑤ 직접 만나지 않아도 멀리 있는 사람에게 소식을 전할 수 있다.

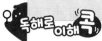

라

듣기 자료

지수: 정아야, 어제 우리 반 회의에서 책 **당번**을 정하기로 했잖아. 내 생각에는 책 당번을 일주일에 한 번씩 바꾸는 건 잘못된 것 같아. 각자 맡고 있는 역할도 있는데 일주일 동안 책을 **관리하는** 건 너무 힘들어.

정아: 응. 그런데…….

지수: 내 생각에는 하루에 한 번씩 책 당번을 바꾸는 게 맞아. 회의 시간에 강력하게 말했어야 하는데, 내가 괜히 의견을 말 안 했나 봐. 내일 선생님께 다시 한번 말씀드려 볼까?

정아: (생각) 내 생각에는 하루에 한 번씩 바꾸면 친구들도 **헷갈리고**, 책 관리가 안 될 수도 있다고 말하고 싶었는데. 지수는 계속 자기 말만 하네. ㉠지수에게 내 생각을 언제 말하지?

지수: 내 의견 어때? 왜 말이 없니?

정아: 그래.

마 (전화벨이 울린다.)

듣기 자료

유진: 여보세요?

할머니: 유진이냐? 할머니다.

유진: 네, 할머니! 안녕하세요?

할머니: 그래. 여기는 괜찮은데, 요즘 한국은 많이 덥지?

유진: 네, 많이 더워요.

할머니: 네 엄마는?

유진: 시장에 장 보러 가셨어요.
<u>엄마께서 전화를 받지 못하신 까닭</u>

할머니: 엄마 오시면 할머니가 이번 토요일에 한국에 간다고 전해 다오.

유진: 네. (전화를 끊는다. 전화 끊는 소리 "찰칵 뚜뚜뚜…….")

할머니: 세 시까지 공항에 데리러 오라고 말해야 하는데…….

바 (지하철 소리)

듣기 자료

남자아이: (큰 목소리로) 하하! 그래. 너 이번 주에 뭐 하니? 우리 이번 주에 축구 할래? 지난주에 비가 와서 축구를 하지 못했잖아.

---

12 대화 **라**에서 전화를 받은 정아는 자신의 생각을 언제 말해야 할지 모르고 있다.

(○, ✕)

13 대화 **마**에서 할머니께서는 유진이에게 (토요일, 일요일)에 한국에 오신다고 말씀하셨다.

14 대화 **바**에서 남자아이는 (버스, 지하철)에서 전화 통화를 하고 있다.

낱말풀이

당번 어떤 일을 책임지고 돌보는 차례가 됨. 또는 그 차례가 된 사람.

관리하는 어떤 일이나 물건을 정상적인 상태를 유지하도록 책임지고 보살피며 다루는. 예 나는 우리 반에서 화분을 관리하는 일을 맡았다.

헷갈리고 여러 가지가 뒤섞여 갈피를 잡지 못하고.

→ 바른답·알찬풀이 16쪽

교과서 문제

16 정아가 ㉠과 같이 생각한 까닭은 무엇입니까? (   )

① 지수가 그냥 전화를 끊었기 때문에
② 지수가 작은 목소리로 말했기 때문에
③ 지수가 계속 자신이 할 말만 했기 때문에
④ 지수가 구체적으로 말하지 않았기 때문에
⑤ 지수가 자신이 누구인지를 밝히지 않았기 때문에

17 대화 ㉮에서 할머니께서 유진이에게 전하려고 한 것을 모두 골라 기호를 쓰시오.

㉮ 이번 토요일에 한국에 간다는 것
㉯ 엄마가 오시면 전화를 해 달라는 것
㉰ 세 시까지 공항에 데리러 와야 한다는 것

(   )

서술형

18 대화 ㉮에서 유진이가 잘못한 점은 무엇인지 쓰시오.

_____

19 대화 ㉯의 상황으로 알맞은 것에 ○표 하시오.

⑴ 공공장소에서 남자아이가 축구를 하는 상황 (   )
⑵ 공공장소에서 남자아이가 큰 목소리로 통화하는 상황 (   )
⑶ 공공장소에서 남자아이가 작은 목소리로 친구와 말하는 상황 (   )

중요

20 대화 ㉮~㉯에서 지켜야 할 전화 예절로 알맞은 것을 찾아 선으로 이으시오.

⑴ 라 •

⑵ 마 •

⑶ 바 •

• ㉮ 공공장소에서는 작은 목소리로 대화한다.

• ㉯ 상대의 말을 끝까지 듣고 공손하게 말한다.

• ㉰ 상대의 상황을 헤아리고 상대의 말을 귀 기울여 듣는다.

각 전화 대화에서 문제를 해결하기 위한 방법을 알아보세요.

1

훈이   강이

훈이가 노란색 옷을 입고 노란색 우산을 든 강이를 보고 유치원생 같다고 놀려서, 강이는 속상했습니다.

2

집을 나서기 전, 강이의 엄마께서는 강이에게 비가 와서 날이 어두우니 밝은색 옷을 입으라고 하셨습니다.

3

강이는 엄마께서 말씀하신 대로 노란색 옷을 입고 노란색 우산도 챙겨 들었습니다.

4

엄마께서는 강이에게 우산으로 얼굴을 가리거나 땅을 쳐다보며 걷지 말라고 **당부하셨습니다**.

5

어두운색 옷을 입은 훈이는 차가 오는지 잘 보지 않고 **횡단보도**로 뛰어가다가 **교통사고**가 날 **뻔** 했습니다.

6

강이는 훈이에게 비가 오는 날에는 밝은색 옷을 입는 것이 더 멋진 것이라고 말해 주었습니다.

독해로 이해 쏙

15 훈이는 강이의 옷을 보고 (   ) 같다고 놀렸다.

16 강이와 훈이가 만났을 때 입은 옷을 알맞게 선으로 이으시오.

| 강이 | · | · | 노란색 옷 |
| 훈이 | · | · | 어두운색 옷 |

17 강이와 훈이는 비가 오는 날에는 (밝은색, 어두운색) 옷을 입어야 한다는 것을 깨달았다.

낱말풀이

당부하셨습니다 말로 단단히 부탁하셨습니다.

횡단보도 사람이 가로로 건너다닐 수 있도록 안전표지나 도로 표지를 설치하여 차도 위에 마련한 길. **예** 동생은 손을 들고 횡단보도를 건넜다.

교통사고 움직이는 차가 다른 차에 부딪치거나 사람을 치는 것.

교과서 문제

21 장면 **1**에서 강이가 훈이를 만난 뒤에 속상해한 까닭으로 알맞은 것에 ○표 하시오.

(1) 훈이가 우산으로 장난을 쳤기 때문에　　　　　　（　　　）
(2) 훈이가 유치원생 같다고 놀렸기 때문에　　　　　　（　　　）
(3) 훈이가 강이와의 약속을 지키지 않았기 때문에　　　（　　　）

22 강이의 엄마께서 비가 오는 날에 당부하신 것을 두 가지 고르시오. (　　　　)

① 밝은색 옷을 입는 것　　　　② 땅을 쳐다보며 걷는 것
③ 어두운색 옷을 입는 것　　　④ 횡단보도를 빨리 건너는 것
⑤ 우산으로 얼굴을 가리지 않는 것

서술형

23 훈이가 교통사고가 날 뻔한 까닭은 무엇인지 쓰시오.

_____

중요

24 횡단보도로 뛰어가는 훈이를 본 강이의 상황에 어울리는 표정, 몸짓, 말투로 알맞은 것의 기호를 각각 쓰시오.

㉮ 즐겁고 행복한 표정
㉯ 놀라면서 당황하는 표정
㉰ 훈이를 말리려고 뛰어가며 잡으려는 몸짓
㉱ 신호등이 바뀌기를 가만히 서서 기다리는 몸짓
㉲ "안 돼!"라고 외치며 다급한 말투
㉳ "좋아!"라고 말하며 신이 난 말투

> 깜짝 놀라는 상황에 어울리는 표정, 몸짓, 말투를 생각해 보세요.

표정	몸짓	말투
(1)	(2)	(3)

25 장면 **5**를 역할놀이로 표현할 때, 운전하던 사람을 표현하는 방법으로 알맞은 것에 ○표 하시오.

• 차를 운전하던 사람도 많이 (1) (당황했을, 뿌듯했을) 것이므로, 놀라며 (2) (떨리는, 기뻐하는) 목소리로 말하는 것이 어울린다.

5 바르게 대화해요

01~03 다음 대화를 보고, 물음에 답하시오.

01 대화 **가**, **나**에서 승민이가 높여야 하는 대상은 무엇입니까? (　　　)

① 공부　　　② 과일　　　③ 친구들
④ 할머니　　⑤ 학교생활

02 ㉠에 들어갈 알맞은 말에 ○표 하시오.

(1) 고마워.　　　　　(　　　　)
(2) 고맙다.　　　　　(　　　　)
(3) 고맙습니다.　　　(　　　　)

중요
03 대화 **나**에서 승민이의 대화 태도에 대한 설명으로 알맞은 것을 두 가지 고르시오. (　　　)

① 공손한 태도로 대화한다.
② 주말여행을 주제로 대화한다.
③ 할머니의 팔을 보며 대화한다.
④ 할머니의 말씀을 잘 들으며 대화한다.
⑤ 높임 표현을 사용하지 않고 대화한다.

04 다음 대화에서 빈칸에 들어갈 알맞은 말은 무엇입니까? (　　　)

> 승민: 사과주스 한 잔 주세요.
> 가게 주인: 사과주스 　　　　　.

① 나오세요　　　　② 나왔습니다
③ 나오셨습니다　　④ 나오셨어요
⑤ 나오시겠습니다

05~06 다음 대화를 보고, 물음에 답하시오.

05 ㉠에 들어갈 알맞은 말은 무엇입니까? (　　　)

① 갔어　　　② 갔어요　　　③ 갔습니다
④ 가세요　　⑤ 가셨습니다

06 대화 **나**에서 ㉡과 같이 대답한 까닭으로 알맞은 말에 ○표 하시오.

• (1) (친구, 선생님)와/과 대화를 나누는 상황이므로 (2) (높임, 낮춤) 표현을 써야 한다.

서술형

07 다음 전화 대화에서 나타난 문제는 무엇인지 쓰시오.

> 민지: 여보세요?
> 지원: 여보세요, 민지 있나요?
> 민지: 제가 민지인데, 누구신가요?

_____

_____

08~10 다음 전화 대화를 읽고, 물음에 답하시오.

> 지원: 나, 아까 학교 앞 문구점에서 미술 준비물을 샀는데 망가져 있어.
> 민지: ㉠뭐가? 물감에 구멍이 났니? 아니면 물통?
> 지원: 아니, 물통에 물이 샌다고.
> 민지: 아, 물통을 말하는 거구나.

08 지원이가 민지에게 말한 미술 준비물은 무엇인지 쓰시오.

( )

09 민지가 ㉠과 같이 말한 까닭을 찾아 ○표 하시오.

(1) 누가 전화한 것인지 알지 못해서 ( )

(2) 지원이가 한 말을 못 알아들어서 ( )

(3) 지원이의 목소리가 들리지 않아서 ( )

중요

10 이 전화 대화에서 지원이가 지켜야 할 전화 예절은 무엇입니까? ( )

① 높임 표현을 사용해야 한다.

② 간단하고 짧게 말해야 한다.

③ 작은 목소리로 말해야 한다.

④ 정확하고 구체적으로 표현해야 한다.

⑤ 듣고 있음을 나타내는 말을 해야 한다.

11~12 다음 전화 대화를 읽고, 물음에 답하시오.

> 유진: 여보세요?
> 할머니: 유진이냐? 할머니다.
> 유진: 네, 할머니! 안녕하세요?
> 할머니: 그래. 여기는 괜찮은데, 요즘 한국은 많이 덥지?
> 유진: 네, 많이 더워요.
> 할머니: 네 엄마는?
> 유진: 시장에 장 보러 가셨어요.
> 할머니: 엄마 오시면 할머니가 이번 토요일에 한국에 간다고 전해 다오.
> 유진: ㉠네. (전화를 끊는다. 전화 끊는 소리 "찰칵 뚜뚜뚜⋯⋯.")
> 할머니: 세 시까지 공항에 데리러 오라고 말해야 하는데⋯⋯.

11 할머니께서 당황하셨다면 그 까닭으로 알맞은 것을 찾아 기호를 쓰시오.

> ㉮ 유진이의 목소리가 잘 들리지 않아서
> ㉯ 전화를 받은 유진이가 자신이 누구인지 밝히지 않아서
> ㉰ 유진이가 할머니의 말씀을 듣지 않고 계속 자신이 할 말만 해서
> ㉱ 할머니께서 하실 말씀이 남아 있는데 유진이가 갑자기 전화를 끊어서

( )

서술형

12 ㉠을 전화 예절에 맞게 바르게 고쳐 쓰시오.

_____

_____

13 전화로 대화할 때 지켜야 할 예절로 알맞지 <u>않은</u> 것은 무엇입니까? (   )

① 상대의 상황을 헤아려 본다.
② 상대가 하는 말을 끝까지 듣는다.
③ 공공장소에서는 큰 목소리로 말한다.
④ 자신이 누구인지 밝히고 상대가 누구인지 확인한다.
⑤ 상대의 얼굴을 보지 않고 이야기하므로 더 공손하게 말한다.

14 훈이에게 생긴 일은 무엇인지 (   ) 안에 들어갈 알맞은 말을 쓰시오.

- 앞을 잘 보지 않고 횡단보도로 뛰어가다가 (   )이/가 날 뻔했다.

중요
15 장면 **3**을 역할놀이로 표현할 때, 강이에게 어울리는 표정은 무엇입니까? (   )

① 화를 내며 원망하는 표정
② 서운해하며 짜증 내는 표정
③ 행복해하며 즐거워하는 표정
④ 깜짝 놀라면서 걱정하는 표정
⑤ 기뻐하며 자랑스러워하는 표정

14~17 다음 만화 영화를 보고, 물음에 답하시오.

강이는 엄마께서 말씀하신 대로 노란색 옷을 입고 노란색 우산도 챙겨 들었습니다.

엄마께서는 강이에게 우산으로 얼굴을 가리거나 땅을 쳐다보며 걷지 말라고 당부하셨습니다.

어두운색 옷을 입은 훈이는 차가 오는지 잘 보지 않고 횡단보도로 뛰어가다가 교통사고가 날 뻔했습니다.

강이는 훈이에게 비가 오는 날에는 밝은색 옷을 입는 것이 더 멋진 것이라고 말해 주었습니다.

16 장면 **4**에서 훈이에게 어울리는 몸짓은 무엇입니까? (   )

① 강이를 잡으려는 몸짓
② 고개를 끄덕이는 몸짓
③ 두 손을 맞대고 비비는 몸짓
④ 한 손으로 가슴을 치는 몸짓
⑤ 양손을 높이 들고 흔드는 몸짓

서술형
17 강이와 훈이는 비가 오는 날에 안전을 위해 무엇을 해야 한다고 깨달았을지 쓰시오.

_____

_____

 생각 Up

➡ 바른답·알찬풀이 17쪽

해설 강의

5 단원
17 회

공부한 날

월

일

18~20 다음 글을 읽고, 물음에 답하시오.

[4-2] 3단원 96~97쪽

우리 반 회의 시간

사회자: 친구들과 사이좋게 지내려면 실천해야 할 일이 무엇인지 발표해 주십시오. 박태영 친구가 의견을 발표해 주십시오.

박태영: 제 의견은 "듣기 싫은 별명으로 부르지 말자."입니다. 기분이 나빠지면 서로 사이좋게 지내기가 어려워지기 때문입니다.

사회자: 좋은 의견입니다. 다른 의견이 더 있습니까? 이희정 친구가 의견을 발표해 주십시오.

이희정: 저는 고운 말을……

강찬우: (끼어들며) 잠깐만. "심한 장난을 하지 말자."가 좋겠습니다. 왜냐하면 장난이 심해져서 싸우는 경우가 많기 때문입니다.

사회자: 강찬우 친구, 좋은 의견 감사합니다. 하지만 다른 사람이 의견을 발표할 때 끼어드는 것은 잘못입니다. 다음부터는 꼭 손을 들어 말할 기회를 얻고 나서 발표해 주시기 바랍니다. 이희정 친구는 계속 발표해 주십시오.

이희정: 네, 제 의견은 "고운 말을 사용하자."입니다. 친구들이 나쁜 말을 주고받으면 사이가 안 좋아지는 것을 자주 봤기 때문입니다.

고경희: (비아냥거리며) 쳇, 친할 때 그런 말로 장난치는 것도 모르나?

어떻게 읽을까?

1. 회의할 때 지켜야 할 예절을 생각해 보세요.
2. 예절을 지키지 않은 친구가 누구인지, 어떤 점을 고쳐야 하는지 생각해 보세요.

● 회의할 때 지켜야 할 예절

· 다른 사람이 말할 때 ① ☐☐☐ 않아야 한다.
· 의견을 말할 때에는 손을 들어 말할 ② ☐☐을/를 얻고 발표해야 한다.
· 회의와 같은 공식적인 상황에서는 ③ ☐☐☐을/를 사용해야 한다.
· 다른 사람의 의견을 경청해야 한다.

답 ① 끼어들지 ② 기회 ③ 높임말

---

18 학급 회의에서 친구들은 무엇에 대한 의견을 말하고 있는지 알맞은 것에 ○표 하시오.

(1) 안전한 학교생활을 하는 방법 ( )
(2) 교실을 깨끗하게 사용하는 방법 ( )
(3) 친구들과 사이좋게 지내는 방법 ( )

19 다른 친구가 의견을 말할 때 끼어들어서 자신의 의견을 말한 친구의 이름을 쓰시오.

( )

20 고경희 친구가 회의할 때 고쳐야 할 점으로 알맞은 것의 기호를 두 가지 쓰시오.

> ㉮ 큰 목소리로 의견을 말해야 한다.
> ㉯ 말할 기회를 얻은 뒤 의견을 말해야 한다.
> ㉰ 공식적인 상황이므로 높임말을 써야 한다.
> ㉱ 다른 사람이 말할 때 끼어들지 않아야 한다.
> ㉲ 다른 사람이 하는 말을 끝까지 귀 기울여 들어야 한다.

( )

어휘 확인

1 다음 빈칸에 들어갈 낱말로 알맞은 것을 찾아 선으로 이으시오.

(1) 학교에 가지 않는 [＿＿＿]에 여행을 갔다.   •

(2) 미술 시간에 사용할 [＿＿＿]을 사야 한다.   •

(3) 지호가 오늘 급식 [＿＿＿]을 할 차례이다.   •

• ㉮ 당번

• ㉯ 주말

• ㉰ 준비물

어휘 적용

2 다음 문장에서 밑줄 그은 낱말과 바꾸어 쓸 수 있는 낱말을 찾아 ○표 하시오.

(1) 새로 산 장난감이 <u>망가졌다</u>. | 새로웠다 | 신기했다 | 부서졌다 |

(2) 방향이 <u>헷갈려서</u> 길을 잃었다. | 달라져서 | 바뀌어서 | 혼동되어서 |

(3) 쓰레기를 산에 버리지 말 것을 <u>당부했다</u>. | 지시했다 | 부탁했다 | 가르쳤다 |

어법

3 다음 문장을 읽고, 올바른 발음에 ○표 하시오.

(1) 나만 사탕을 받지 못해서 ⎡ 섭섭하다[섭써바다] ⎤
　　　　　　　　　　　　⎣ 섭섭하다[섭써파다] ⎦.

(2) 전화를 ⎡ 끊자마자[끈짜마자] ⎤ 다시 전화벨이 울렸다.
　　　　　⎣ 끊자마자[끈차마자] ⎦

(3) 날씨가 추워서 옷을 많이 껴입었더니 ⎡ 답답하다[답따바다] ⎤
　　　　　　　　　　　　　　　　　　⎣ 답답하다[답따파다] ⎦.

속담

4 다음 글과 그림을 보고, | **입은 비뚤어져도 말은 바로 해라** | 를 말해 주면 좋을 것 같은 친구의 이름을 쓰시오.

입은 비뚤어져도 말은 바로 해라

상황이 어떻든지 말은 언제나 바르게 하여야 함을 이르는 말.

입이 비뚤어졌다고 해서 거짓말을 해도 되는 걸까요? 그렇지 않지요. 어떠한 상황에서도 말은 언제나 정직하고 올바르게 해야 해요.

은수: 열심히 축구 연습을 했는데도 축구 시합에서 져서 정말 속상해.

상우: 내가 유리창을 깼는데 엄마께 혼날까 봐 동생이 깼다고 말했어.

예나: 나는 짝에게만 비밀을 말했는데 우리 반 친구들이 모두 알게 되었어.

• (   )야, '입은 비뚤어져도 말은 바로 해라'라는 속담이 있잖아. 솔직하게 말하는 것이 좋아.

6

마음을 담아 글을 써요

무엇을 배울까요?

이야기를 듣고 인물의
마음이 어떻게 변했는지
정리하기

이야기 속 인물의 마음을
헤아리며 글 읽기

읽을 사람을 생각하며
마음을 전하는 글 쓰기

단원에 대한 공부 계획을 세우고, 공부한 내용을
얼마나 이해했는지 스스로 평가해 보세요.

	공부할 내용	스스로 평가
18회	**그림으로 개념 탄탄** **독해로 교과서 쏙쏙 ❶** • 「규리의 하루」	☆☆☆
19회	**독해로 교과서 쏙쏙 ❷** • 「꼴찌라도 괜찮아!」	☆☆☆
20회	**독해로 교과서 쏙쏙 ❸** • 「꼴찌라도 괜찮아!」 • 「화해하기」	☆☆☆
21회	**단원 평가** **독해로 생각 Up →** 「1리터의 생명」, 「당신의 1리터를 나누어 주세요」 **어휘 마무리 뚝딱 →** 사자성어 〈함흥차사〉	☆☆☆

★★★ 잘함.　★★ 보통임.　★ 아쉬움.

그림으로 개념 탄탄

Q 이야기를 듣고 인물의 마음이 어떻게 변했는지 정리하는 방법은 무엇일까요?

시시각각 마음이 변하는군!

A ※ 이야기를 듣고 인물이 한 일이나 겪은 일을 차례대로 말해 보아요.

※ 인물이 한 일이나 겪은 일과 그때의 마음을 정리해요.

※ 시간의 흐름에 따라 변하는 인물의 마음을 정리해요.

Q 이야기 속 인물의 마음을 어떻게 헤아릴 수 있을까요?

방해하지 마!

친구들은 화나고, 기찬이는 속상한가 봐.

경기에서 졌는데도 좋아하네.

너만 믿다가 졌잖아.

기찬

기찬

아하하

A ※ 인물에게 어떤 일이 일어났는지 생각하며 이야기를 읽어요.

※ 이야기 속 인물이 한 일이나 겪은 일, 생각, 말이나 행동을 살펴보며 인물의 마음을 헤아려

보아요.

Q 읽을 사람을 생각하며 마음을 전하는 글은 어떻게 쓸까요?

A ※ 누구와 어떤 일이 있었는지 써요.

※ 어떤 마음을 전하고 싶은지 자신의 감정을 솔직하게 써요.
전하고 싶은 마음이 장난스럽게 보이지 않아야 함.

※ 앞으로 바라는 점이 무엇인지 써요.

 다음을 읽고 (　　) 안에서 알맞은 말을 골라 ○표 하시오.

(1)
　이야기 속 인물의 마음을 헤아리려면 인물이 (겪은 일, 상상한 일)을 살펴보고 그때 인물의 마음을 짐작해 본다.

(2)
　읽을 사람을 생각하며 마음을 전하는 글을 쓸 때에는 자신의 감정을 (감추고, 솔직하게) 써야 한다.

답 (1) 겪은 일 (2) 솔직하게

규리의 하루

1 "규리야, 얼른 일어나. 학교 가야지!"

아침에 엄마께서 규리를 깨워 주심.

듣기 자료

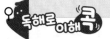

엄마 목소리가 귀에 울려 퍼졌다.

"5분만요."

"지금 안 일어나면 지각이야."

엄마 손이 이불을 걷어 냈다.

㉠ "아이참! 엄마, 알았다고요."

나는 눈을 비비며 **부스스** 자리에서 일어났다. 차가운 물로 세수를 하자, 졸음이 싹 달아났다. 아침밥을 먹는 둥 마는 둥 하고 서둘러 집을 나섰다.

마음이 바빠져서 거의 뛰다시피 걸었다. 덕분
지각할까 봐 서둘러 학교에 감.
에 1교시 시작하기 직전에 교실에 들어갈 수 있었다.

"규리야, 왜 이렇게 늦었어? 걱정했잖아."

짝 민호가 **핀잔** **투**로 말했다.

"그랬어? 늦잠 자는 바람에……."

곧 수업 시작을 알리는 종이 울렸다.

중심 내용 규리는 아침에 더 자고 싶은데 엄마께서 깨우셔서 억지로 일어나 서둘러 학교에 갔다.

독해로 이해 콕

1 아침에 (   )께서 규리를 깨우셨다.

2 규리는 늦잠을 자는 바람에 1교시가 지난 뒤 교실로 들어갔다. (○, ✕)

3 규리의 짝 (민호, 수호)는 규리가 늦게 와서 걱정했다고 핀잔 투로 말했다.

4 규리는 사회 시간에 발표를 했다.
(○, ✕)

2 1교시는 사회 시간이었다. 우리 지역의 자랑거리를 조사해서 발표하는 시간이었다.

우리 모둠 발표자는 나였다. 앞 모둠 발표가 거의 끝나 가자 나는 가슴이 콩닥콩닥 뛰기 시작했다.

'어쩌지? 실수하면 안 되는데……..'

발표 내용이 갑자기 **뒤죽박죽되는** 느낌이었다.

우리 모둠 차례가 되었고 겨우겨우 발표를 끝내고 자리로 돌아왔다. 얼른 이 시간이 지나가면 좋겠다고 생각했다.

중심 내용 1교시 사회 시간에 발표를 하게 된 규리는 실수할까 봐 걱정되었지만, 겨우겨우 발표를 끝냈다.

낱말풀이

부스스 누웠거나 앉았다가 느리게 슬그머니 일어나는 모양.

핀잔 맞대어 놓고 언짢게 꾸짖거나 비꼬아 꾸짖는 일. 예 숙제를 해 가지 않아서 선생님께 핀잔을 들었다.

투 말이나 글, 행동 따위에서 버릇처럼 일정하게 굳어진 어떠한 동작이나 버릇의 됨됨이나 방식.

뒤죽박죽되는 여럿이 마구 뒤섞여 엉망이 되는.

➡ 바른답·알찬풀이 19쪽

✏ 이야기를 듣고 인물의 마음이 어떻게 변했는지 정리하기

교과서 문제

01 규리가 아침에 한 일이나 겪은 일로 알맞은 것은 무엇입니까? (   )

① 읽고 싶던 책을 읽음.
② 더 자고 싶은데 억지로 일어남.
③ 일찍 일어나서 아침 운동을 함.
④ 장난감을 망가뜨린 동생과 다툼.
⑤ 아침밥을 먹지 않아 엄마께 혼이 남.

중요

02 ㉠에서 알 수 있는 규리의 마음으로 알맞은 것의 기호를 모두 쓰시오.

| ㉮ 행복한 마음 | ㉯ 뿌듯한 마음 | ㉰ 속상한 마음 |
| ㉱ 지루한 마음 | ㉲ 화나는 마음 | ㉳ 떨리는 마음 |

(   )

인물이 한 일이나 겪은 일, 생각, 말이나 행동을 살펴보면 인물의 마음을 알 수 있어요.

03 규리가 사회 시간에 발표한 내용은 무엇입니까? (   )

① 우리 학교의 자랑거리   ② 우리 지역의 자랑거리
③ 우리 지역의 대표 음식   ④ 우리나라의 음식 문화
⑤ 우리나라의 대표 상징

서술형

04 규리가 사회 시간에 가슴이 콩닥콩닥 뛴 까닭은 무엇인지 쓰시오.

_____

05 규리가 사회 시간에 느낀 마음과 같은 마음을 지닌 친구에게 ○표 하시오.

| 예지: 국어 시간에 발표를 잘해서 선생님께 칭찬을 받았어. | 지호: 체육 시간에 피구를 할 때 공에 맞을까 봐 걱정되었어. | 연서: 학교 수업이 끝난 뒤 친구와 놀이터에서 즐겁게 놀았어. |

(   )   (   )   (   )

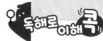

3 3교시는 내가 가장 좋아하는 음악 시간이었다. 나는 여러 가지 악기를 잘 다루고 노래도 잘 부르는 편이다. 오늘 음악 시간에는 리코더를 연주했다. 내 짝 민호는 리코더 연주가 **서툴다**. 선생님께서는 민호가 리코더를 연주하는 것을 보시더니 내게 말씀하셨다.

"규리야, 네가 민호 좀 도와주렴."

나는 음악 시간 내내 민호의 리코더 선생님이 되었다.

"규리야, '솔' 음은 어떻게 소리 내니?"

"응, 내가 가르쳐 줄게."

민호는 가르쳐 주는 대로 잘 따라 했다.

"아, 이렇게 하는 거구나. 고마워, 규리야."

민호가 잘하자 나도 **덩달아** 기분이 좋아졌다.

> 중심 내용 3교시 음악 시간에 규리는 짝 민호에게 리코더 연주 방법을 가르쳐 주었다.

4 수업이 모두 끝났다. 집으로 가는 길에 놀이터를 지나게 되었다.

"멍멍!"

어디선가 강아지 소리가 들려왔다.

자세히 보니 옆집 수호네 엄마께서 강아지를 데리고 **산책**을 나오셨다. 너무너무 반가웠다. 수호네 강아지는 털이 하얗고 조그만 강아지여서 내가 아주 귀여워한다. 나는 수호 엄마께 반갑게 인사한 뒤에 수호네 강아지의 하얀 털을 조심조심 쓰다듬어 주었다. <u>구름을 만지는 기분이 이런 기분일까?</u>

강아지의 하얀 털이 부드러워서

수호네 강아지 덕분에 오늘 하루가 마무리되었다.

> 중심 내용 수업이 모두 끝난 뒤 집으로 가는 길에 규리는 수호네 강아지를 만나서 쓰다듬어 주었다.

교과서 문제

06 규리가 음악 시간에 한 일로 알맞은 것의 기호를 쓰시오.

> ㉮ 민호와 함께 음악책을 보며 노래를 불렀다.
> ㉯ 민호에게 리코더 연주 방법을 가르쳐 주었다.
> ㉰ 민호에게 피아노를 연주하는 것을 보여 주었다.

(   )

중요

07 음악 시간에 규리는 어떤 마음이 들었는지 두 가지 고르시오. (   )

① 억울한 마음   ② 서운한 마음
③ 뿌듯한 마음   ④ 미안한 마음
⑤ 자랑스러운 마음

08 수업이 모두 끝나고 집으로 가는 길에 규리가 본 것은 무엇입니까? (   )

① 놀이터에서 놀고 있는 수호
② 수호네 집 앞에 있는 고양이
③ 산책을 나온 수호네 강아지
④ 시장에 가시는 수호네 어머니
⑤ 어머니와 함께 산책을 나온 규리네 강아지

중요

09 ㉠에 들어갈 규리의 마음을 나타내는 말로 알맞은 것에 ○표 하시오.

슬프게	행복하게	피곤하게
(1) ( )	(2) ( )	(3) ( )

> 수호네 강아지를 만난 규리의 마음을 떠올려 보세요.

서술형

10 이 글에서 규리가 경험한 일 중에 자신의 경험과 비슷한 일이 있었는지 생각해 보고, 그때의 마음을 떠올려 규리에게 하고 싶은 말을 쓰시오.

_____

_____

6단원 18회

공부한 날

월

일

꼴찌라도 괜찮아! 유계영

1 "힘껏 던져!"

친구들이 책가방을 향해 **얌체공**을 던졌어요. 박 터뜨리기 연습을 하고 있는 거예요. 운동회가 코앞으로 다가왔지만 기찬이는 **멀찍이** 앉아 물끄러미 친구들을 쳐다보았어요.

'치, 하나도 재미없어!'

기찬이는 운동에 **자신**이 없었거든요. 심술이 나 돌멩이를 발로 뻥 차 버렸어요. 그런데 기찬이가 찬 돌멩이가 그만 책가방을 맞혀 버렸어요. / "으악!"

공책과 연필이 친구들의 머리 위로 **우수수** 쏟아졌어요.

"나기찬, 방해하지 말고 집에나 가!"

머리에 혹이 난 친구들이 화가 나서 한마디씩 거들었어요. 기찬이는 사과를 하려고 했지만 할 말이 생각나지 않았어요.

"난 운동회가 정말 싫어!"

기찬이는 교문 밖으로 후다닥 달려 나갔어요. 그때 이호가 소리쳤어요.

"저것 봐. 달리기도 엄청 느려!"

친구들이 손뼉을 치며 깔깔 웃었어요.

(중심 내용) 운동에 자신이 없는 기찬이는 운동회가 정말 싫었어요.

2 이튿날, 운동회에 나갈 선수를 뽑기로 했어요. 모두 들뜬 마음으로 선생님의 말씀에 귀 기울였어요.

"제비뽑기로 선수를 뽑자. 누구나 한 경기씩 나갈 수 있도록 말이야."

"말도 안 돼. 가장 잘하는 사람이 나가야 하는 것 아닌가요?"

아이들은 투덜거리며 제비를 뽑았어요. 기찬이의 제비뽑기 순서가 다가왔어요. 기찬이는 '이어달리기'가 쓰인 쪽지를 뽑았어요. **울상**이 된 기찬이를 보고 친구들이 몰려들었어요.

"안 봐도 질 게 뻔해!"

"어떡해! 이어달리기가 가장 점수가 높은데!"

그때 이호가 쪽지를 **까딱까딱** 흔들며 말했어요. 이호가 뽑은 쪽지도 '이어달리기'였어요.

㉠"얘들아, 이 형님만 믿어!"

(중심 내용) 기찬이와 이호는 운동회에 나갈 선수를 뽑는 제비뽑기에서 '이어달리기'를 뽑았어요.

읽기 팁

기찬이에게 일어난 일과 그때 기찬이의 마음을 생각하며 글을 읽어 보세요.

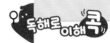
독해로 이해 쏙

9 기찬이는 친구들과 함께 책가방을 향해 얌체공을 던졌다. (○, ×)

10 기찬이가 찬 돌멩이가 (책가방, 책상)을 맞혀서 친구들의 머리 위로 공책과 연필이 쏟아졌다.

11 아이들은 운동회에 나갈 선수를 제비뽑기로 뽑는 것을 좋아했다. (○, ×)

12 이호가 뽑은 쪽지에는 무엇이 써 있었습니까?
( )

낱말풀이

얌체공 고무로 만든 작고 말랑말랑한 공.

멀찍이 사이가 꽤 떨어지게.

자신 어떤 일을 해낼 수 있다거나 어떤 일이 꼭 그렇게 되리라는 데 대하여 스스로 굳게 믿음. 또는 그런 믿음.

우수수 물건이 수북하게 쏟아지는 모양.

울상 울려고 하는 얼굴 표정. 예 선생님께 혼이 난 민주는 울상이 되었다.

까딱까딱 작은 물체가 조금씩 이리저리 쏠리어 자꾸 움직이는 모양.

중요

11 기찬이가 돌멩이를 발로 뻥 차 버린 까닭은 무엇인지 (　　) 안에 알맞은 말을 쓰시오.

기찬이가 멀찍이 앉아 친구들을 보고 있었던 까닭을 생각해 보세요.

> • 운동에 자신이 없는데 (　　　　　　　)이/가 다가와서 심술이 났기 때문이다.

12 선생님께서 운동회에 나갈 선수를 제비뽑기로 뽑자고 하신 까닭은 무엇입니까?

(　　　　)

① 제일 잘하는 사람을 선수로 뽑기 위해서
② 누구나 한 경기씩 나갈 수 있도록 하기 위해서
③ 아이들이 학급 회의를 통해 결정한 방법이어서
④ 자신이 하고 싶은 경기를 직접 선택할 수 있어서
⑤ 가장 점수가 높은 경기에서 이길 수 있는 방법이어서

교과서 문제

13 '이어달리기'가 쓰인 쪽지를 뽑은 기찬이의 마음을 알맞게 짐작한 친구의 이름을 쓰시오.

> 은재: 기찬이는 자신을 응원해 준 친구들에게 고마웠을 것 같아.
> 가을: 기찬이는 달리기를 잘하지 못해서 마음이 무거웠을 것 같아.
> 윤서: 기찬이는 가장 점수가 높은 이어달리기 선수로 뽑혀서 기분이 좋았을 것 같아.

(　　　　　　　　　　)

서술형

14 기찬이가 '이어달리기'가 쓰인 쪽지를 뽑았을 때, 친구들의 반응은 어떠했는지 쓰시오.

_____

15 ㉠과 같이 말하는 이호의 마음으로 알맞은 것은 무엇입니까? (　　　　)

① 걱정됨.　　　② 미안함.　　　③ 고마움.
④ 부끄러움.　　⑤ 자신 있음.

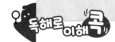

3 운동회 날 아침, 친구들은 머리에 힘껏 청군 띠를 묶었어요. 그런데 어제부터 신나게 뛰어다니던 이호의 표정이 이상했어요. 다리를 배배 **꼬며 안절부절못했어요.**

'아, 어제 떡을 너무 많이 먹었나 봐…….'
<u>이호의 표정이 이상한 까닭</u>

"탕!"

출발 신호가 떨어졌어요. 백군 친구들은 쌩쌩 잘도 달렸어요. 기찬이네 반 친구들은 걱정이 앞섰어요. 청군은 이미 반 바퀴나 뒤처지고 있었어요.

"진 거나 마찬가지야! 다음엔 거북이 나기찬인걸!"

아무도 기찬이를 응원하지 않고 **딴전**을 부렸어요. 기찬이는 이를 악물고 뛰었어요. 하지만 점점 뒤처지기만 할 뿐이었어요. 이미 백군의 마지막 선수가 달리고 있었어요. 하지만 기찬이는 반 바퀴도 채 뛰지 못하고 있었어요.

"빨리! 더 빨리!"

다음 선수인 이호는 손을 뒤로 뻗어 기찬이를 **재촉했어요.**

"꾸르르륵……!"

그때 이호의 배 속에서 천둥처럼 큰 소리가 났어요. 이호는 갑자기 가로질러 뛰쳐나갔어요. 더 이상 참을 수가 없었던 거예요!

중심 내용 운동회 날, 이어달리기에서 기찬이는 점점 뒤처지기만 했고, 이호는 중간에 배가 아파서 화장실로 뛰어갔어요.

4 백군의 마지막 선수와 청군의 세 번째 선수 기찬이가 같은 자리를 뛰고 있었어요. 이호가 화장실에 가 버리는 바람에 기찬이의 다음에는 아무도 없었어요. 그런데 누군가 기찬이를 가리키며 소리쳤어요.

㉠"어? 나기찬이 이기고 있어!"

백군의 마지막 선수와 같이 달리고 있는 기찬이를 보고 친구들이 **착각**을 한 거예요.

"뛰어라, 나기찬!"

"달려라, 나기찬!"

기찬이는 어리둥절했어요. 친구들이 **목청껏** 자신의 이름을 부르고 있었으니까요. 기찬이는 눈을 질끈 감고 발바닥에 불이 나도록 내달렸어요. 기찬이가 마지막 백군 선수보다 한발 앞서 나갔어요.

독해로 이해 쏙

13 이호는 어제 (　　　　　)을/를 많이 먹어서 배탈이 났다.

14 이어달리기를 할 때, 기찬이 다음 선수인 이호는 갑자기 (교실, 화장실)에 갔다.

15 기찬이는 이를 악물고 열심히 뛰었지만 점점 뒤처지기만 했다. (◯, ✕)

16 백군의 마지막 선수와 청군의 세 번째 선수 (이호, 기찬이)가 같은 자리를 뛰게 되었다.

17 이호가 자리를 비운 사이, 기찬이는 친구들의 응원에 신경 쓰지 않고 이호가 올 때까지 기다렸다. (◯, ✕)

낱말 풀이

꼬며 몸의 일부분을 이리저리 뒤틀며.

안절부절못했어요 마음이 초조하고 불안하여 어찌할 바를 몰랐어요.

딴전 어떤 일을 하는 데 그 일과는 전혀 관계없는 일이나 행동. 예 율희는 국어 문제를 풀지 않고 딴전을 부렸다.

재촉했어요 어떤 일을 빨리하도록 졸랐어요.

착각 어떤 사물이나 사실을 실제와 다르게 알아서 깨닫거나 생각함. 예 다은이는 약속 시간을 착각해서 늦게 도착했다.

목청껏 있는 힘껏 큰 소리로.

교과서 문제

16 친구들이 기찬이를 거북이라고 부른 까닭은 무엇입니까? (   )

① 잠이 많아서

② 화를 잘 내서

③ 친구가 많아서

④ 달리기가 느려서

⑤ 엉뚱한 말을 잘해서

중요

17 친구들이 기찬이를 응원하지 않고 딴전을 부린 까닭은 무엇입니까? (   )

① 기찬이가 이길 것이 뻔해서

② 기찬이에게 미안한 마음이 들어서

③ 기찬이가 백군을 계속 앞서고 있어서

④ 기찬이가 응원하지 말아 달라고 부탁해서

⑤ 기찬이가 백군에게 이미 졌다고 생각해서

18 이호가 이어달리기를 할 차례가 다 되었을 때, 갑자기 다른 곳으로 간 까닭으로 알맞은 것의 기호를 쓰시오.

> ㉮ 선생님께서 이호를 부르셨기 때문이다.
> ㉯ 배가 아파서 화장실이 급했기 때문이다.
> ㉰ 이어달리기에서 이길 자신이 없었기 때문이다.

이호의 배 속에서 천둥처럼 큰 소리가 난 까닭과 관련지어 생각해 보세요.

(   )

서술형

19 친구들이 ㉠과 같이 말한 까닭은 무엇인지 쓰시오.

_____

_____

20 친구들이 자신의 이름을 부르고 있을 때, 기찬이의 마음으로 알맞은 것은 무엇입니까? (   )

① 슬프다.

② 고맙다.

③ 미안하다.

④ 자랑스럽다.

⑤ 어리둥절하다.

"기적이야! 우리가 이겼어!"

기찬이네 반 친구들이 신이 나서 외쳤어요.

"나기찬!"

"나기찬!"

"저기! 나기찬 좀 봐."

그런데 기찬이가 한 바퀴를 더 도는 게 아니겠어요? 그때 이호가 휴지를 들고 **헐레벌떡** 뛰어왔어요. 친구들은 그제야 이마를 탁 쳤어요.

"뭐야, 이긴 게 아니야?"

"그것도 한 바퀴나 차이 나게 진 거야?"

이호는 머리를 긁적이며 **멋쩍게** 웃었어요.

"어디 갔다 왔어!"

기찬이는 이호에게 **배턴**을 넘겨주었어요.

㉠"너만 믿다가 졌잖아."

기찬이는 괜히 웃음이 나왔어요. ㉡친구들도 웃음이 나오는 것을 참을 수 없었어요. 모두 기찬이를 둘러싸고 웃으며 운동장을 달렸어요.

중심 내용 친구들은 기찬이가 이기고 있다고 착각하여 응원했다는 사실을 알고, 모두 기찬이를 둘러싸고 웃으며 운동장을 달렸어요.

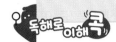

18 기찬이네 반 친구들은 (기찬이, 이호)가 백군 선수를 이긴 것으로 착각했다.

19 친구들은 이어달리기에서 진 기찬이에게 화를 냈다. (○, ×)

20 친구들은 모두 기찬이를 둘러싸고 운동장을 달렸다. (○, ×)

이미지로 보는
사전

#이어달리기 #계주 #릴레이 경주

4명이 한 조가 되어 일정한 거리를 차례로 달리는 경기예요.

배턴은 정해진 구간에서만 전달할 수 있어요.

자신의 차례에 앞 주자에게 배턴을 이어받아 달려야 해요.

개인의 달리기 능력과 팀이 협동하여 달리는 것이 모두 중요해요.

낱말풀이

헐레벌떡 숨을 가쁘고 거칠게 몰아쉬는 모양. 예 아침에 늦잠을 자서 헐레벌떡 학교로 뛰어갔다.

멋쩍게 어색하고 쑥스럽게.

배턴 달리기 경기에서, 앞 선수가 다음 선수에게 넘겨주는 막대기.

→ 바른답·알찬풀이 19쪽

21 다음은 이 글의 내용을 차례대로 정리한 것입니다. ㉮, ㉯에 들어갈 알맞은 말을 쓰시오.

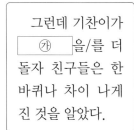

기찬이네 반 친구들은 기찬이가 이겼다고 생각했다.	▶ 그런데 기찬이가 ㉮ 을/를 더 돌자 친구들은 한 바퀴나 차이 나게 진 것을 알았다.	▶ 기찬이는 이호에게 ㉯ 을/를 넘겨주고, 친구들과 웃으며 운동장을 달렸다.

(1) ㉮: (   )　　(2) ㉯: (   )

서술형

22 ㉠과 같은 말을 들었을 때, 이호의 마음은 어떠했을지 쓰시오.

_____

교과서 문제

23 다음 질문을 기찬이에게 했을 때, 기찬이는 어떻게 대답했을지 알맞은 것에 ○표 하시오.

> 이호에게 배턴을 넘겨줄 때 마음이 어떠했니?

(1) 이호가 갑자기 사라져서 정말 화가 났어. (   )
(2) 이어달리기에서 백군에게 져서 기분이 나빴어. (   )
(3) 최선을 다해서 결과와 상관없이 뿌듯한 마음이 들었어. (   )

> 기찬이는 이호에게 배턴을 넘겨줄 때 왜 웃음이 나왔을까요?

중요

24 ㉡과 같이 친구들이 웃은 까닭을 알맞게 짐작한 친구의 이름을 쓰시오.

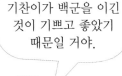

> 기찬이가 이기고 있다고 착각해서 열심히 응원했던 것이 우스웠기 때문일 거야.

나연

> 이어달리기에서 기찬이가 백군을 이긴 것이 기쁘고 좋았기 때문일 거야.

예린

> 기찬이가 느리게 달리는 모습이 우스워서 기찬이를 놀리고 싶었기 때문일 거야.

지훈

(   )

1

주은이의 행동에 화가 난 원호

주은이는 딱지치기가 마음대로 되지 않자 "다시 해.", "집에 갈 거야."와 같은 예의 없는 말과 행동을 했습니다.

2

그래. 결심했어! 가서 원호에게 사과하자!

원호

주은

주은이는 자신의 예의 없는 말과 행동에 화가 난 원호에게 사과를 하기로 결심하였습니다.

3

미안해, 미안하다고. 됐냐?

주은이의 표정이나 분위기, 말한 내용이나 행동이 사과하는 것처럼 느껴지지 않아서 원호가 주은이의 사과를 받지 않고 가 버렸습니다.

4

주은이는 친구들의 의견을 듣고 사과를 그린 그림과 미안한 마음을 전하는 쪽지를 솔직하게 써서 원호에게 주었습니다.

이미지로 보는 사전

#사과 편지 #미안한 마음을 전달하는 방법

자신의 잘못을 인정하고 용서를 비는 화해의 편지를 말해요.

미안해!

자신의 감정을 솔직하게 상냥한 말투로 써요.

편지를 쓸 때에는 어떤 일이 있었는지 써요.

진짜 사과를 주거나 사과 그림을 함께 선물할 수도 있어요.

활동 팁

친구들에게 어떤 일이 일어났는지 생각하며 자신의 마음을 전하는 방법을 떠올려 보세요.

독해로 이해 콕

21 주은이는 친구들과 (   )을/를 하다가 마음대로 되지 않았다.

22 주은이는 원호에게 (고마운, 미안한) 마음을 전하려고 했다.

23 원호는 주은이가 사과하는 것처럼 느껴지지 않았지만 사과를 받아 주었다.
(○, ×)

24 주은이는 원호에게 사과하는 쪽지를 (솔직하게, 장난스럽게) 써서 주었다.

낱말풀이

예의 존경의 뜻을 표하기 위하여 예로써 나타내는 말투나 몸가짐.

표정 마음속에 품은 감정이나 정서 따위의 심리 상태가 겉으로 드러남. 또는 그런 모습. 예 나는 화가 난 표정으로 말했습니다.

분위기 그 자리나 장면에서 느껴지는 기분. 예 손님에게 차를 드리니, 분위기가 자연스러워졌다.

의견 어떤 대상에 대하여 가지는 생각.

교과서 문제

25 주은이가 원호에게 사과하려는 까닭은 무엇인지 ( ) 안에 알맞은 말을 쓰시오.

• 주은이가 원호에게 ( ) 말과 행동을 했기 때문이다.

26 장면 **3**에서 원호가 주은이의 사과를 받지 않고 가 버린 까닭은 무엇입니까?

( )

① 주은이가 미안하다는 말을 하지 않아서
② 주은이가 사과하는 마음을 가지고 있지 않아서
③ 주은이가 원호의 말을 듣지 않고 먼저 가 버려서
④ 주은이가 원호에게 먼저 사과를 하라고 강요해서
⑤ 주은이의 표정이나 행동이 사과하는 것처럼 느껴지지 않아서

서술형

27 주은이는 친구들의 의견을 듣고 원호에게 어떤 방법으로 사과를 했는지 쓰시오.

_____

_____

28 주은이가 원호에게 쓴 쪽지에 들어 있을 내용으로 알맞은 것을 모두 고르시오.

( )

① 주은이가 전하고 싶은 마음
② 주은이와 원호에게 있었던 일
③ 주은이가 원호에게 바라는 점
④ 원호가 주은이에게 사과하는 방법
⑤ 원호가 평소 주은이에게 잘못한 점

> 미안한 마음을 전하는 쪽지에는 어떤 내용이 들어가야 할까요?

중요

29 친구에게 사과하는 쪽지를 쓰는 방법으로 알맞지 <u>않은</u> 것은 무엇입니까?

( )

① 진심을 담아서 쓴다.
② 어떤 일이 있었는지 쓴다.
③ 자신의 감정을 솔직하게 쓴다.
④ 바른 글씨와 상냥한 말투로 쓴다.
⑤ 재미있게 장난처럼 말하듯이 쓴다.

6 단원
20 회

공부한 날

월

일

01~03 다음 글을 읽고, 물음에 답하시오.

> **가** 1교시는 사회 시간이었다. 우리 지역의 자랑거리를 조사해서 발표하는 시간이었다.
>
> 우리 모둠 발표자는 나였다. 앞 모둠 발표가 거의 끝나 가자 나는 가슴이 콩닥콩닥 뛰기 시작했다.
>
> '어쩌지? 실수하면 안 되는데…….'
>
> 발표 내용이 갑자기 뒤죽박죽되는 느낌이었다.
>
> 우리 모둠 차례가 되었고 겨우겨우 발표를 끝내고 자리로 돌아왔다. 얼른 이 시간이 지나가면 좋겠다고 생각했다.
>
> **나** 선생님께서는 민호가 리코더를 연주하는 것을 보시더니 내게 말씀하셨다.
>
> "규리야, 네가 민호 좀 도와주렴."
>
> 나는 음악 시간 내내 민호의 리코더 선생님이 되었다.
>
> "규리야, '솔' 음은 어떻게 소리 내니?"
>
> "응, 내가 가르쳐 줄게."
>
> 민호는 가르쳐 주는 대로 잘 따라 했다.
>
> "아, 이렇게 하는 거구나. 고마워, 규리야."
>
> 민호가 잘하자 나도 덩달아 기분이 좋아졌다.

01 규리가 사회 시간에 한 일은 무엇입니까? (   )

① 우리 학교의 자랑거리를 조사했다.

② 숙제를 못 해서 선생님께 혼이 났다.

③ 우리 지역의 자랑거리에 대해 발표했다.

④ 발표 내용이 뒤죽박죽되어서 실수를 했다.

⑤ 발표자였는데 떨려서 발표를 하지 못했다.

02 글 **나**에서 규리는 민호에게 어떤 도움을 주었는지 빈칸에 들어갈 알맞은 말을 쓰시오.

연주 방법을 가르쳐 주었다.

(   )

서술형

03 글 **가**와 **나**에서 규리의 마음이 어떻게 달라졌는지 쓰시오.

_____

_____

04~05 다음 글을 읽고, 물음에 답하시오.

> 수업이 모두 끝났다. 집으로 가는 길에 놀이터를 지나게 되었다.
>
> "멍멍!"
>
> 어디선가 강아지 소리가 들려왔다.
>
> 자세히 보니 옆집 수호네 엄마께서 강아지를 데리고 산책을 나오셨다. 너무너무 반가웠다. 수호네 강아지는 털이 하얗고 조그만 강아지여서 내가 아주 귀여워한다. 나는 수호 엄마께 반갑게 인사한 뒤에 수호네 강아지의 하얀 털을 조심조심 쓰다듬어 주었다. 구름을 만지는 기분이 이런 기분일까?
>
> 수호네 강아지 덕분에 오늘 하루가 행복하게 마무리되었다.

중요

04 규리가 수업이 끝난 후에 한 일이나 겪은 일은 무엇입니까? (   )

① 수호네 집에서 강아지를 만남.

② 수호를 만나서 공원에 놀러 감.

③ 수호네 엄마와 함께 산책을 함.

④ 놀이터에서 친구들과 함께 신나게 놂.

⑤ 수호네 강아지의 하얀 털을 쓰다듬어 줌.

05 이 글에 나타난 규리의 마음으로 알맞지 <u>않은</u> 것은 무엇입니까? (   )

① 기쁘다.   ② 반갑다.   ③ 즐겁다.

④ 답답하다.   ⑤ 행복하다.

06~10 다음 글을 읽고, 물음에 답하시오.

> 가 "제비뽑기로 선수를 뽑자. 누구나 한 경기씩 나갈 수 있도록 말이야."
> "말도 안 돼. 가장 잘하는 사람이 나가야 하는 것 아닌가요?"
> 아이들은 투덜거리며 제비를 뽑았어요. 기찬이의 제비뽑기 순서가 다가왔어요. 기찬이는 '이어달리기'가 쓰인 쪽지를 뽑았어요. 울상이 된 기찬이를 보고 친구들이 몰려들었어요.
> "안 봐도 질 게 뻔해!"
> "어떡해! 이어달리기가 가장 점수가 높은데!"
> 그때 이호가 쪽지를 까딱까딱 흔들며 말했어요. 이호가 뽑은 쪽지도 '이어달리기'였어요.
> "얘들아, 이 형님만 믿어!"
> 나 아무도 기찬이를 응원하지 않고 딴전을 부렸어요. 기찬이는 이를 악물고 뛰었어요. 하지만 점점 뒤처지기만 할 뿐이었어요. 이미 백군의 마지막 선수가 달리고 있었어요. 하지만 기찬이는 반 바퀴도 채 뛰지 못하고 있었어요.
> "빨리! 더 빨리!"
> 다음 선수인 이호는 손을 뒤로 뻗어 기찬이를 재촉했어요.
> "꾸르르륵……!" / 그때 이호의 배 속에서 천둥처럼 큰 소리가 났어요. 이호는 갑자기 가로질러 뛰쳐나갔어요. 더 이상 참을 수가 없었던 거예요!
> 백군의 마지막 선수와 청군의 세 번째 선수 기찬이가 같은 자리를 뛰고 있었어요. 이호가 화장실에 가 버리는 바람에 기찬이의 다음에는 아무도 없었어요.

06 이 글의 내용으로 알맞지 <u>않은</u> 것은 무엇입니까?

( )

① 기찬이는 제비를 뽑은 뒤 울상이 되었다.
② 운동회에 나갈 선수를 제비뽑기로 뽑았다.
③ 이호는 '박 터뜨리기'가 쓰인 쪽지를 뽑았다.
④ 기찬이는 '이어달리기'가 쓰인 쪽지를 뽑았다.
⑤ 친구들은 기찬이가 뽑은 제비를 보고 걱정했다.

(서술형)
07 글 가 에서 기찬이의 마음과 이호의 마음을 비교하여 쓰시오.

_____

_____

08 글 나 에서 기찬이는 친구들이 자신을 응원하지 않았을 때 어떻게 하였습니까? ( )

① 달리기를 멈추었다.
② 일부러 천천히 달렸다.
③ 이호의 뒤를 따라 달렸다.
④ 이를 악물고 열심히 뛰었다.
⑤ 친구들이 볼 때만 빨리 달렸다.

09 글 나 에서 이호가 갑자기 뛰어간 곳은 어디입니까?

( )

① 교실   ② 화장실
③ 양호실   ④ 과학실
⑤ 체육관

(중요)
10 글 나 에서 기찬이의 마음을 알맞게 짐작한 친구의 이름을 쓰시오.

> 다정: 이호의 배 속에서 큰 소리가 나서 기찬이는 깜짝 놀랐을 것 같아.
> 유나: 기찬이 다음으로 뛸 이호가 없어서 기찬이는 무척 당황했을 것 같아.
> 윤우: 백군 선수를 반 바퀴 차이로 이기고 있어서 기찬이는 기뻤을 것 같아.

( )

11~13 다음 글을 읽고, 물음에 답하시오.

가 기찬이는 눈을 질끈 감고 발바닥에 불이 나도록 내달렸어요. 기찬이가 마지막 백군 선수보다 한발 앞서 나갔어요.

"기적이야! 우리가 이겼어!"

기찬이네 반 친구들이 신이 나서 외쳤어요.

나 그런데 기찬이가 한 바퀴를 더 도는 게 아니겠어요? 그때 이호가 휴지를 들고 헐레벌떡 뛰어왔어요. 친구들은 그제야 이마를 탁 쳤어요.

"뭐야, 이긴 게 아니야?"

"그것도 한 바퀴나 차이 나게 진 거야?"

이호는 머리를 긁적이며 멋쩍게 웃었어요.

"어디 갔다 왔어!"

기찬이는 이호에게 배턴을 넘겨주었어요.

"너만 믿다가 졌잖아."

기찬이는 괜히 웃음이 나왔어요.

11 글 **가** 에서 기찬이네 반 친구들의 마음으로 알맞은 것은 무엇입니까? (   )

① 황당함.　　② 답답함.　　③ 신이 남.
④ 짜증 남.　　⑤ 부끄러움.

12 기찬이네 반 친구들은 자신들이 착각했다는 것을 어떻게 알았습니까? (   )

① 기찬이가 달리지 않아서
② 기찬이가 이겼다고 기뻐해서
③ 기찬이가 한 바퀴를 더 돌아서
④ 기찬이가 이호에게 배턴을 주어서
⑤ 기찬이가 졌다고 이호가 말해 주어서

중요
13 글 **나** 에 나타난 기찬이의 마음을 찾아 ○표 하시오.

(1) 최선을 다해서 뿌듯하다.　　　　　(　　　)
(2) 이호가 늦게 와서 다행이다.　　　　(　　　)
(3) 이호를 믿다가 져서 속상하다.　　　(　　　)

14~15 다음을 보고, 물음에 답하시오.

1

주은이의 행동에
화가 난 원호

주은이는 딱지치기가 마음대로 되지 않자 "다시 해.", "집에 갈 거야." 와 같은 예의 없는 말과 행동을 했습니다.

2

그래. 결심했어! 가서 원호에게 사과하자!

주은이는 자신의 예의 없는 말과 행동에 화가 난 원호에게 사과를 하기로 결심하였습니다.

3

미안해, 미안하다고. 됐냐?

주은이의 표정이나 분위기, 말한 내용이나 행동이 사과하는 것처럼 느껴지지 않아서 원호가 주은이의 사과를 받지 않고 가 버렸습니다.

4

주은이는 친구들의 의견을 듣고 사과를 그린 그림과 미안한 마음을 전하는 쪽지를 솔직하게 써서 원호에게 주었습니다.

서술형
14 장면 **3** 에서 원호가 주은이의 사과를 받지 않고 가 버린 까닭은 무엇인지 쓰시오.

_____

_____

15 주은이가 원호에게 사과하는 쪽지를 어떻게 썼을지 알맞은 내용에 ○표 하시오.

• (1) (고마운, 미안한) 마음을 담아 (2) (진심으로, 재미있게) 쪽지를 쓴다.

16~18 다음을 보고, 물음에 답하시오.

[4-1] 8단원 235~239쪽

6단원 21회

공부한 날

월

일

가 **1리터의 생명**

다른 나라에 사는 청년과 아이가 있습니다. 청년은 정수기에서 깨끗한 물을 받고, 아이는 더러운 하천에서 흙탕물을 뜹니다. 아이는 흙탕물을 마시지 못하고 바라만 봅니다. 청년은 깨끗한 물이 담긴 페트병을 가지고 아이에게 갑니다. 그리고는 흙탕물이 담긴 아이의 페트병을 깨끗한 물이 담긴 페트병으로 바꾸어 놓습니다. ㉠아이는 깨끗한 물을 마시고 환하게 웃고, 그 모습을 지켜보는 청년도 미소를 짓습니다. '물은 생명입니다. 당신의 1리터를 나누어 주세요.'

나 **당신의 1리터를 나누어 주세요**

[㉡]은 사람이 살아가는 데 매우 중요합니다. 우리는 어디에서든지 물을 쉽게 구할 수 있습니다. 그러나 동영상에 나오는 아이는 깨끗한 물을 구하지 못해 어려움을 겪고 있습니다. 많은 아이가 더러운 물을 마셔 생명이 위험할 수 있습니다.

깨끗한 물을 마시지 못하는 아이들을 위해 기부 운동에 참여합시다. 기부 운동에 참여하면 어린이들이 깨끗한 물을 마시고 사용할 수 있습니다.

<small>다른 사람이나 기관, 단체 등을 도울 목적으로 돈이나 재산을 대가 없이 내놓는 것.</small>

어떻게 읽을까?

1. **가**의 동영상에서 어떤 문제를 다루고 있는지 알아보세요.
2. 글 **나**에서 문제를 해결하기 위해 글쓴이가 제안한 내용은 무엇인지 파악해 보세요.

😊 **가**에 나타난 문제 상황

• 깨끗한 ① [ ]을/를 구하지 못하는 어린 아이들이 어려움을 겪고 있음.

😊 글 **나**에서 문제를 해결하기 위해 제안한 내용

• 깨끗한 물을 마시지 못하는 ② [ ][ ]을/를 위해 ③ [ ][ ] 운동에 참여하자.

답 ① 물 ② 아이들 ③ 기부

단원 개념

16 ㉠에서 알 수 있는 아이의 마음으로 알맞은 것은 무엇입니까? (   )

① 슬픈 마음
② 고마운 마음
③ 억울한 마음
④ 답답한 마음
⑤ 부끄러운 마음

17 ㉡에 들어갈 알맞은 말은 무엇입니까? (   )

① 땀
② 밥
③ 물
④ 사탕
⑤ 과일

18 다음은 글 **나**에서 글쓴이가 제안한 내용입니다. 빈칸에 들어갈 알맞은 것은 무엇입니까? (   )

> 깨끗한 물을 마시지 못하는 아이들을 위해
> [   ]

① 함께 환하게 웃자.
② 기부 운동에 참여하자.
③ 물을 깨끗하게 사용하자.
④ 생명을 소중하게 여기자.
⑤ 흙탕물을 아껴서 사용하자.

어휘 확인

1 다음 문장에서 밑줄 그은 낱말의 뜻으로 알맞은 것을 찾아 선으로 이으시오.

(1) 선생님께서는 준비물을 가져오지 않은 아이들에게 <u>핀잔</u>을 주셨다.

⑦ 어떤 사물이나 사실을 실제와 다르게 알아서 깨닫거나 생각함.

(2) 은수는 민주가 자신을 좋아한다고 <u>착각</u>을 하고 있었다.

⑭ 맞대어 놓고 언짢게 꾸짖거나 비꼬아 꾸짖는 일.

(3) 내 동생은 나를 보고도 못 본 척 <u>딴전</u>을 부리고 있다.

⑭ 어떤 일을 하는 데 그 일과는 전혀 관계없는 일이나 행동.

어휘 적용

2 다음 문장에서 밑줄 그은 낱말과 뜻이 비슷한 낱말, 뜻이 반대인 낱말을 **보기**에서 찾아 각각 쓰시오.

나는 아직 젓가락질이 <u>서투르다</u>.

보기

배우다   재촉하다   익숙하다   어설프다

(1) 뜻이 비슷한 낱말: (   )
(2) 뜻이 반대인 낱말: (   )

어법

3 **보기**를 참고하여 다음 문장의 (   ) 안에서 표기가 올바른 말에 ○표 하시오.

보기

'-대'는 다른 사람에게 들은 말을 전할 때 쓰이고, '-데'는 말하는 사람이 예전에 겪어서 알게 된 일을 말할 때 쓰인다.

(1) 오늘 과학 시간에는 과학실에서 실험을 (한대, 한데).
(2) 어제 미술 시간에 보니 예나가 그림을 잘 (그리대, 그리데).

사자성어

4 다음 글과 그림을 보고, | **함흥차사** | 와 어울리는 상황으로 알맞은 것에 ○표 하시오.

함흥차사

(咸 다 함, 興 일어날 흥, 差 어그러질 차, 使 부릴 사)
심부름을 가서 오지 아니하거나 늦게 온 사람을 이르는 말.

심부름을 간 사람이 소식도 없이 오지 않으면 기다리는 사람은 무척 답답하겠지요? '함흥차사'는 심부름뿐 아니라 어딘가에 간 사람이 돌아오지 않아 답답하고 걱정되는 마음일 때에도 사용할 수 있어요.

(1) 사랑이는 방학 동안 학원에 오지 않고, 놀이터에도 안 오고, 집 밖으로 나오지 않아서 얼굴을 볼 수 없었어.

(   )

(2) 서율이가 집에 가서 우산을 가지고 오겠다고 해서 기다리고 있는 중이야. 그런데 아무리 기다려도 오지 않네.

(   )

(3) 성호는 힘들었지만 하루도 빠짐없이 줄넘기를 연습했어. 그래서 이번 줄넘기 시험에서 일 등을 하게 되었어.

(   )

7

글을 읽고 소개해요

단원에 대한 공부 계획을 세우고, 공부한 내용을
얼마나 이해했는지 스스로 평가해 보세요.

공부할 내용		스스로 평가
22회	그림으로 개념 탄탄 독해로 교과서 쏙쏙 ❶ •「재미있는 교실 놀이 '앉아서 하는 피구'」	☆☆☆
23회	**독해로 교과서 쏙쏙 ❷** •「온 세상 국기가 펄럭펄럭」 •「바위나리와 아기별의 우정」	☆☆☆
24회	**단원 평가** 독해로 생각 Up → 「시후가 쓴 독서 감상문」 어휘 마무리 뚝딱 → 속담 〈친구는 옛 친구가 좋고 옷은 새 옷이 좋다〉	☆☆☆

★★★ 잘함. ★★ 보통임. ★ 아쉬움.

그림으로 개념 탄탄

Q 글을 읽고 다른 사람에게 소개하면 무엇이 좋을까요?

A
* 새로운 사실을 알려 줄 수 있어요.
* 읽은 글의 내용을 잘 정리할 수 있어요.
* 소개하면서 친구들과 많은 이야기를 나눌 수 있어요.

Q 책을 소개하는 방법에는 무엇이 있을까요?

A
* **책을 보여 주며 말할 수 있어요.**
  책 표지, 제목, 글과 그림, 인상 깊은 내용 등을 소개함.
* **노랫말을 바꾸어 소개할 수 있어요.**
  노랫말을 책을 소개하는 내용으로 바꾸어 부름.
* 새롭게 안 내용을 그림으로 보여 주며 소개할 수 있어요.
* 책갈피를 만들어 소개할 수 있어요.
* 책 보물 상자를 만들어 소개할 수 있어요.

Q 독서 감상문이란 무엇일까요?

『바위나리와 아기별』을 읽고 독서 감상문을 쓰다가 너무 슬펐대.

A ※ 책을 읽은 뒤에 책을 읽게 된 까닭, 책 내용, **인상 깊은 부분**, 책을 읽은 뒤에 든 생각이나

책에서 가장 기억에 남는 부분

느낌 등을 쓴 글을 말해요.

※ 독서 감상문을 쓸 때에는 책에서 모든 내용이나 사건을 다 쓰지 않고, 중요한 내용이나 사

건을 중심으로 쓸 수 있어요.

 **확인 문제**

 다음 중 독서 감상문에 들어갈 내용으로 알맞지 <u>않은</u> 것에 ×표 하시오.

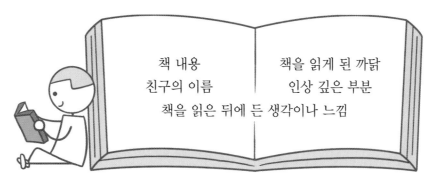

책 내용   책을 읽게 된 까닭
친구의 이름   인상 깊은 부분
책을 읽은 뒤에 든 생각이나 느낌

답 친구의 이름

재미있는 교실 놀이 '앉아서 하는 피구'

1 '앉아서 하는 피구'는 공 하나로 교실에서 쉽게 즐길 수 있는 놀이이다. 먼저 교실에 있는 책상을 모두 뒤로 밀어 **가로**로 긴 네모 모양으로 피구장을 만든다. 그다음에는 학급 친구 전체를 두 편으로 나누고 두 편 대표가 가위바위보를 해서 먼저 **공격할** 쪽을 정한다.

> 중심 내용 '앉아서 하는 피구'는 공 하나로 교실에서 쉽게 즐길 수 있는 놀이이다.

2 규칙은 피구와 같지만 앉은 자세로 하는 것이 특징이다. 공을 굴
'앉아서 하는 피구'의 특징
리는 사람이나 피하는 사람 모두 앉은 자세로 해야 한다. 앉은 자세에서 무릎을 한쪽이라도 펴서 일어나는 자세가 되면 누구든 피구장 밖으로 나가야 한다. **상대**를 맞힐 때에는 공을 바닥에 굴려서 맞혀야 한다. 공을 튀기거나 던져서 맞히면 맞은 사람은 밖으로 나가지 않는다. 공을 피할 때에는 옆으로 이동해 피하거나, 무릎을 가슴에 붙여 앉은 자세로 **뜀**을 뛰어 피할 수 있다.

굴린 공이 아무도 맞히지 못하고 벽에 닿으면, **수비하던** 친구가 공을 잡아 공격할 기회를 얻는다. 그러나 굴린 공이 벽에 닿기도 전에 잡으면 공에 맞은 것과 똑같이 밖으로 나가야 한다.

결국 공에 맞거나, 일어서거나, 공이 벽에 닿기 전에 잡으면 밖으로 나가야 하는 것이다. 밖으로 나간 친구들은 놀이가 끝날 때까지 지켜본다. 어느 한 편의 친구 모두가 밖으로 나가면 놀이가 끝난다.

> 중심 내용 '앉아서 하는 피구'의 규칙은 피구와 같지만 앉은 자세로 하는 것이 특징이다.

읽기 🔖

글에서 소개하는 놀이의 규칙을 정리하며 글을 읽어 보세요.

독해로 이해 **콕**

1 '앉아서 하는 피구'를 할 때 필요한 준비물은 ( )(이)다.

2 '앉아서 하는 피구'를 할 때 피구장은 가로로 긴 (네모, 동그라미) 모양으로 만든다.

3 '앉아서 하는 피구'를 할 때 공을 피하는 사람은 일어서도 된다. (◯, ✕)

4 '앉아서 하는 피구'를 할 때 밖으로 나가야 하는 경우로 알맞은 것을 모두 고르시오. ( )
① 일어섰을 때
② 넘어졌을 때
③ 공에 맞았을 때
④ 공을 튀겼을 때
⑤ 공이 벽에 닿기 전에 잡았을 때

낱말풀이

가로 왼쪽에서 오른쪽으로 나 있는 방향. 또는 그 길이.

공격할 운동 경기나 오락 따위에서 상대편을 이기기 위해 적극적으로 행동할.

상대 서로 겨룸. 또는 그런 대상. 예 이번 경기는 어려운 상대를 만나 이기지 못했다.

뜀 몸을 솟구쳐 높은 곳으로 오르거나 넘는 일.

수비하던 외부의 침략이나 공격을 막아 지키던.

이미지로 보는
📷 **사전**

#피구 #공놀이

두 편이 일정한 구역에서 공으로 구역 안의 상대를 맞히는 공놀이예요.

구역 안에 있는 사람이 밖으로 모두 나가면 놀이가 끝나요.

구역 밖에 있는 사람은 공격을, 안에 있는 사람은 수비를 해요.

팔 힘이 세고 공을 정확하게 던질 수 있는 사람이 유리해요.

01 이 글에서 소개한 내용으로 알맞은 것을 모두 고르시오. (   )

① 놀이의 이름
② 놀이의 규칙
③ 놀이의 유래
④ 놀이를 하면 좋은 점
⑤ 놀이를 위해 준비할 내용

> 글을 읽고 알 수 있는 내용이 무엇인지 생각해 보세요.

7단원
22회

공부한 날

월

일

〔서술형〕

02 '앉아서 하는 피구'를 할 때 준비할 내용을 간단히 정리하여 쓰시오.

_____

_____

〔교과서 문제〕

03 '앉아서 하는 피구'의 규칙으로 알맞으면 ○표, 알맞지 않으면 ×표 하시오.

⑴ 상대를 맞힐 때에는 공을 바닥에 굴려서 맞힌다. (   )
⑵ 앉은 자세에서 무릎을 한쪽만 편 상태로 있는 것은 된다. (   )
⑶ 공을 굴리는 사람이나 피하는 사람 모두 앉은 자세로 한다. (   )
⑷ 굴린 공이 벽에 닿으면 공을 굴린 사람은 피구장 밖으로 나간다.

(   )

〔중요〕

04 이 글과 같이 글을 읽고 다른 사람에게 소개한 경험을 알맞게 말한 친구의 이름을 쓰시오.

> 어떤 글을 읽고 누구에게 소개했는지 잘 드러나게 말해야 해요.

준서: 장난감 사용 설명서를 읽고 동생에게 알려 줬어.
예지: 우주에 대한 책을 친구에게 빌려 읽은 적이 있어.
태오: 달팽이 놀이를 친구들에게 소개해서 재미있게 한 적이 있어.

(   )

〔교과서 문제〕

05 글을 읽고 친구에게 소개하면 좋은 점으로 알맞지 <u>않은</u> 것의 기호를 쓰시오.

㉮ 읽은 글의 내용을 잘 정리할 수 있다.
㉯ 관심 있는 분야에 대한 흥미가 사라진다.
㉰ 친구에게 새로운 사실을 알려 줄 수 있다.
㉱ 소개하면서 친구와 많은 이야기를 나눌 수 있다.

(   )

1 두근두근, 두근두근!

드디어 월드컵 개막식이 시작되었어.

각 나라를 대표하는 선수들이 운동장으로 줄지어 들어오고 있어.

커다란 국기를 펼쳐 들고서 말이야.

갖가지 무늬와 색깔의 국기들이 물결처럼 출렁거려.

그런데 왜 국기를 들고 입장하냐고?

국기는 그 나라를 나타내는 깃발이거든.

중심 내용 월드컵 개막식 때 각 나라를 대표하는 선수들이 국기를 들고 입장하는 것은 국기가 그 나라를 나타내는 깃발이기 때문이야.

2 국기에는 그 나라의 자연이 담겨 있어.
국기에 담긴 것 ①

캐나다에는 설탕단풍 나무가 많이 자라.

설탕단풍 나무는 캐나다처럼 추운 날씨에 잘 자라거든.

가을에 붉은색으로 단풍이 들면 얼마나 고운지 몰라.

▲ 캐나다 국기

캐나다 사람들은 설탕단풍 나무에서 나오는 즙으로 달콤한 메이플시럽을 만들어 먹기도 해.

그래서 캐나다 사람들은 국기에 빨간 단풍잎을 그려 넣었어.

중심 내용 국기에는 그 나라의 자연이 담겨 있어.

3 국기에는 그 나라의 전설이 담겨 있어.
국기에 담긴 것 ②

멕시코 국기 이야기를 들어 볼래?

어느 날, 아즈텍족이 신의 계시를 받았어.

"독사를 물고 날아가는 독수리가 선인장 위에 앉으면 그곳에 도시를 세워라!"

계시대로 독수리가 내려앉은 곳에 도시를

▲ 멕시코 국기

세웠더니 점점 강해져 아즈텍 제국으로 발전했고, 오늘날의 멕시코가 되었대.

그래서 나라를 세운 이야기를 국기에 그려 넣은 거야.

중심 내용 국기에는 그 나라의 전설이 담겨 있어.

읽기 팁

자신이 아는 국기를 떠올려 보고, 여러 나라 국기에 담긴 뜻을 파악하며 글을 읽어 보세요.

독해로 이해 콕

5 월드컵 개막식 때 각 나라를 대표하는 선수들은 (국기, 국화)를 들고 입장한다.

6 캐나다 국기에는 빨간 (   )이/가 그려져 있다.

7 멕시코 국기에 그려져 있는 것을 모두 고르시오. (   )
① 독사   ② 비둘기
③ 독수리   ④ 선인장
⑤ 소나무

8 캐나다 국기와 멕시코 국기에는 모두 그 나라의 전설이 담겨 있다. (○, ✕)

낱말풀이

개막식 일정 기간 동안 계속되는 행사를 처음 시작할 때 행하는 의식.

전설 옛날부터 일반 백성들 사이에서 전하여 내려오는 이야기.

계시 사람의 지혜로써는 알 수 없는 진리를 신이 가르쳐 알게 함. 예 아버지는 꿈에서 불쌍한 사람을 도우라는 계시를 받아 평생 봉사를 하셨다.

독사 이빨에 독이 있어 독액을 분비하는 뱀.

제국 황제가 다스리는 나라.

06 월드컵 개막식 때 각 나라의 대표 선수들이 국기를 들고 입장하는 까닭은 무엇입니까? (   )

① 국기는 가벼워서 들기 쉽기 때문에

② 국기의 색깔이 나라마다 다르기 때문에

③ 국기에 갖가지 무늬가 그려져 있기 때문에

④ 국기는 그 나라를 나타내는 깃발이기 때문에

⑤ 국기는 그 나라의 역사보다 오래된 것이기 때문에

서술형

07 캐나다 국기에 자연이 담겨 있다고 한 까닭은 무엇인지 쓰시오.

_____

_____

08 멕시코 국기에 독수리, 독사, 선인장을 그려 넣은 까닭을 알맞게 말한 친구의 이름을 쓰시오.

> 서희: 아즈텍 제국이 오늘날의 멕시코가 되었는데, 옛날에 아즈텍 제국에 독수리와 독사, 선인장이 많이 있었기 때문에 국기에 그려 넣은 거야.
> 채운: 독사를 물고 날아가던 독수리가 내려앉은 선인장 위에 도시를 세웠더니 아즈텍 제국으로 발전해서 오늘날의 멕시코가 되었기 때문에 나라를 세운 이야기를 국기에 그려 넣은 거야.

(   )

중요

09 이 글이 담긴 책을 읽고 다음과 같이 친구에게 소개할 때, 빈칸에 들어갈 말로 알맞은 것은 무엇입니까? (   )

> 이 책에는 우리가 몰랐던 [   ]이 나와 있습니다.

이 글에서 설명한 내용은 무엇인가요?

① 여러 나라의 특징

② 국기의 다양한 역할

③ 여러 나라 국기에 담긴 뜻

④ 여러 나라 국기의 변화 과정

⑤ 여러 나라 국기를 그리는 방법

4 국기에는 <u>그 나라의 땅</u>이 담겨 있어.
국기에 담긴 것 ③

미국 국기에는 줄과 별이 참 많지? 도대체 몇 개인지 한번 세어 볼까? 줄이 열세 개, 별이 오십 개야. 미국이 처음 나라를 세울 때에는 **주**가 열세 개였대. 열세 개의 줄은 그걸 **기념하는** 거야. 미국 땅이 점점 커져 주가 생길 때마다 국기의 별이 하나씩 늘어났는데 지금은 주가 오십 개라서 별도 오십 개가 된 거야. 땅과 함께 국기도 변한 거지.

▲ 미국 국기

`중심 내용` 국기에는 그 나라의 땅이 담겨 있어.

5 우리나라 국기인 태극기도 궁금하지?

일본에 나라를 **빼앗긴** 시대에는 태극기를 마음대로 사용하지 못했어.

일본이 태극기 사용을 금지했거든.

하지만 우리는 독립하려고 열심히 싸울 때마다 태극기를 힘차게 휘날렸어.

▲ 대한민국 태극기

마침내 1945년에 나라를 되찾았고, 그동안 무늬가 조금씩 달랐던 태극기는 1949년에 지금의 태극기 모습으로 정해졌어.

우리나라 사람들의 평화를 사랑하는 마음은 태극기의 흰색에 담겨 있어.

태극 **문양**은 조화로운 우주를 뜻하고, 네 모서리의 사괘는 하늘, 땅, 물, 불을 나타낸 거야.

`중심 내용` 태극기의 흰색에는 평화를 사랑하는 마음이 담겨 있고, 태극 문양은 조화로운 우주를 뜻하며, 사괘는 하늘, 땅, 물, 불을 나타낸 거야.

6 국기는 그 나라를 나타내는 얼굴이야.

국제 경기에 참가할 때에도, 메달을 땄을 때에도, 에베레스트산 정상에 올랐을 때에도 …… 나라를 빛내는 순간에는 언제나 국기가 함께해.

남극의 과학 기지에도, 우주로 날아가는 우주선에도, **국제연합**[유엔] 본부에도 …… 나라를 대표하는 자리에는 언제나 국기가 함께해.

국기는 그 나라이자 국민이거든.

`중심 내용` 국기는 그 나라를 나타내는 얼굴이고, 그 나라이자 국민이야.

독해로 이해 콕

9 미국 국기에 줄이 열세 개 있는 것은 지금 미국의 주가 열세 개이기 때문이다.
(○, ✕)

10 태극기가 지금의 모습으로 정해진 것은 (　　　　)년이다.

11 태극기에서 평화를 사랑하는 마음이 담겨 있는 부분은 (흰색, 태극 문양)이다.

12 태극기의 사괘가 나타내지 <u>않는</u> 것은 무엇입니까? (　　　　)
① 땅　　　　② 물
③ 불　　　　④ 산
⑤ 하늘

13 국기는 나라를 빛내는 순간이나 나라를 대표하는 자리에 언제나 함께한다.
(○, ✕)

낱말풀이

주 연방 국가의 행정 구역의 하나.

기념하는 어떤 뜻깊은 일이나 훌륭한 인물 등을 오래도록 잊지 아니하고 마음에 간직하는. 예 3·1절을 <u>기념하는</u> 행사가 열렸다.

문양 옷감이나 조각품 따위를 장식하기 위한 여러 가지 모양.

국제연합 제이 차 세계 대전 후 국제 평화와 안전의 유지, 국제 우호 관계의 촉진, 경제적·사회적·문화적·인도적 문제에 관한 국제 협력을 달성하기 위하여 창설한 국제 평화 기구.

10 미국 국기에 대한 설명으로 알맞은 것에 ○표 하시오.

(1) 처음 국기와 현재의 국기가 다르다. ( )

(2) 줄의 수는 현재 미국의 주 수와 같다. ( )

(3) 별의 수는 국기가 처음 만들어졌을 때와 같다. ( )

공부한 날

월

일

중요

11 태극기의 각 부분에 담긴 뜻을 알맞게 선으로 이으시오.

(1) 흰색 •   • ㉮ 조화로운 우주

(2) 태극 문양 •   • ㉯ 하늘, 땅, 물, 불

(3) 사괘 •   • ㉰ 평화를 사랑하는 마음

서술형

12 이 글을 읽고 친구들에게 소개하려고 할 때, 인상 깊은 부분과 그 까닭을 쓰시오.

_____

_____

교과서 문제

13 친구들에게 책을 소개하는 방법을 알맞게 말하지 <u>못한</u> 친구의 이름을 쓰시오.

> 승우: 노랫말을 책을 소개하는 내용으로 바꾸어 부를 수 있어.
> 재준: 책을 읽은 시간과 장소를 책갈피에 적어서 소개할 수 있어.
> 아름: 책을 읽고 새롭게 안 내용을 그림으로 보여 주며 소개할 수 있어.

책을 소개하는
여러 가지 방법을
알아보아요.

( )

이미지로 보는 사전

#태극기를 다는 날 #태극기를 다는 방법

3·1절, 제헌절, 광복절, 국군의 날, 개천절,
한글날과 같은 날에 태극기를 높게 달아요.

집 밖에서 보았을 때, 문 또는
앞쪽 베란다의 중앙이나 왼쪽에 달아요.

(출처: 행정안전부)

현충일과 같이 슬픈 날에는 태극기를
태극기의 세로 길이만큼 내려서 달아요.

꼭 국경일이 아니어도 태극기는 매일
달 수 있어요.

바위나리와 아기별의 우정

1 오늘은 학교에서 『바위나리와 아기별』이라는 책을 읽었다. 앞표지에 있는 바위나리와 아기별 그림이 무척 예뻐서 내용이 궁금했기 때문이다. 이 책은 바위나리와 아기별의 우정 이야기이다.

글쓴이가 읽은 책의 제목

중심 내용 앞표지에 있는 바위나리와 아기별 그림이 예뻐서 내용이 궁금했기 때문에 『바위나리와 아기별』을 읽었다.

2 바위나리는 바닷가에 핀 아름다운 꽃이었다. 하지만 친구가 없어 늘 외로웠다. 어느 날 밤, 아기별이 하늘에서 내려와 둘은 친구가 되었고, 바위나리와 아기별은 밤마다 만나 즐겁게 놀았다.

그러던 어느 날, 병이 든 바위나리를 ㉠간호하던 아기별은 너무 늦게 하늘 나라로 올라가 그 벌로 다시는 바닷가에 내려오지 못했다. 아기별을 기다리던 바위나리는 점점 시들다가 그만 바람이 세게 불어 바다로 날려 갔다. 아기별은 밤마다 울다가 빛을 잃어 바다로 떨어졌다. 바위나리가 날려 간 바로 그 바다였다.

중심 내용 바위나리와 아기별은 친구가 되었지만 아기별이 하늘 나라에서 내려오지 못하자, 바위나리는 시들고 아기별은 빛을 잃어 바다로 떨어지게 되었다.

3 나는 이 책에서 바위나리를 그리워하며 울다가 빛을 잃은 아기별이 하늘 나라에서 쫓겨나 바다로 떨어진 장면이 가장 기억에 남는다. 왜냐하면 살아 있을 때에는 만나지 못하다가 죽은 뒤에야 같이 있을 수 있게 된 것이 너무 슬펐기 때문이다. 바위나리는 몸이 아파 아기별을 만나지 못해 너무 슬펐다. 얼마나 슬펐으면 가슴이 미어졌을까?

중심 내용 바위나리를 그리워하며 울다가 빛을 잃은 아기별이 하늘 나라에서 쫓겨나 바다로 떨어진 장면이 가장 기억에 남는다.

4 이 책을 읽고 주위에 바위나리처럼 외로운 친구가 있는지 생각해 보았다. 그리고 그 친구에게 아기별과 같은 친구가 되어야겠다는 생각이 들었다. 나는 바위나리와 아기별의 우정이 아름다우면서도 안타깝고 슬펐다.

글쓴이가 책을 읽고 다짐한 것

중심 내용 주위의 바위나리처럼 외로운 친구에게 아기별과 같은 친구가 되어야겠다는 생각이 들었다.

읽기 답

독서 감상문의 특징을 생각하며 글을 읽어 보세요.

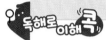 독해로 이해 콕

14 글쓴이는 앞표지에 있는 바위나리와 아기별 그림이 (예뻐서, 신기해서) 책을 읽게 되었다.

15 아기별은 밤마다 울다가 빛을 잃어 바위나리가 날려 간 (   )(으)로 떨어졌다.

16 글쓴이는 아기별이 바위나리를 그리워하다가 꿈에서 만나는 장면이 가장 기억에 남았다. (○, ✕)

17 글쓴이는 바위나리처럼 외로운 친구에게 아기별과 같은 친구가 되어야겠다는 생각을 했다. (○, ✕)

낱말풀이

우정 친구 사이의 정.

시들다가 꽃이나 풀 따위가 말라 생기가 없어지다가.

미어졌을까 가슴이 찢어질 듯이 심한 고통이나 슬픔을 느꼈을까. 예 아버지와 떨어져 지내야 한다는 말을 들었으니 얼마나 가슴이 미어졌을까?

교과서 문제

14 글 **1** ~ **4** 중 글쓴이가 책을 읽고 인상 깊은 부분을 쓴 부분의 번호를 쓰시오.

(   )

> 책에서 가장 기억에 남는 부분을 인상 깊은 부분이라고 해요.

15 『바위나리와 아기별』의 내용으로 알맞지 <u>않은</u> 것은 무엇입니까? (   )

① 바위나리는 바닷가에 핀 꽃이다.

② 바위나리와 아기별은 친구가 되었다.

③ 바위나리와 아기별은 밤마다 만나 즐겁게 놀았다.

④ 바위나리는 아기별을 기다리다가 점점 시들어 바람에 날아갔다.

⑤ 아기별은 바위나리와 신나게 놀다가 하늘 나라에 늦게 올라가서 벌을 받았다.

16 글쓴이가 『바위나리와 아기별』을 읽은 뒤에 든 생각이나 느낌으로 알맞은 것에 ○표 하시오.

⑴ 아기별과 같은 친구를 사귀어야겠다고 생각했다. (   )

⑵ 바위나리처럼 외로운 친구가 되지 말아야겠다고 생각했다. (   )

⑶ 바위나리와 아기별의 우정이 아름다우면서도 안타깝고 슬펐다.

(   )

서술형

17 ㉠에 쓰인 '간호하다'의 뜻을 알맞게 짐작하여 쓰시오.

_____

중요

18 이 글과 같은 독서 감상문의 특징으로 알맞지 <u>않은</u> 것은 무엇입니까? (   )

① 어떤 책을 읽었는지 쓴다.

② 책을 어떻게 읽게 되었는지 쓴다.

③ 책을 읽고 나서 떠올린 생각이나 느낌을 쓴다.

④ 책에 나온 모든 내용과 사건을 빠짐없이 쓴다.

⑤ 책 내용 가운데에서 가장 기억에 남는 부분을 쓴다.

> 독서 감상문에는 책을 읽게 된 까닭, 책 내용, 인상 깊은 부분, 책을 읽은 뒤에 든 생각이나 느낌을 써요.

01~04 다음 글을 읽고, 물음에 답하시오.

> **가** '앉아서 하는 피구'는 공 하나로 교실에서 쉽게 즐길 수 있는 놀이이다. 먼저 교실에 있는 책상을 모두 뒤로 밀어 가로로 긴 네모 모양으로 피구장을 만든다. 그다음에는 학급 친구 전체를 두 편으로 나누고 두 편 대표가 가위바위보를 해서 먼저 공격할 쪽을 정한다.
>
> **나** 규칙은 피구와 같지만 앉은 자세로 하는 것이 특징이다. 공을 굴리는 사람이나 피하는 사람 모두 앉은 자세로 해야 한다. 앉은 자세에서 무릎을 한쪽이라도 펴서 일어나는 자세가 되면 누구든 피구장 밖으로 나가야 한다. 상대를 맞힐 때에는 공을 바닥에 굴려서 맞혀야 한다. 공을 튀기거나 던져서 맞히면 맞은 사람은 밖으로 나가지 않는다. 공을 피할 때에는 옆으로 이동해 피하거나, 무릎을 가슴에 붙여 앉은 자세로 뜀을 뛰어 피할 수 있다.
>
> **다** 굴린 공이 아무도 맞히지 못하고 벽에 닿으면, 수비하던 친구가 공을 잡아 공격할 기회를 얻는다. 그러나 굴린 공이 벽에 닿기도 전에 잡으면 공에 맞은 것과 똑같이 밖으로 나가야 한다.

01 글쓴이가 친구들에게 무엇을 소개하려고 하는지 쓰시오.

(   )

중요

02 글 **나**와 **다**에서 소개하는 내용은 무엇입니까?

(   )

① 준비물
② 놀이 규칙
③ 이기는 방법
④ 놀이의 여러 가지 이름
⑤ 놀이와 관련되어 전해 내려오는 이야기

03 '앉아서 하는 피구'에 대한 설명으로 알맞은 것은 무엇입니까? (   )

① 피구와 규칙이 전혀 다르다.
② 준비물은 공, 책상, 의자이다.
③ 공을 피하는 사람만 앉은 자세로 한다.
④ 던진 공에 맞은 사람은 경기장 밖으로 나가지 않는다.
⑤ 피구장을 동그란 모양으로 만들고, 두 편으로 나눈다.

04 이 글과 같이 친구들에게 놀이를 소개할 때, 소개할 내용으로 알맞은 것을 모두 고르시오. (   )

① 규칙
② 놀이 이름
③ 준비할 내용
④ 잘하는 친구의 이름
⑤ 더 재미있는 다른 놀이

서술형

05 자신이 읽은 글을 다른 사람에게 소개한 경험을 떠올려 빈칸에 알맞은 내용을 쓰시오.

글의 제목	(1)
소개한 사람	(2)
소개한 내용	(3)

06~07 다음 글을 읽고, 물음에 답하시오.

> **가** 국기에는 그 나라의 ⊙ 이 담겨 있어.
>
> 캐나다에는 설탕단풍 나무가 많이 자라.
>
> 설탕단풍 나무는 캐나다처럼 추운 날씨에 잘 자라거든.
>
> 가을에 붉은색으로 단풍이 들면 얼마나 고운지 몰라.
>
> 캐나다 사람들은 설탕단풍 나무에서 나오는 즙으로 달콤한 메이플시럽을 만들어 먹기도 해.
>
> 그래서 캐나다 사람들은 국기에 빨간 단풍잎을 그려 넣었어.
>
> **나** 국기에는 그 나라의 ⓛ 이 담겨 있어.
>
> 미국 국기에는 줄과 별이 참 많지? 도대체 몇 개인지 한번 세어 볼까? 줄이 열세 개, 별이 오십 개야. 미국이 처음 나라를 세울 때에는 주가 열세 개였대. 열세 개의 줄은 그걸 기념하는 거야. 미국 땅이 점점 커져 주가 생길 때마다 국기의 별이 하나씩 늘어났는데 지금은 주가 오십 개라서 별도 오십 개가 된 거야. 땅과 함께 국기도 변한 거지.

06 캐나다 국기에 빨간 단풍잎을 그려 넣은 까닭은 무엇입니까? ( )

① 단풍잎이 그리기 쉬워서
② 캐나다에 주가 오십 개 있어서
③ 캐나다 땅이 단풍잎 모양이라서
④ 캐나다에 설탕단풍 나무가 많이 자라서
⑤ 설탕단풍 나무와 관련된 전설이 있어서

07 ⊙과 ⓛ에 들어갈 말을 알맞게 짝 지은 것은 무엇입니까? ( )

① 색 – 자연 ② 자연 – 땅
③ 음식 – 전설 ④ 모양 – 국민
⑤ 정신 – 계절

08~10 다음 글을 읽고, 물음에 답하시오.

> **가** 일본에 나라를 빼앗긴 시대에는 태극기를 마음대로 사용하지 못했어.
>
> 일본이 태극기 사용을 금지했거든.
>
> 하지만 우리는 독립하려고 열심히 싸울 때마다 태극기를 힘차게 휘날렸어. / 마침내 1945년에 나라를 되찾았고, 그동안 무늬가 조금씩 달랐던 태극기는 1949년에 지금의 태극기 모습으로 정해졌어.
>
> 우리나라 사람들의 평화를 사랑하는 마음은 태극기의 흰색에 담겨 있어.
>
> 태극 문양은 조화로운 우주를 뜻하고, 네 모서리의 사괘는 하늘, 땅, 물, 불을 나타낸 거야.
>
> **나** 국제 경기에 참가할 때에도, 메달을 땄을 때에도, 에베레스트산 정상에 올랐을 때에도 …… 나라를 빛내는 순간에는 언제나 국기가 함께해.
>
> 남극의 과학 기지에도, 우주로 날아가는 우주선에도, 국제연합[유엔] 본부에도 …… 나라를 대표하는 자리에는 언제나 국기가 함께해.
>
> 국기는 그 나라이자 국민이거든.

08 태극기의 태극 문양은 무엇을 뜻하는지 쓰시오.

( )

서술형

09 나라를 빛내는 순간이나 나라를 대표하는 자리에 국기가 함께하는 까닭을 쓰시오.

_____

중요

10 이 책을 친구들에게 소개하는 방법으로 알맞지 않은 것은 무엇입니까? ( )

① 노랫말을 바꾸어 소개하기
② 책갈피를 만들어 소개하기
③ 책 보물 상자를 만들어 소개하기
④ 책 내용을 모두 읽어 주며 소개하기
⑤ 새롭게 안 내용을 그림으로 보여 주며 소개하기

11~15 다음 글을 읽고, 물음에 답하시오.

가 오늘은 학교에서 『바위나리와 아기별』이라는 책을 읽었다. 앞표지에 있는 바위나리와 아기별 그림이 무척 예뻐서 내용이 궁금했기 때문이다. 이 책은 바위나리와 아기별의 우정 이야기이다.

나 바위나리는 바닷가에 핀 아름다운 꽃이었다. 하지만 친구가 없어 늘 외로웠다. 어느 날 밤, 아기별이 하늘에서 내려와 둘은 친구가 되었고, 바위나리와 아기별은 밤마다 만나 즐겁게 놀았다.

그러던 어느 날, 병이 든 바위나리를 간호하던 아기별은 너무 늦게 하늘 나라로 올라가 그 벌로 다시는 바닷가에 내려오지 못했다. 아기별을 기다리던 바위나리는 점점 시들다가 그만 바람이 세게 불어 바다로 날려 갔다. 아기별은 밤마다 울다가 빛을 잃어 바다로 떨어졌다. 바위나리가 날려 간 바로 그 바다였다.

다 나는 이 책에서 바위나리를 그리워하며 울다가 빛을 잃은 아기별이 하늘 나라에서 쫓겨나 바다로 떨어진 장면이 가장 기억에 남는다. 왜냐하면 살아 있을 때에는 만나지 못하다가 죽은 뒤에야 같이 있을 수 있게 된 것이 너무 슬펐기 때문이다. 바위나리는 몸이 아파 아기별을 만나지 못해 너무 슬펐다. 얼마나 슬펐으면 가슴이 ㉠미어졌을까?

라 이 책을 읽고 주위에 바위나리처럼 외로운 친구가 있는지 생각해 보았다. 그리고 그 친구에게 아기별과 같은 친구가 되어야겠다는 생각이 들었다. 나는 바위나리와 아기별의 우정이 아름다우면서도 안타깝고 슬펐다.

11 이 글에 대한 설명으로 알맞은 것은 무엇입니까?
( )

① 글 **가**에는 책 내용을 썼다.
② 글의 종류는 독서 감상문이다.
③ 글 **라**에는 인상 깊은 부분을 썼다.
④ 글 **다**에는 책을 읽게 된 까닭을 썼다.
⑤ 글 **나**에는 책을 읽은 뒤에 든 생각이나 느낌을 썼다.

12 글쓴이가 책을 읽은 까닭은 무엇입니까? ( )

① 우정 이야기라서
② 읽기 쉬워 보여서
③ 앞표지의 그림이 예뻐서
④ 내용을 이미 알고 있어서
⑤ 선생님께서 읽으라고 하셔서

13 글쓴이가 책을 읽고 가장 기억에 남는 장면은 무엇이라고 했는지 쓰시오.

_____

_____

14 글쓴이가 책을 읽고 다짐한 것은 무엇입니까?
( )

① 책을 더 많이 읽어야겠다.
② 친구를 많이 사귀어야겠다.
③ 외로운 사람이 되지 말아야겠다.
④ 바위나리의 마음씨를 본받아야겠다.
⑤ 외로운 친구에게 아기별 같은 친구가 되어야겠다.

서술형

15 ㉠에 쓰인 '미어지다'의 뜻을 짐작하여 쓰시오.

_____

중요

16 독서 감상문을 쓰는 방법으로 알맞지 않은 것은 무엇입니까? ( )

① 책 제목을 쓴다.
② 책을 읽게 된 까닭을 앞부분에 쓴다.
③ 책을 빌리거나 구매한 곳을 소개한다.
④ 가장 기억에 남는 부분과 그 까닭을 쓴다.
⑤ 책을 읽은 뒤에 든 생각이나 느낌을 쓴다.

17~18 다음 글을 읽고, 물음에 답하시오.

[4-2] 7단원 222~223쪽

한 해의 여러 철에 따라 한 사회에 오래전부터 지켜 내려오는 관습.

1 ㉠학교 도서관에서 책을 고르다가 『세시 풍속』이라는 책을 읽었습니다. 이 책은 우리 조상이 농사일로 고된 일상 속에서 빼먹지 않고 지켜 오던 일 년의 세시 풍속을 담은 책입니다. 세시 풍속은 옛날에만 있었던 것인 줄 알 았는데 오늘날 우리 삶에도 많이 남아 있어서 신기했습니다.

2 책은 계절의 차례대로 봄, 여름, 가을, 겨울의 세시 풍속을 소개했습니 다. 지금 계절이 겨울이므로 겨울 부분부터 읽어 보았습니다. 겨울의 세시 풍속 가운데에서 인상 깊었던 것은 동지의 풍속입니다.

이십사절기 중의 하나로, 1년 중 밤이 가장 길고 낮이 가장 짧은 날.

3 동지는 음력 십일월인데, 세시 풍속으로 팥죽을 끓여 먹습니다. 얼마 전 에 학교에서 팥죽이 나온 것이 떠올라 반가워서 읽었습니다. 동짓날이 그 냥 팥죽을 먹는 날인 줄만 알았는데 생각보다 재미있는 이야기가 얽혀 있 었습니다. ㉡옛날 사람들은 병을 옮기는 나쁜 귀신이 팥을 싫어한다고 믿 었답니다. 그래서 동지에 팥으로 죽을 만들어 귀신이 못 오게 집 앞에 뿌렸 답니다. 이 일에서 동지에 팥죽 먹는 풍습이 생겼답니다.

4 이런 재미있는 이야기를 지닌 동지는 낮이 길어지기 시작하는 날로, 사 람들은 이날부터 태양의 기운이 다시 살아난다고 생각했다고 합니다. 동지 가 밤이 가장 길고 낮이 가장 짧은 날이라고만 생각했는데, 우리 조상은 태 양의 기운이 다시 살아나면서 낮이 길어지는 것이라고 생각한 점이 인상 깊었습니다. 그래서 한 가지를 볼 때 여러 가지 시각으로 봐야겠다고 생각 했습니다.

5 『세시 풍속』을 읽고 나니 조상의 지혜를 더 잘 알 수 있었습니다. ㉢계 절의 변화 하나하나에 의미를 부여하고 삶을 즐겁게 보내려는 마음을 듬뿍 느꼈습니다.

어떻게 읽을까?

1. 글의 종류는 무엇일지 생각해 보세요.
2. 글의 특징이 나타난 문장을 찾 으며 읽어 보세요.

● 글의 종류
① ☐ ☐ ☐ ☐

● 독서 감상문의 특징
• 책을 읽게 된 까닭: 학교 ② ☐ ☐ 에서 책을 고르다가 읽 게 됨.
• 책 내용: 옛날 사람들은 병을 옮기 는 귀신이 팥을 싫어한다고 믿어 동지에 ③ ☐ ☐ 을/를 만들어 귀신이 못 오게 집 앞에 뿌린 일에 서 팥죽 먹는 풍습이 생김.
• 책을 읽은 뒤에 든 생각이나 느 낌: ④ ☐ ☐ 의 변화에 따라 의 미를 부여하고 삶을 즐겁게 보내려 는 마음을 느낌.

답 ① 독서 감상문 ② 도서관
③ 팥죽 ④ 계절

17 글쓴이가 겨울 부분부터 책을 읽은 까닭으로 알맞은 것에 ◯표 하시오.

(1) 겨울을 가장 좋아하기 때문에 ( )

(2) 겨울 부분이 가장 짧기 때문에 ( )

(3) 책을 보았을 때가 겨울이었기 때문에 ( )

단원 개념

18 ㉠~㉢에 나타난 독서 감상문의 특징을 찾아 각각 기호를 쓰시오.

(1) 책 내용 ( )

(2) 책을 읽게 된 까닭 ( )

(3) 책을 읽은 뒤에 든 생각이나 느낌 ( )

1 다음 빈칸에 들어갈 알맞은 낱말을 보기 에서 찾아 쓰시오.

> 보기
>
> 전설   계시   문양   우정

(1) 동생은 나비 [   ] 이/가 있는 티셔츠를 입었다.

(2) 나와 동준이는 오랫동안 깊은 [   ] 을/를 쌓고 있다.

(3) 날씨가 좋지 않은 걸 보니 집에 있으라는 신의 [   ] 인 것 같다.

(4) 우리 마을에는 옛날에 용이 살았다는 [   ] 이/가 내려오고 있다.

2 다음 문장에서 밑줄 그은 낱말과 서로 뜻이 반대인 낱말에 ○표 하시오.

(1) 가족들과 함께 올림픽 <u>개막식</u>을 보았다. | 졸업식 | 폐막식 |

(2) 긴 나무판자를 <u>가로</u>로 눕혀 놓고 잘랐다. | 반대 | 세로 |

(3) 우리 팀은 <u>수비</u>를 제대로 하지 않아 골을 먹었다. | 공격 | 준비 |

3 다음 문장의 (   ) 안에서 올바른 표기를 골라 ○표 하시오.

(1) 내가 지금 그쪽으로 (갈게, 갈께).

(2) 엄마, 학원에 갔다가 (올게요, 올께요).

(3) 내일부터 숙제를 열심히 (할게요, 할께요).

속담

4 다음 글과 그림을 보고, 친구는 옛 친구가 좋고 옷은 새 옷이 좋다 를 알맞게 사용한 친구의 이름을 쓰시오.

친구는 옛 친구가 좋고 옷은 새 옷이 좋다

친구는 오래 사귄 친구일수록 정이 두텁고 깊어서 좋다는 말.

부모님께서 새 옷이나 새 물건을 사 주시면 기분이 좋지요? 친구는 어떨까요? 오래 알고 지낸 친구일수록 서로를 잘 알고 정이 두터워져 추억도 많고 서로를 깊이 이해할 수 있을 거예요.

> 옷은 새 옷이 좋지만.

> 친구는 오랜 친구가 좋지.

> 그래, 너희 우정 영원히!

민호: 친구는 옛 친구가 좋고 옷은 새 옷이 좋다더니, 동생과 힘을 합해서 무거운 물건을 옮길 수 있었어.

유정: 친구는 옛 친구가 좋고 옷은 새 옷이 좋다고, 난 운동을 좋아하지 않지만 재원이를 따라 태권도를 배웠어.

지선: 친구는 옛 친구가 좋고 옷은 새 옷이 좋다고, 유치원 때부터 단짝으로 지내는 미라와 나는 마음이 참 잘 통해.

(   )

8

글의 흐름을 생각해요

무엇을 배울까요?

일하는 방법에 따라 내용을
파악하며 글 읽기

장소 변화에 따라
글의 내용 간추리기

글의 흐름에 따라
내용 간추려 쓰기

단원에 대한 공부 계획을 세우고, 공부한 내용을
얼마나 이해했는지 스스로 평가해 보세요.

공부할 내용	스스로 평가
25회 **그림으로 개념 탄탄** **독해로 교과서 쏙쏙 ❶** • 「실 팔찌 만들기」 • 「감기약을 먹는 방법」	☆☆☆
26회 **독해로 교과서 쏙쏙 ❷** • 「주말여행」 • 「동물원에서」	☆☆☆
27회 **독해로 교과서 쏙쏙 ❸** • 「즐거운 직업 체험」	☆☆☆
28회 **단원 평가** **독해로 생각 Up** → 「아름다운 꼴찌」 **어휘 마무리 뚝딱** → 사자성어 〈동분서주〉	☆☆☆

★★★ 잘함.   ★★ 보통임.   ★ 아쉬움.

그림으로 개념 탄탄

Q 글의 여러 가지 흐름에는 어떤 특징이 있을까요?

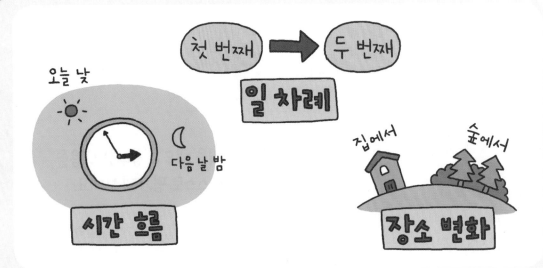

A
❋ 시간 흐름에 따라 쓴 글은 시간을 나타내는 말을 사용해요.
   '다음 날 밤, 오늘 낮, 수업 시작종이 친 뒤'와 같이 시간을 알 수 있게 해 주는 말
❋ 일 차례에 따라 쓴 글은 차례를 나타내는 말을 사용해요.
   '첫 번째, 두 번째'와 같은 말
❋ 장소 변화에 따라 쓴 글은 장소를 나타내는 말을 사용해요.
   '고인돌 박물관, 동림 저수지'와 같은 말

Q 글의 흐름에 따라 내용을 파악하려면 글을 어떻게 읽어야 할까요?

A
❋ 시간 흐름에 따라 쓴 글은 시간 차례를 생각하며 글을 읽어요.

❋ 일 차례에 따라 쓴 글은 일 차례를 파악하며 글을 읽어요.

❋ 장소 변화에 따라 쓴 글은 장소 변화에 따라 일어난 일에 주의하며 글을 읽어요.

Q 글의 흐름에 따라 내용을 간추려 쓰는 방법은 무엇일까요?

A ❀ 시간 흐름에 따라 쓴 글은 시간 차례대로 간추려요.

❀ 일 차례를 설명한 글은 일하는 차례가 잘 드러나게 간추려요.

❀ 장소가 변하는 글은 이동한 장소와 각 장소에서 겪은 일을 중심으로 간추려요.

 확인문제

 글의 흐름에 따라 내용을 간추려 쓰는 방법을 알맞게 선으로 이으시오.

(1)	시간 흐름에 따라 쓴 글 •	• ㉮ 일하는 차례가 드러나게 간추리기
(2)	일 차례에 따라 쓴 글 •	• ㉯ 시간 차례대로 간추리기
(3)	장소 변화에 따라 쓴 글 •	• ㉰ 이동한 장소와 각 장소에서 겪은 일을 중심으로 간추리기

답 (1) ㉯ (2) ㉮ (3) ㉰

실 팔찌 만들기

읽기 팁

차례를 나타내는 말을 찾고, 실 팔찌 만드는 차례를 생각하며 글을 읽어 보세요.

1 여러 가지 색깔 실을 **엮어** 만든 팔찌를 실 팔찌라고 합니다. 실 팔찌는 팔목에 차다가 자연스럽게 **닳아서** 끊어지면 소원이 이루어진다는 이야기가 있어서 소원 팔찌라고도 합니다. 중국에서는 단오절에 실 팔찌를 손목에 차면 나쁜 기운을 막는다고 하고, 브라질에서는 축구 경기 전에 승리를 **기원하며** 손목에 실 팔찌를 찬다고 합니다. 실 팔찌는 종류에 따라 다양한 모양이 있는데, 그중에서 가장 간단한 모양의 실 팔찌를 만들어 봅시다.

`중심 내용` 여러 가지 색깔 실을 엮어 실 팔찌를 만들어 봅시다.

2 실 팔찌 만들기의 준비물은 매우 간단합니다. 서로 다른 색깔 털실 세 줄, 셀로판테이프만 있으면 됩니다. 실은 굵을수록 엮기 쉬우므로 굵은 실을 준비하고 길이는 손목 둘레의 서너 배 정도로 자릅니다.

`중심 내용` 실 팔찌 만들기의 준비물은 서로 다른 색깔 털실 세 줄, 셀로판테이프입니다.

3 첫 번째, 서로 다른 색깔 실 세 가닥을 함께 잡고 **매듭**을 짓습니다. 실의 3~4 센티미터를 남겨 두고 실 세 가닥을 한꺼번에 잡아 작은 원을 만듭니다. 그 뒤 짧은 쪽 실 세 가닥을 아까 만든 원 쪽으로 집어넣고 당기면 쉽게 매듭을 지을 수 있습니다.

두 번째, 셀로판테이프로 매듭 위쪽을 책상에 붙입니다. 셀로판테이프는 실 팔찌를 만드는 동안 실이 움직이거나 꼬이지 않게 **고정하는** 역할을 합니다.

셀로판테이프가 필요한 까닭

세 번째, 실 세 가닥을 잡고 세 가닥 땋기를 합니다. 이때 자신이 원하는 길이보다 길게 땋아야 합니다. 손목 둘레의 두세 배 정도 길이로 땋는 것이 좋습니다.

네 번째, 땋은 실 끝 쪽에 매듭을 짓습니다. 매듭은 첫 번째 매듭을 지을 때 사용한 방법으로 지으며, 자신이 땋은 부분이 끝나는 곳보다 좀 더 앞쪽에 짓습니다. 매듭을 짓고 보면 줄이 짧아진 게 느껴질 겁니다. 원하는 길이보다 길게 땋아야 하는 까닭은 이렇게 줄이 짧아지기 때문입니다.

마지막으로, 양쪽 끝을 **연결합니다**. 양쪽 끝을 연결할 때에는 끝끼리 묶어도 좋고, 다른 실로 양쪽 매듭을 함께 ㉠**이어** 줘도 좋습니다. 어때요? 멋있는 실 팔찌가 만들어졌나요?

`중심 내용` 실 팔찌 만드는 차례에 따라 실 팔찌를 만듭니다.

독해로 이해 콕

1 여러 가지 색깔 실을 엮어 만든 팔찌를 ( )(이)라고 한다.

2 실 팔찌는 (소원, 손목) 팔찌라고도 한다.

3 실 팔찌 만들 때 필요한 준비물은 서로 같은 색깔 털실 세 줄, 셀로판테이프이다. (○, ×)

4 다음 중 실 팔찌를 만들 때 가장 처음에 할 일은 무엇입니까? ( )
① 세 가닥 땋기
② 양쪽 끝 연결하기
③ 땋은 실 끝 쪽에 매듭짓기
④ 매듭 위쪽을 책상에 붙이기
⑤ 실 세 가닥을 잡고 매듭짓기

낱말 풀이

엮어 노끈이나 새끼 따위의 여러 가닥을 얽거나 이리저리 어긋매어 어떤 물건을 만들어.

닳아서 갈리거나 오래 쓰여서 어떤 물건이 낡아지거나, 그 물건의 길이, 두께, 크기 따위가 줄어서.

기원하며 바라는 일이 이루어지기를 빌며. 예 우리 가족은 형의 합격을 기원하며 격려했다.

매듭 노, 실, 끈 따위를 잡아매어 마디를 이룬 것.

고정하는 한곳에 꼭 붙어 있거나 붙어 있게 하는.

연결합니다 사물과 사물을 서로 잇거나 현상과 현상이 관계를 맺게 합니다. 예 호스를 수도꼭지에 연결합니다.

중요

01 이 글에 대한 설명으로 알맞지 <u>않은</u> 것은 무엇입니까? ( )

① 일을 하는 방법을 알려 준다.
② 차례를 나타내는 말이 쓰였다.
③ 물건을 만드는 차례를 알려 준다.
④ 장소 변화에 따라 일어난 일을 쓴 글이다.
⑤ 실 팔찌 만드는 방법을 알려 주는 글이다.

일하는 방법을 설명하는 글에는 차례가 있어서 그 차례를 반드시 지켜야 할 때가 많아요.

8단원
25회

공부한 날

월

일

02 이 글의 내용으로 알맞은 것은 무엇입니까? ( )

① 실 팔찌는 종류와 모양이 다양하지 않다.
② 실 팔찌를 만들 때는 가늘고 긴 실을 준비한다.
③ 땋은 실의 양쪽 끝을 연결하면 실 팔찌 만들기가 끝난다.
④ 세 가닥 땋기를 할 때 자신이 원하는 길이보다 짧게 땋는다.
⑤ 중국은 실 팔찌가 좋은 기운을 막는다고 해서 실 팔찌를 하지 않는다.

03 ㉠에 쓰인 낱말 '잇다'와 뜻이 비슷한 낱말은 무엇입니까? ( )

① 땋다   ② 쓰다   ③ 끊다
④ 그리다   ⑤ 연결하다

교과서 문제

04 이 글에서 차례를 나타내는 말이 <u>아닌</u> 것은 무엇입니까? ( )

① 매우   ② 첫 번째   ③ 두 번째
④ 세 번째   ⑤ 마지막으로

서술형

05 이 글의 중요한 내용을 차례대로 간추릴 때, 빈칸에 이어질 내용을 쓰시오.

네 번째, _____

_____

1 날이 추워지면 감기에 걸리는 사람이 많아집니다. 몸을 따뜻하게 하고 푹 쉬면 금방 낫는 경우도 있지만, 감기 때문에 많이 아플 때에는 감기약을 먹어야 합니다. 어떻게 감기약을 먹어야 좋을까요?

중심 내용 감기 때문에 많이 아플 때 감기약을 어떻게 먹어야 좋을지 알아봅시다.

2 먼저, 병원에서 의사와 충분하게 상담한 뒤 자신의 증세에 맞는 감기약을 처방받습니다. 어른들이 먹는 감기약이나 언제 샀는지 모르는 감기약을 먹으면 오히려 더 큰 병에 걸릴 수도 있습니다. 어린이들이 감기약을 먹을 때에는 꼭 의사의 지시에 따릅니다.

중심 내용 병원에서 의사와 상담한 뒤 증세에 맞는 감기약을 처방받습니다.

3 감기약은 끝까지 먹는 게 좋습니다. 감기약을 먹다가 몸이 나았다고 생각해 그만 먹으면 안 됩니다. 중간에 마음대로 감기약을 먹지 않으면 감기가 더 심해지거나 나중에 감기약을 먹어도 낫지 않을 수 있으므로, 의사가 처방한 날짜만큼 먹어야 합니다.

중심 내용 감기약은 끝까지 먹는 게 좋습니다.

4 감기약을 먹을 때에는 물과 함께 먹어야 합니다. 우유나 녹차, 주스와 같은 다른 음료와 함께 먹어서는 안 됩니다. 또 물 이외에 밥이나 빵을 같이 먹어서도 안 됩니다.

중심 내용 감기약은 물과 함께 먹어야 합니다.

5 감기약을 먹는 시간을 놓쳤다고 다음에 두 배로 먹어서도 안 됩니다. 두 배로 먹는다고 감기약 효과가 두 배가 되지는 않습니다. <u>오히려 몸에 부담만 될 뿐입니다.</u> 감기약은 정해진 양만큼만 먹어야 합니다.
<small>감기약을 먹는 시간을 놓쳤을 때 두 배로 먹으면 안 되는 까닭</small>

중심 내용 감기약을 먹는 시간을 놓쳤다고 다음에 두 배로 먹으면 안 됩니다.

6 감기약을 안전하고 효과적으로 먹는 것도 중요하지만, 감기에 걸리지 않게 예방하는 것도 중요합니다. 평소에 손을 깨끗이 씻고, 따뜻한 물을 많이 마시고, 몸을 따뜻하게 합시다.

중심 내용 감기약을 안전하고 효과적으로 먹는 것도 중요하지만, 감기에 걸리지 않게 예방하는 것도 중요합니다.

읽기 팁

감기약을 먹을 때 주의할 점을 생각해 보고, 중요한 내용을 간추리며 글을 읽어 보세요.

독해로 이해 쏙

5 감기 때문에 많이 아플 때에는 몸을 따뜻하게 하고 감기약을 먹지 않는 것이 좋다. (○, ×)

6 감기약은 의사와 충분히 상담한 뒤 자신의 (기분, 증세)에 맞게 처방받아야 한다.

7 감기약은 (   )와/과 함께 먹어야 한다.

8 감기에 걸리지 않게 예방하려면 (따뜻한, 차가운) 물을 마시는 것이 좋다.

낱말풀이

상담한 문제를 해결하거나 궁금증을 풀기 위하여 서로 의논한.

증세 병을 앓을 때 나타나는 여러 가지 상태나 모양.

처방 병을 치료하기 위하여 증상에 따라 약을 짓는 방법. 예 의사의 처방에 따라 약을 하루 두 번 먹었다.

지시 일러서 시킴. 또는 그 내용.

부담 어떠한 의무나 책임을 짐.

예방하는 질병이나 재해 따위가 일어나기 전에 미리 대처하여 막는.

중요

06 이 글에 대한 설명으로 알맞지 <u>않은</u> 것에 ×표 하시오.

(1) 차례가 정해져 있다. ( )

(2) 일을 하는 방법을 알려 준다. ( )

(3) 감기약을 먹을 때 주의할 점을 알려 준다. ( )

일하는 방법을 설명하는 글에는 차례가 있어서 차례를 반드시 지켜야 하는 글과 차례가 없는 글이 있어요.

8 단원

25 회

공부한 날

월

일

서술형

07 감기약을 끝까지 먹는 게 좋은 까닭은 무엇인지 쓰시오.

_____

_____

08 감기약을 먹는 시간을 놓쳤을 때에는 어떻게 해야 합니까? ( )

① 약을 두 배로 먹는다.

② 원래 정해진 양만큼만 먹는다.

③ 다시 약을 처방받아서 먹는다.

④ 약을 그만 먹고 푹 쉬며 따뜻한 물을 많이 마신다.

⑤ 우유나 녹차, 주스와 같은 다른 음료와 함께 먹는다.

09 글 **1**~**6** 중 감기를 예방하는 방법을 알 수 있는 글의 번호를 쓰시오.

( )

교과서 문제

10 이 글을 읽고 감기약을 먹는 방법을 간추릴 때 들어갈 내용이 <u>아닌</u> 것은 무엇입니까? ( )

① 감기약은 끝까지 먹는 게 좋다.

② 감기약은 물과 함께 먹어야 한다.

③ 날씨가 추워지면 감기에 걸리는 사람이 많아진다.

④ 병원에서 의사와 상담한 뒤 증세에 맞는 감기약을 처방받는다.

⑤ 감기약을 먹는 시간을 놓쳤다고 다음에 두 배로 먹으면 안 된다.

감기약을 먹는 방법에 해당하지 않는 것은 무엇일까요?

1 우리 가족은 할머니 생신을 맞아 주말에 여행을 다녀왔다. 여행지는 전라북도 고창으로 예전에 텔레비전 여행 방송에서 본 기억이 있어서, 가기 전부터 많이 설레었다.

듣기 자료

중심 내용 할머니 생신을 맞아 주말에 고창으로 여행을 다녀왔다.

2 토요일 아침 일찍 출발해서, 맨 처음 도착한 고창 관광지는 고인돌 박물관이었다. 고인돌 박물관에서는 영화와 유물들을 보면서 고인돌의 역사를 알 수 있었다. 박물관 일 층에서는 고인돌 영화를 봤고 이 층에서는 고인돌과 관련된 여러 유물을 봤다. 박물관을 다 둘러보고 나니 고인돌 박사가 된 것 같은 기분이었다.

중심 내용 고인돌 박물관에서 영화와 유물들을 보았다.

3 다음으로 간 곳은 동림 저수지 야생 동식물 보호 구역이었다. 동림 저수지는 겨울 철새가 많이 찾는 곳으로 우리 가족도 혹시 철새 떼의 춤을 볼 수 있을까 하는 기대로 방문해 보았다. 그곳에서 여러 가지 설명을 읽어 보았는데, 고창군 전 지역은 2013년부터 유네스코 생물권 보존 지역
인류가 보존·보호해야 할 문화와 자연을 세계 유산으로 지정해 보호하는 국제연합 전문 기구.
으로 지정되어 환경을 해치는 행위를 해서는 안 된다는 안내도 있었다. 아주 많은 수의 철새는 아니었지만 간간이 물 위로 날아오르는 가창오리
시베리아 동부에서 번식하고 한국, 일본, 중국 같은 곳에서 겨울을 나는 철새. 멸종 위기 동물.
들을 구경할 수 있었다.

중심 내용 동림 저수지에서 물 위로 날아오르는 가창오리들을 구경했다.

4 마지막으로 고창의 유명한 절인 선운사를 방문했다. 선운사는 삼국
삼국 시대에 세워졌다는 오래된 절. 보물인 대웅전 외에 다수의 문화재가 있음.
시대 때부터 지어진 오래된 절이다. 오래된 절답게 웅장한 건물과 많은 관광객이 있었다. 선운사에서 가장 인상 깊었던 것은 선운사 뒤편의 동백나무 숲이었다. 푸른 동백나무잎 위로 하얀 눈이 소복이 쌓여 아름다
전라도와 경상도 남쪽 지역에서 많이 자라는 나무로, 잎이 두껍고 넓으며 사철 내내 푸름.
운 풍경을 만들어 내고 있었다. 내가 본 가장 아름다운 숲이었다.

중심 내용 선운사에서 가장 인상 깊었던 것은 동백나무 숲이었다.

5 고창에서 아주 오래전 역사인 고인돌에서 삼국 시대의 선운사, 앞으로 보호해야 할 철새 떼까지 한 번에 보고 나니 마치 시간을 거슬러 가는 기분이었다. 고창을 떠나는 마음은 아쉬웠지만, '다음에는 또 어떤 곳으로 여행을 갈까?' 하는 기대를 품고 이번 주말여행을 마쳤다.

중심 내용 고창을 떠나는 아쉬운 마음과 다음 여행에 대한 기대를 품고 주말여행을 마쳤다.

읽기 팁

글쓴이가 무엇을 한 뒤에 쓴 글인지, 장소 변화에 따라 한 일은 무엇인지 살펴보며 읽어 보세요.

독해로 이해 콕

9 우리 가족은 할머니 생신을 맞아 주말에 전라북도 (   )(으)로 여행을 다녀왔다.

10 글쓴이가 맨 처음 방문한 곳에 ○표 하시오.
(1) 선운사   (   )
(2) 동림 저수지   (   )
(3) 고인돌 박물관   (   )

11 동림 저수지에서는 물 위로 날아오르는 (청둥오리, 가창오리)들을 구경했다.

12 선운사에서 가장 인상 깊었던 것은 웅장한 건물에 눈이 소복이 쌓인 모습이었다.
(○, ✕)

낱말풀이

유물 과거의 조상들이 후세에 남긴 물건.

박사 널리 아는 것이 많거나 어떤 일에 능통한 사람.

야생 산이나 들에서 저절로 나서 자람. 또는 그런 생물.

행위 사람이 의지를 가지고 하는 짓.

웅장한 규모 따위가 거대하고 성대한.

거슬러 일이 돌아가는 상황이나 흐름과 반대되거나 어긋나는 태도를 취해.
예 시간을 거슬러 올라갈 수 있다면 다시는 그런 실수를 하지 않을 것이다.

공부한 날

월

일

교과서 문제

11 글쓴이가 어디에서 어디로 이동했는지 (   ) 안에 알맞은 말을 쓰시오.

• 고인돌 박물관 → (   ) → (   )

12 글쓴이가 고인돌 박물관에서 한 일로 알맞은 것을 두 가지 고르시오.

(   )

① 고인돌 영화를 보았다.
② 고인돌 박사님을 만났다.
③ 고인돌을 만드는 체험을 했다.
④ 고인돌과 관련된 여러 유물을 보았다.
⑤ 고인돌의 역사를 알려 주는 책을 읽었다.

13 글쓴이가 동림 저수지에서 알게 된 것은 무엇입니까? (   )

① 동림 저수지는 2013년에 처음 발견되었다.
② 동림 저수지는 여름 철새가 많이 찾는 곳이다.
③ 고창군에서는 환경을 해치는 행위를 해도 문제가 되지 않는다.
④ 고창군 전 지역은 유네스코 생물권 보존 지역으로 지정되었다.
⑤ 해마다 많은 사람들이 가창오리의 춤을 보기 위해 고창군으로 온다.

중요

14 이 글을 간추릴 때 주의할 부분은 무엇입니까? (   )

① 일 차례   ② 시간 흐름   ③ 장소 변화
④ 마음 변화   ⑤ 원인과 결과

글쓴이가 간 곳에 따라 한 일이 차례대로 나타나 있어요.

서술형

15 다음 장소에서 글쓴이가 한 일을 간추려 쓰시오.

선운사

_____

_____

독해로 교과서 쏙쏙 동물원에서

1 어제 과학 관찰 보고서를 쓰려고 동물원에 갔다. 내 보고서 주제는 '날개가 있는 동물'로, 동물원의 많은 동물 가운데에서도 날개가 있는 동물을 찾아 관찰하는 것이다. 날씨가 추워서 야외 관람관은 문을 닫은 곳이 많아서 주로 실내 관람관에서 관찰했다.

듣기 자료

과학 관찰 보고서의 주제

중심 내용 과학 관찰 보고서를 쓰려고 동물원에 갔다.

2 동물원 입구를 지나 가장 먼저 간 곳은 '곤충관'이었다. 곤충관에는 여러 지역의 곤충들이 전시되어 있었는데, 날개가 있는 동물로 나비와 벌, 메뚜기와 같은 곤충들이 있었다. 곤충관에서 가장 관심이 갔던 곤충은 톱사슴벌레이다. 톱사슴벌레는 몸 색깔이 갈색이고 톱날 모양의 큰턱이 있다. 원래 밤에 활동하는 곤충이지만 참나무 수액을 먹으려고 낮에도 돌아다니기 때문에, 먹이를 먹는 톱사슴벌레를 볼 수 있었다. 톱사슴벌레가 나뭇가지 꼭대기에 올라가서 날개를 펴고 날아가는 모습이 멋있었다. **중심 내용** '곤충관'에서 먹이를 먹는 톱사슴벌레를 보았다.

3 곤충관 바로 옆은 '야행관'이었는데 주로 밤에 활동하는 동물들이 있는 곳이었다. 야행관에도 날개가 있는 동물들이 있었다. 바로 박쥐와 올빼미였다. 외국에서 산다는 과일박쥐도 인상 깊었지만, 내 눈길을 끈 것은 수리부엉이이다. 수리부엉이는 천연기념물로 몸길이가 70센티미터나 될 정도로 큰 새이다. 날개를 접고 나뭇가지에 앉아 있는 것을 관찰했는데, 붉은 눈과 앞뒤로 자유롭게 움직이는 목이 신기했다. 가끔 날개를 펴고 앉은 자세를 고치기도 했는데, 날개를 퍼덕이는 모습에 큰 바람이 일 것 같았다. 이렇게 멋진 새가 멸종 위기 동물이라니, 자연을 보호해야겠다는 다짐을 했다. **중심 내용** '야행관'에서 눈이 붉고 목을 자유롭게 움직이는 수리부엉이를 보았다.

4 야행관 다음으로 간 곳은 '열대 조류관'이었다. 열대 조류관은 따뜻한 지역에 사는 새들이 사는 곳이었다. 열대 조류관은 아주 큰 실내 전시장으로, 천장이 높아서 머리 위로 화려한 색의 새들이 날아다니는 것을 볼 수 있었다. 앵무새는 책이나 텔레비전에서 본 적이 있었는데, 이렇게 많은 종류의 앵무새가 있는지는 몰랐다. 왕관앵무, 장미앵무, 회색앵무와 같이 색과 크기도 다양한 앵무새를 관찰할 수 있었다. 말을 할 수 있는 앵무새를 찾지 못한 것이 아쉬웠다.

중심 내용 '열대 조류관'에서 왕관앵무, 장미앵무, 회색앵무와 같이 색과 크기가 다양한 앵무새를 관찰했다.

읽기

장소 변화와 각 장소에서 관찰한 것을 살펴보며 읽어 보세요.

독해로 이해 콕

13 '나'는 어제 과학 관찰 보고서를 쓰려고 ( )에 갔다.

14 '곤충관'에서 가장 관심이 갔던 것은 (수리부엉이, 톱사슴벌레)였다.

15 '열대 조류관'에서 다양한 앵무새를 보지 못해 아쉬웠다. (○, ✕)

16 '큰물새장'에서 본 것을 모두 고르시오.
( )

① 황새　　② 고니
③ 앵무새　④ 두루미
⑤ 과일박쥐

낱말풀이

보고서 연구하거나 조사한 것의 내용이나 결과를 글이나 말로 정식으로 알리는 내용을 적은 문서.

수액 땅속에서 나무의 줄기를 통하여 잎으로 올라가는 액.

멸종 생물의 한 종류가 아주 없어짐. 또는 생물의 한 종류를 아주 없애 버림.
　예 환경 보호 단체는 반달곰의 멸종을 막기 위해 노력하고 있다.

→ 바른답·알찬풀이 25쪽

5 마지막으로 간 곳은 야외에서도 황새를 볼 수 있는 '큰물새장'이었다. 황새 마을에서는 황새 외에도 두루미나 고니와 같이 물 근처에 사는 여러 새를 볼 수 있었다. 처음에는 깃털 색이 하얗고 까만 게 비슷해서 두루미와 황새를 **구별하지** 못했다. 설명을 읽고 나서야 키가 더 크고 머리가 붉은색이고 목과 다리가 까만색인 새가 두루미, 다리가 붉은색인 새가 황새라는 사실을 알게 되었다.

구별하지 성질이나 종류에 따라 갈라 놓지.

중심 내용 '큰물새장'의 황새 마을에서 황새, 두루미, 고니와 같이 물 근처에 사는 여러 새를 보았다.

중요

16 이 글에 대한 설명으로 알맞은 것의 기호를 쓰시오.

> ㉮ 일하는 방법의 차례를 설명한 글이다.
> ㉯ 시간 흐름에 따라 쓴 글이라서 시간 표현이 많다.
> ㉰ 이동한 장소와 각 장소에서 한 일이 잘 나타나 있다.

( )

어떤 차례에 따라 글의 내용이 이어지고 있는지 살펴보세요.

서술형

17 이 글을 읽고 글쓴이에게 할 수 있는 질문을 한 가지 만들어 쓰시오.

_____

글쓴이가 동물원에서 어디를 갔는지 물어볼 수 있어요.

18 글쓴이가 동물을 관찰하면서 생각하거나 느낀 점이 <u>아닌</u> 것은 무엇입니까?

( )

① 자연을 보호해야겠다고 다짐했다.
② 말을 할 수 있는 앵무새를 찾지 못해서 아쉬웠다.
③ 수리부엉이가 날개를 펴지 못하는 모습이 안타까웠다.
④ 톱사슴벌레가 날개를 펴고 날아가는 모습이 멋있었다.
⑤ 수리부엉이가 목을 앞뒤로 자유롭게 움직이는 것이 신기했다.

교과서 문제

19 '열대 조류관'에서 관찰한 것을 가장 알맞게 간추려 쓴 것에 ○표 하시오.

(1) 따뜻한 지역에 사는 새들이 사는 곳이었다. ( )
(2) 앵무새는 책이나 텔레비전에서 본 적이 있었다. ( )
(3) 왕관앵무, 장미앵무, 회색앵무와 같이 색과 크기도 다양한 앵무새를 관찰했다. ( )

1 오래전부터 기다려 오던 ㉠직업 체험학습을 가는 날이다. ㉡학교에서 모두 함께 출발해 ㉢열 시에 ㉣직업 체험관에 도착했다. 도착하자마자 ㉤우리 반은 모둠별로 흩어졌다. 우리 모둠은 나, 민기, 혜정, 병주까지 네 명으로 모두 활발한 친구들이다.

중심 내용 직업 체험학습을 하러 학교에서 출발해 열 시에 직업 체험관에 도착했다.

2 우리 모둠은 가장 먼저 **소품** 설계관으로 출발했다. 소품 설계관은 작은 소품을 **설계하고** 직접 만들 수 있는 곳이다. 체험학습 계획을 세울 때 민기가 "집안 어른들께 선물로 드릴 만한 물건을 만들면 좋겠어."라고 의견을 냈기 때문에 소품 설계관을 첫 번째 체험활동 장소로 정했다. 민기는 어머니께 드릴 머리 끈을 만들고, 나는 할아버지께 드릴 손수건을 만들기로 했다. 내 손으로 만든 소품이 어딘가 부족해 보였지만 기분만은 진짜 디자이너가 된 것 같아 뿌듯했다.

중심 내용 가장 먼저 소품 설계관에 가서 소품을 설계하고 직접 만들었다.

3 디자이너 체험을 끝내자 거의 열한 시가 되었다. 우리는 제빵사 체험을 하려고 제빵 학원으로 갔다. 제빵 학원 앞에는 크게 '크림빵'이라고 적혀 있었다. 체험관 안으로 들어가자 체험관 선생님께서 밀가루를 나누어 주셨다. 체험관 선생님께서 알려 주시는 차례를 그대로 따라 해서 크림빵을 완성했다.

소품 설계관에서 한 체험

중심 내용 거의 열한 시가 되어 제빵 학원으로 가서 크림빵을 만들었다.

4 제빵사 체험을 마치고 나오니 거의 열두 시가 되었다. 우리 모둠은 중앙 광장에서 아까 만든 크림빵과 각자 싸 온 점심을 먹으며 다른 모둠 친구들과 체험활동 이야기를 나누었다. 효지는 공항에서 한 비행기 조종사 체험이 가장 재미있었다고 했고, 준우는 문화재 **발굴** 현장에서 문화재를 찾는 체험이 가장 재미있었다고 했다.

제빵 학원에서 한 체험

중심 내용 거의 열두 시가 되어 중앙 광장으로 가서 크림빵과 점심을 먹으며 친구들과 체험활동 이야기를 나누었다.

읽기 팁

시간의 흐름과 장소 변화에 따라 체험한 일을 살펴보며 읽어 보세요.

독해로 이해 콕

17 우리 반은 (   )을/를 하기 위해 직업 체험관에 갔다.

18 (열, 열한) 시에 직업 체험관에 도착해서 가장 먼저 간 곳은 소품 설계관이다.

19 소품 설계관에서 '나'는 할아버지께 드릴 (손수건, 머리 끈)을 만들었다.

20 제빵 체험을 마친 뒤, 제빵 학원에서 점심을 먹으며 친구들과 체험활동 이야기를 나누었다. (◯, ✕)

낱말풀이

소품 규모가 작은 예술 작품.

설계하고 건설·공사·제작 등에 관하여 자세하게 그림과 설명으로 나타내 계획하고. 예 형은 장난감을 직접 설계하고 만드는 취미가 있다.

발굴 땅속이나 큰 덩치의 흙, 돌 더미 따위에 묻혀 있는 것을 찾아서 파냄.

중요

20 ㉠~㉤ 중 글의 흐름을 알 수 있는 부분을 찾아 빈칸에 알맞게 기호를 쓰시오.

| 시간 흐름을 알 수 있는 부분 | (1) |
| 장소 변화를 알 수 있는 부분 | (2) |

시간을 나타내는 말과
장소를 나타내는 말을
찾아보세요.

21 우리 모둠이 직업 체험관에 도착해서 간 곳의 차례대로 번호를 쓰시오.

(1) 제빵 학원　（　　　　　　）
(2) 중앙 광장　（　　　　　　）
(3) 소품 설계관　（　　　　　　）

교과서 문제

22 가장 먼저 소품 설계관으로 가기로 정한 까닭은 무엇입니까? (　　　　　)

① 가장 가까운 장소라서
② 선생님께서 추천해 주셔서
③ 디자이너가 되어 보고 싶어서
④ 민기의 어머니와 '나'의 할아버지가 기다리고 계셔서
⑤ 집안 어른들께 선물로 드릴 만한 물건을 만들기 위해서

서술형

23 다음 장소에서 언제 무엇을 했는지 각각 정리하여 쓰시오.

| 제빵 학원 | (1) |
| 중앙 광장 | (2) |

24 우리 모둠이 한 체험으로 알맞은 것을 두 가지 찾아 ○표 하시오.

(1) 문화재를 발굴하는 체험을 했다.　　　　　　（　　　）
(2) 작은 소품을 설계하고 직접 만들었다.　　　　（　　　）
(3) 공항에서 비행기 조종사 체험을 했다.　　　　（　　　）
(4) 선생님께서 알려 주시는 차례를 그대로 따라 해서 크림빵을 만들었다.
　　　　　　　　　　　　　　　　　　　　　（　　　）

중앙 광장에서는 점심을
먹으며 다른 모둠이 한 체험활동
이야기를 들었어요.

5 ㉠점심시간이 끝난 오후 한 시, ㉡소방서에서 병주가 가장 기대하던 소방관 체험으로 활동을 시작했다. 소방관 **복장**을 하고, 소방차를 타고 출동하고, 불이 난 곳에 물도 뿌렸다. 원래 소방관에는 관심이 없었는데, 체험해 보니 내 **적성**에도 잘 맞고 보람도 있어서 미래에 소방관이 되어도 좋겠다고 생각했다.

중심 내용 한 시에 소방서에서 소방관 체험을 했다.

6 소방관 체험을 마치고 나서 시계를 보니 ㉢두 시가 조금 넘었다. 두 시 반까지 버스에 타기로 우리 반 선생님과 약속했기 때문에 아쉽지만 체험활동을 끝낼 수밖에 없었다.

㉣돌아오는 버스 안에서 선생님께서 말씀하셨다.

"오늘 체험활동이 재미있었나요? 세상에는 직업 체험관에 있는 직업 외에도 수많은 직업이 있어요. 여러분이 앞으로 직업의 세계에 관심을 가지고 살펴본다면 여러분에게 딱 맞는 직업을 찾을 수 있을 거예요."

선생님 말씀을 들으며 ㉤앞으로도 직업의 세계에 관심을 두어야겠다고 생각했다. 이번 체험은 내 미래를 **진지하게** 생각해 볼 수 있는 좋은 경험이 되었다.

중심 내용 두 시가 조금 넘어 체험활동을 끝냈다.

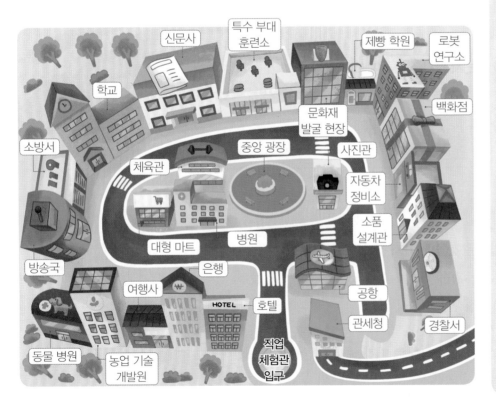

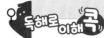
독해로 이해 콕

21 오후 한 시에는 (   )에서 소방관 체험을 했다.

22 소방서에서 한 일로 알맞은 것을 모두 고르시오. (   )
① 소방관 복장을 했다.
② 소방차를 타고 출동했다.
③ 불이 난 곳에 물을 뿌렸다.
④ 불이 난 곳에서 탈출을 했다.
⑤ 소방관이 되는 시험을 보았다.

23 (두 시, 두 시 반)까지 버스에 타야 해서 체험활동을 끝냈다.

24 선생님께서 열심히 공부하면 각자에게 딱 맞는 직업을 찾을 수 있을 거라고 말씀해 주셨다. (○, ✕)

낱말풀이

복장 옷을 차려입은 모양. 옷차림.

적성 어떤 일에 알맞은 성질이나 적응 능력. 또는 그와 같은 소질이나 성격.
ⓐ 어려서부터 그림 그리기를 좋아했던 나는 적성을 살려 화가가 되기로 결심했다.

진지하게 마음 쓰는 태도나 행동 따위가 참되고 착실하게.

25 ㉠~㉤ 중 시간의 흐름을 알 수 있는 부분을 두 가지 찾아 기호를 쓰시오.

( )

> 일이 일어나는 때를 알려 주는 말을 찾아보세요.

교과서 문제
26 글쓴이가 소방관이 되어도 좋겠다고 생각한 까닭으로 알맞은 것을 두 가지 고르시오. ( )

① 쉬워 보여서 　　　　　② 보람이 있어서
③ 멋있어 보여서 　　　　④ 적성에 잘 맞아서
⑤ 원래부터 관심이 있던 직업이라서

교과서 문제
27 글쓴이가 직업 체험관을 다녀와서 생각한 것은 무엇입니까? ( )

① 자신에게 딱 맞는 직업을 찾고 싶다.
② 체험활동을 너무 오래 해서 지루했다.
③ 앞으로도 직업의 세계에 관심을 두어야겠다.
④ 세상에 수많은 직업이 있다는 것이 신기했다.
⑤ 이번 체험은 자신의 미래에 별로 도움이 되지 않았다.

중요
28 이 글 전체의 내용을 간추려 쓰는 방법으로 알맞은 것에 ○표 하시오.

⑴ 일의 원인과 결과에 따라 간추린다. 　　　　( )
⑵ 글쓴이의 생각 변화에 따라 간추린다. 　　　　( )
⑶ 시간 흐름과 장소 변화에 따라 한 일을 간추린다. 　　( )

서술형
29 자신이 직업 체험관에 견학을 가면 어디에서 어떤 체험을 하고 싶은지 쓰시오.

> 옆의 지도를 참고해 직업 체험관에서 할 수 있는 일을 상상해 보세요.

체험하고 싶은 곳	하고 싶은 체험
⑴	⑵

01~02 다음 글을 읽고, 물음에 답하시오.

베짱베짱 베 짜는 베짱이

"갑자기 세상이 왜 이렇게 커졌지?"

이야기 할아버지는 어리둥절해서 사방을 둘러보았습니다. ㉠그날 밤도 할아버지는 여느 때처럼 어린이들을 위한 동시와 이야기를 쓰고 있었습니다. 잠시 바람을 쐬러 마당으로 나왔다가 순식간에 벌어진 일이었지요. 할아버지는 어쩔 줄 몰랐습니다.

"어, 이야기 할아버지 아니세요? ㉡어쩌다 이렇게 작아지셨어요?"

할아버지만큼 ㉢커다란 베짱이가 말을 건넸습니다. 할아버지는 그제야 세상이 크게 변한 게 아니라 할아버지가 작게 줄어들었음을 알았습니다.

"글쎄, 나도 잘 모르겠다. 마당에 처음 보는 작은 열매가 있기에 먹어 보았을 뿐인데……."

베짱이는 할아버지 말을 듣고 이마를 '탁' 치며 말했습니다.

"그건 아마 '커졌다 작아졌다' 마법 열매였을 거예요! 그걸 한 알 더 먹어야 본래 크기로 돌아올 수 있어요."

01 이야기 할아버지에게 일어난 일은 무엇입니까?

(　)

① 몸집이 커졌다.
② 작게 줄어들었다.
③ 세상이 크게 변했다.
④ 갑자기 다른 장소로 이동했다.
⑤ 쓰고 있던 동시와 이야기가 사라졌다.

중요

02 ㉠~㉢ 중 시간을 나타내는 말을 찾아 기호를 쓰시오.

(　　　　　　)

03~04 다음 글을 읽고, 물음에 답하시오.

가 실 팔찌 만들기의 준비물은 매우 간단합니다. 서로 다른 색깔 털실 세 줄, 셀로판테이프만 있으면 됩니다. 실은 굵을수록 엮기 쉬우므로 굵은 실을 준비하고 길이는 손목 둘레의 서너 배 정도로 자릅니다.

첫 번째, 서로 다른 색깔 실 세 가닥을 함께 잡고 매듭을 짓습니다. 실의 3~4 센티미터를 남겨 두고 실 세 가닥을 한꺼번에 잡아 작은 원을 만듭니다. 그 뒤 짧은 쪽 실 세 가닥을 아까 만든 원 쪽으로 집어넣고 당기면 쉽게 매듭을 지을 수 있습니다.

두 번째, 셀로판테이프로 매듭 위쪽을 책상에 붙입니다. 셀로판테이프는 실 팔찌를 만드는 동안 실이 움직이거나 꼬이지 않게 고정하는 역할을 합니다.

나 감기약을 먹을 때에는 물과 함께 먹어야 합니다. 우유나 녹차, 주스와 같은 다른 음료와 함께 먹어서는 안 됩니다. 또 물 이외에 밥이나 빵을 같이 먹어서도 안 됩니다.

감기약을 먹는 시간을 놓쳤다고 다음에 두 배로 먹어서도 안 됩니다. 두 배로 먹는다고 감기약 효과가 두 배가 되지는 않습니다. 오히려 몸에 부담만 될 뿐입니다. 감기약은 정해진 양만큼만 먹어야 합니다.

서술형

03 글 **가**의 중요한 내용을 차례대로 간추릴 때, 알맞은 내용을 이어서 쓰시오.

• 두 번째, _____

_____

중요

04 글 **가**와 **나**의 비슷한 점을 알맞게 말하지 <u>못한</u> 친구의 이름을 쓰시오.

예지: 두 글은 모두 차례가 정해져 있어.
서진: 두 글은 모두 일을 하는 방법을 알려 줘.

(　　　　　　)

05~06 다음 글을 읽고, 물음에 답하시오.

㉮ 우리 가족은 할머니 생신을 맞아 주말에 여행을 다녀왔다. 여행지는 전라북도 고창으로 예전에 텔레비전 여행 방송에서 본 기억이 있어서, 가기 전부터 많이 설레었다.

㉯ 다음으로 간 곳은 동림 저수지 야생 동식물 보호 구역이었다. 동림 저수지는 겨울 철새가 많이 찾는 곳으로 우리 가족도 혹시 철새 떼의 춤을 볼 수 있을까 하는 기대로 방문해 보았다. 그곳에서 여러 가지 설명을 읽어 보았는데, 고창군 전 지역은 2013년부터 유네스코 생물권 보존 지역으로 지정되어 환경을 해치는 행위를 해서는 안 된다는 안내도 있었다. 아주 많은 수의 철새는 아니었지만 간간이 물 위로 날아오르는 가창오리들을 구경할 수 있었다.

㉰ 마지막으로 고창의 유명한 절인 선운사를 방문했다. 선운사는 삼국 시대 때부터 지어진 오래된 절이다. 오래된 절답게 웅장한 건물과 많은 관광객이 있었다. 선운사에서 가장 인상 깊었던 것은 선운사 뒤편의 동백나무 숲이었다. 푸른 동백나무잎 위로 하얀 눈이 소복이 쌓여 아름다운 풍경을 만들어 내고 있었다. 내가 본 가장 아름다운 숲이었다.

중요

05 이 글의 내용을 간추릴 때 주의할 부분을 골라 ○표 하시오.

| 일 차례 | 시간 흐름 |
| 장소 변화 | 원인과 결과 |

06 동림 저수지를 간 까닭은 무엇입니까? ( )

① 야생 식물을 보기 위해
② 웅장한 건물을 보기 위해
③ 유네스코 지정 지역을 가려고
④ 눈이 쌓인 풍경을 보고 싶어서
⑤ 철새 떼의 춤을 볼 수 있을까 하는 기대로

07~09 다음 글을 읽고, 물음에 답하시오.

야행관 다음으로 간 곳은 '열대 조류관'이었다. 열대 조류관은 따뜻한 지역에 사는 새들이 사는 곳이었다. 열대 조류관은 아주 큰 실내 전시장으로, 천장이 높아서 머리 위로 화려한 색의 새들이 날아다니는 것을 볼 수 있었다. 앵무새는 책이나 텔레비전에서 본 적이 있었는데, 이렇게 많은 종류의 앵무새가 있는지는 몰랐다. 왕관앵무, 장미앵무, 회색앵무와 같이 색과 크기도 다양한 앵무새를 관찰할 수 있었다. 말을 할 수 있는 앵무새를 찾지 못한 것이 아쉬웠다.

마지막으로 간 곳은 야외에서도 황새를 볼 수 있는 '큰물새장'이었다. 황새 마을에서는 황새 외에도 두루미나 고니와 같이 물 근처에 사는 여러 새를 볼 수 있었다. 처음에는 깃털 색이 하얗고 까만게 비슷해서 두루미와 황새를 구별하지 못했다. 설명을 읽고 나서야 키가 더 크고 머리가 붉은색이고 목과 다리가 까만색인 새가 두루미, 다리가 붉은색인 새가 황새라는 사실을 알게 되었다.

07 글쓴이가 방문한 장소를 차례대로 쓰시오.

• 야행관 → ( ) → ( )

08 '열대 조류관'에 대한 설명으로 알맞지 <u>않은</u> 것은 무엇입니까? ( )

① 천장이 높다.
② 아주 큰 실내 전시장이다.
③ 말을 할 수 있는 앵무새가 많다.
④ 색과 크기가 다양한 앵무새가 있다.
⑤ 따뜻한 지역에 사는 새들이 사는 곳이다.

서술형

09 '큰물새장'에서 무엇을 관찰했는지 간추려 쓰시오.

_____

_____

10~13 다음 글을 읽고, 물음에 답하시오.

가 우리 모둠은 가장 먼저 소품 설계관으로 출발했다. 소품 설계관은 작은 소품을 설계하고 직접 만들 수 있는 곳이다. 체험학습 계획을 세울 때 민기가 "집안 어른들께 선물로 드릴 만한 물건을 만들면 좋겠어."라고 의견을 냈기 때문에 소품 설계관을 첫 번째 체험활동 장소로 정했다. 민기는 어머니께 드릴 머리 끈을 만들고, 나는 할아버지께 드릴 손수건을 만들기로 했다. 내 손으로 만든 소품이 어딘가 부족해 보였지만 기분만은 진짜 디자이너가 된 것 같아 뿌듯했다.

나 디자이너 체험을 끝내자 ㉠거의 열한 시가 되었다. 우리는 제빵사 체험을 하려고 제빵 학원으로 갔다. 제빵 학원 앞에는 크게 '크림빵'이라고 적혀 있었다. 체험관 안으로 들어가자 체험관 선생님께서 밀가루를 나누어 주셨다. 체험관 선생님께서 알려 주시는 차례를 그대로 따라 해서 크림빵을 완성했다.

다 제빵사 체험을 마치고 나오니 ㉡거의 열두 시가 되었다. 우리 모둠은 중앙 광장에서 아까 만든 크림빵과 각자 싸 온 점심을 먹으며 다른 모둠 친구들과 체험활동 이야기를 나누었다. 효지는 공항에서 한 비행기 조종사 체험이 가장 재미있었다고 했고, 준우는 문화재 발굴 현장에서 문화재를 찾는 체험이 가장 재미있었다고 했다.

라 ㉢점심시간이 끝난 오후 한 시, 소방서에서 병주가 가장 기대하던 소방관 체험으로 활동을 시작했다. 소방관 복장을 하고, 소방차를 타고 출동하고, 불이 난 곳에 물도 뿌렸다. 원래 소방관에는 관심이 없었는데, 체험해 보니 내 적성에도 잘 맞고 보람도 있어서 미래에 소방관이 되어도 좋겠다고 생각했다.

10 ㉠~㉢을 통해서 알 수 있는 것은 무엇입니까?
( )

① 일 차례　　　　② 장소 변화
③ 시간 흐름　　　④ 마음 변화
⑤ 원인과 결과

11 다음 중 장소 변화를 알 수 있는 말이 <u>아닌</u> 것은 무엇입니까? ( )

① 소방서　　　　② 제빵 학원
③ 중앙 광장　　　④ 우리 모둠
⑤ 소품 설계관

12 중앙 광장에서 이야기를 나눌 때, 친구들이 말했을 내용으로 알맞지 <u>않은</u> 것의 기호를 쓰시오.

> ㉮ 비행기 조종사 체험이 가장 재미있었어.
> ㉯ 문화재를 찾는 체험이 가장 재미있었어.
> ㉰ 소방관 체험을 해 보니 소방관이 되어도 좋겠다는 생각이 들었어.

( )

중요
13 글쓴이가 각 장소에서 한 일의 차례대로 기호를 쓰시오.

> ㉮ 점심을 먹었다.
> ㉯ 크림빵을 만들었다.
> ㉰ 소방관 체험을 했다.
> ㉱ 할아버지께 드릴 손수건을 만들었다.

( )→( )→( )→( )

서술형
14 자신의 경험을 간추려 쓰려고 합니다. 어떤 경험을 쓰고 싶은지 쓰고, 어떤 글의 흐름으로 쓰는 것이 어울릴지 ○표 하시오.

경험	(1)
글의 흐름	(2) 일 차례　시간 흐름　장소 변화

8 단원
28 회

공부한 날

월

일

15~16 다음 글을 읽고, 물음에 답하시오.

[4-1] 5단원 150~152쪽

아름다운 꼴찌 이철환

가 수현이는 너무 힘든 나머지 도중에 포기해야겠다고 생각하고는 몇 걸음 천천히 걸었습니다. / 그때 등 뒤에서 사람들의 환호 소리가 들렸습니다.

"와, 조금만 더 힘내요!"

그것은 수현이와 100미터 이상 떨어진 거리에서 쓰러질 듯 달려오는 한 친구에게 보내는 격려의 소리였습니다. 수현이는 꼴찌가 아니라는 사실에 안도하면서 조금씩 힘을 내기 시작했습니다.

나 선생님과 친구들은 끝까지 포기하지 않고 달린 수현이를 향해 뜨거운 박수를 보냈습니다. / 수현이는 꼴찌로 들어올 친구를 기다렸습니다. 그 친구에게 응원의 박수를 보내 주고 싶었습니다. 그런데 잠시 후, 그 친구가 결승점을 얼마 남기지 않고 경기를 포기했다는 사실을 알게 되었습니다.

다 집으로 돌아온 수현이는 아빠, 엄마에게 마라톤에서 완주한 일을 몇 번이고 자랑했습니다. / "내 뒤에서 달려오던 친구가 없었다면 나도 중간에 포기하고 말았을 거예요."

라 그날 밤, 모두가 잠든 시각이었습니다. 안방 문틈 사이로 아빠의 낮은 신음 소리가 들렸습니다. 그리고 가느다란 엄마의 목소리도 들렸습니다.

"당신도 몸이 약한데, 수현이 뒤에서 함께 뛰다니……. 너무 무리한 것 같아요. 병원에 안 가도 되겠어요?"

수현이는 그제야 알았습니다. 자신 뒤에서 꼴찌로 달렸던 사람은 바로 아빠였던 것입니다.

어떻게 읽을까?

1. 이야기의 흐름을 정리해 보세요.
2. 글을 읽고 생각하거나 느낀 점을 떠올려 보세요.

● 이야기의 흐름에 따라 일어난 일

- 수현이가 힘들어서 달리기를 포기하려고 했을 때, 자신의 뒤에서 ① ☐☐ (으)로 달리는 친구가 있다는 것을 알게 되어 힘을 내 결승점까지 달림.

↓

- 수현이는 끝까지 달린 사실을 부모님께 ② ☐☐ 함.

↓

- 수현이는 자신 뒤에서 달렸던 사람이 ③ ☐☐ 였다는 것을 알게 됨.

● 이 글의 주제

- 아버지의 ④ ☐☐
- 포기하지 않고 끝까지 노력하는 모습의 아름다움

답 ① 꼴찌 ② 자랑 ③ 아빠 ④ 사랑

단원 개념

15 이 글에서 일어난 일의 차례대로 번호를 쓰시오.

(1) 수현이는 끝까지 달린 사실을 부모님께 자랑한다. ( )

(2) 수현이 뒤에서 달렸던 사람이 아빠였다는 것을 알게 된다. ( )

(3) 힘들어서 달리기를 포기하려고 했을 때 자신의 뒤에서 꼴찌로 달리는 친구가 있다는 것을 알게 된 수현이는 힘을 얻어 결승점까지 달린다. ( )

16 이 글을 읽고 느낀 점으로 알맞은 것을 두 가지 고르시오. ( )

① 정직한 모습이 인상적이야.

② 아버지의 사랑이 감동적이야.

③ 친구 사이의 우정이 따뜻하게 느껴져.

④ 이 세상에 건강보다 중요한 것은 없어.

⑤ 끝까지 포기하지 않은 모습이 아름다워.

어휘 확인

1 다음 낱말의 뜻에 해당하는 낱말을 찾아 선으로 이으시오.

(1) 어떤 일에 알맞은 성질이나 적응 능력. •

(2) 병을 치료하기 위하여 증상에 따라 약을 짓는 방법. •

(3) 땅속이나 큰 덩치의 흙, 돌 더미 따위에 묻혀 있는 것을 찾아서 파냄. •

(4) 생물의 한 종류가 아주 없어짐. 또는 생물의 한 종류를 아주 없애 버림. •

• ㉮ 멸종

• ㉯ 발굴

• ㉰ 적성

• ㉱ 처방

어휘 적용

2 다음 문장에서 밑줄 그은 낱말과 뜻이 비슷한 낱말에 ○표 하시오.

(1) 나는 숙제를 끝내고 놀았다.

| 마치고 | 즐기고 |

(2) 담배는 사람의 건강을 해친다.

| 부순다 | 망가뜨린다 |

(3) 우리 가족은 오빠의 합격을 기원했다.

| 기도했다 | 예상했다 |

어법

3 다음 문장에서 밑줄 그은 낱말을 보기 와 같이 바르게 줄여 쓰시오.

> **보기**
>
> 사과를 세 조각으로 나누었다. ➡ 나눴다

(1) 개에게 먹이를 주었다. ➡ (   )

(2) 가족들과 주말에 영화를 보았다. ➡ (   )

(3) 필통이 낡아서 새것으로 바꾸었다. ➡ (   )

4 다음 글과 그림을 보고, 동분서주 가 들어갈 수 있는 대화로 알맞은 것에 ○표 하시오.

동분서주

(東 동녘 동, 奔 달아날 분, 西 서녘 서, 走 달릴 주)
동쪽으로 뛰고 서쪽으로 뛴다는 뜻으로, 사방으로 이리저리 몹시 바쁘게 돌아다님을 이르는 말.

준비물을 두고 와서 다시 집에 갔다가 학교로 뛰어간 경험이 있나요? '동분서주'는 이처럼 이리저리 몹시 바쁘게 돌아다니는 것을 나타내는 말이에요.

(1)
시원: 우리 이따 자전거 탈까?

다현: 먹구름이 잔뜩 낀 것을 보니 곧 비가 올 것 같아. 다음에 타는 것이 좋겠어.

시원: 넌 정말 [   ]을/를 가졌구나.

(   )

(2)
정은: 지호야, 왜 이렇게 늦었어?

지호: 잃어버린 열쇠를 찾느라 이리저리 골목을 뛰어다녔어.

정은: [   ](으)로 뛰어다니느라 애를 썼구나.

(   )

9

작품 속 인물이 되어

무엇을 배울까요?

글을 읽고 인물에 대해
이야기하기

인물의 성격을 생각하며
극본을 소리 내어 읽기

알맞은 표정, 몸짓, 말투를
생각하며 극본 읽기

단원에 대한 공부 계획을 세우고, 공부한 내용을
얼마나 이해했는지 스스로 평가해 보세요.

		공부할 내용	스스로 평가
29회	**그림으로 개념 탄탄** **독해로 교과서 쏙쏙 ❶** •「대단한 줄다리기」		☆☆☆
30회	**독해로 교과서 쏙쏙 ❷** •「대단한 줄다리기」		☆☆☆
31회	**독해로 교과서 쏙쏙 ❸** •「토끼의 재판」(앞부분) •「토끼의 재판」(뒷부분)		☆☆☆
32회	**단원 평가** **독해로 생각 Up** → 「숲이 준 마법 초콜릿」 **어휘 마무리 뚝딱** → 속담 〈작은 고추가 더 맵다〉		☆☆☆

★★★ 잘함.　★★ 보통임.　★ 아쉬움.

그림으로 개념 탄탄

Q 글을 읽고 인물에 대해 어떻게 이야기할까요?

이야기에 등장하여 일정한 상황에서 일정한 역할을 하는 사람, 동물, 사물 등을 통틀어 말함.

A

❈ 인물의 마음을 생각하며 글을 읽어요.

❈ 자신이 이야기 속 인물이라면 어떤 말이나 행동을 할지 생각해 보아요.

❈ 이야기 속 인물과 비슷한 말이나 행동을 하는 친구는 성격이 어떤지 생각해 보아요.

Q 인물의 성격을 생각하며 극본을 읽는 방법은 무엇일까요?

연극이나 영화를 만들기 위하여 쓴 글, 대부분의 내용이 인물의 말과 행동으로 되어 있음.

A

❈ 앞으로 일어날 일을 상상하며 극본을 읽어요.

❈ 극본의 이야기를 정리해 보아요.

❈ 이야기 속 인물의 성격과 상황에 알맞은 말투로 극본을 소리 내어 읽어 보아요.

 알맞은 표정, 몸짓, 말투를 생각하며 어떻게 극본을 읽을까요?

A ❀ 이어질 내용을 상상하며 극본을 읽어요.

❀ 인물의 성격을 생각하며 일어난 일을 묻고 답해 보아요.

❀ 인물에게 어울리는 표정, 몸짓, 말투를 상상해 보아요.

❀ 각 장면에 어울리는 표정, 몸짓, 말투로 실감 나게 소리 내어 읽어 보아요.

 확인 문제

❓ 다음 중 극본을 읽는 방법으로 알맞은 것에 모두 ○표 하시오.

(1) 이어질 내용을 상상하며 읽는다.

( )

(2) 인물의 성격을 생각하지 않고, 자신이 읽고 싶은 대로 읽는다.

( )

(3) 각 장면에 어울리는 말투로 실감 나게 읽는다.

( )

답 (1) ○ (3) ○

대단한 줄다리기 글: 베벌리 나이두, 옮김: 강미라

1 옛날옛날, 산토끼 무툴라가 코로로 언덕의 굴속에서 살고 있었어요. 어느 날 아침, 무툴라는 코가 따끔거려서 잠에서 깼어요. 무툴라는 코로로 언덕 아래로 깡충 뛰어갔어요.
_{등장인물 ①}

그런데 갑자기 뭔가가 "우두둑, 뚝, 쿵!" 하고 부러지는 소리가 들렸어요. 코끼리 투루가 나타난 거예요.
_{등장인물 ②}

"안녕, 투루."

투루는 **질겅질겅** 풀을 씹기만 할 뿐 아무 말도 하지 않았어요.

"안녕이라고 말했잖아. 투루!"

㉠투루는 꼬리를 한 번 **실룩** 움직일 뿐 여전히 아무 말도 하지 않았어요.

"안녕이라고 말했잖아. 투루!"

무툴라는 이번에는 아주 크게 소리쳤어요.

"그래서 어쩌라고? 이 꼬맹이야! ㉡감히 아침 식사 하는 나를 귀찮게 해?"

"투루, 그렇게 **거만하게** 굴 것까진 없잖아! 너는 몸집이 가장 크다고 네가 가장 힘이 센 줄 알지? 난 줄다리기를 하면 널 언제든 이길 수 있어!"

"네가? 너 같은 꼬맹이가? 흥, 푸우하하하!"

"내일 아침, 내가 밧줄을 가져올게. 그럼 내가 얼마나 힘이 센지 알게 될 거야!"

무툴라가 자신만만하게 말했어요. 투루의 대답을 기다리지도 않고 무툴라는 물가로 깡충깡충 뛰어갔지요.

중심 내용 무툴라는 투루가 거만하게 굴자, 줄다리기를 하면 자신이 이길 수 있다고 하며 내일 밧줄을 가져오겠다고 말했어요.

2 산토끼 무툴라는 눈을 반쯤 감고 물속에 잠겨 있는 하마 쿠부를 찾아냈어요.
_{등장인물 ③}

"안녕, 쿠부."

쿠부는 무툴라를 쳐다보았지만 아무 말도 하지 않았어요.

"내가 안녕이라고 말했잖아, 쿠부."

㉢쿠부는 눈을 감더니 아무 말 없이 물속으로 사라져 버렸어요. 쿠부의 머리가 다시 물 밖으로 나오자 무툴라는 아주 크게 소리쳤어요.

읽기

인물의 말과 행동에 나타난 마음과 성격을 파악하고, 인물의 말에 어울리는 표정, 몸짓, 말투를 생각하며 읽어 보세요.

독해로 이해 콕

1 각 인물은 어떤 동물인지 알맞게 선으로 이으시오.

무툴라	•	•	하마
투루	•	•	코끼리
쿠부	•	•	산토끼

2 무툴라가 투루에게 인사를 하자, 투루도 반갑게 인사를 했다. (○, ✕)

3 무툴라는 투루에게 (달리기, 줄다리기)를 하면 자신이 이길 거라고 말했다.

4 무툴라가 쿠부에게 인사를 했지만, 쿠부는 아무 말도 하지 않고 물속으로 사라졌다. (○, ✕)

낱말풀이

질겅질겅 질긴 물건을 거칠게 자꾸 씹는 모양.

실룩 근육의 한 부분이 한쪽으로 비뚤어지거나 기울어지게 움직이는 모양.

감히 말이나 행동이 주제넘게.

거만하게 잘난 체하며 남을 업신여기는 데가 있게. ⑩ 나는 나를 무시하는 동생의 거만한 태도에 화가 났다.

굴 그러하게 행동하거나 대할.

9 단원
29 회

공부한 날

월

일

01 이 글에 나온 내용과 <u>다른</u> 것은 무엇입니까? (　　　)

① 무퉄라는 코로로 언덕의 굴속에 살고 있다.
② 무퉄라는 시끄러운 소리 때문에 잠에서 깼다.
③ 무퉄라는 투루에게 내일 밧줄을 가져오겠다고 말했다.
④ 무퉄라는 물가로 가서 물속에 잠겨 있는 쿠부를 만났다.
⑤ 무퉄라가 투루를 만났을 때 투루는 아침 식사를 하고 있었다.

중요
02 ㉠에 나타난 투루의 성격으로 알맞은 것은 무엇입니까? (　　　)

① 겸손하다.
② 꾀가 많다.
③ 부끄러움이 많다.
④ 모든 일에 최선을 다한다.
⑤ 다른 사람이 하는 말을 잘 듣지 않는다.

> 친구가 하는 말에 대꾸를 하지 않는 건 어떤 성격일지 생각해 보세요.

교과서 문제
03 ㉡에 어울리는 표정, 몸짓, 말투를 찾아 ○표 하시오.

(1) 제자리에서 펄쩍펄쩍 뛰며 신이 난 목소리로 말한다. (　　　)
(2) 고개를 뒤로 젖히고 큰 목소리로 거들먹거리며 말한다. (　　　)
(3) 무언가 골똘히 생각하는 표정으로 고개를 끄덕이며 말한다. (　　　)

> 투루는 '감히'라는 말을 사용하며 무퉄라를 무시하고 있어요.

04 쿠부가 ㉢과 같이 행동했을 때, 무퉄라의 마음으로 알맞은 것은 무엇입니까?
(　　　)

① 뿌듯할 것이다.
② 반가울 것이다.
③ 즐거울 것이다.
④ 화가 날 것이다.
⑤ 자랑스러울 것이다.

서술형
05 이 글에서 무퉄라의 성격을 알 수 있는 말을 찾아 쓰고, 어떤 성격이 드러나 있는지 쓰시오.

성격을 알 수 있는 말	(1)
성격	(2)

㉠"쿠부, 내가 안녕이라고 말했잖아!"

"그래서 어쩌라고, 이 꼬맹이야! 감히 내 아침잠을 방해하다니!"

"㉡쿠부, 그렇게 거만하게 굴 것까진 없잖아! 너는 몸집이 가장 크다고 네가 가장 힘이 센 줄 알지? 난 줄다리기를 하면 널 언제든 이길 수 있어!"

"㉢네가? 너 같은 꼬맹이가? 푸우하하하!"

"내일 아침, 내가 밧줄을 가져올게. ㉣그럼 내가 얼마나 힘이 센지 알게 될 거야!"

무툴라가 자신만만하게 말했어요.

쿠부의 대답을 기다리지도 않고 무툴라는 깡충깡충 뛰어 그 자리를 떠났어요.

그날 내내 무툴라는 아주아주 길고 무지무지 튼튼한 밧줄을 열심히 만들었어요.

중심 내용 무툴라는 쿠부에게 줄다리기를 하면 자신이 이길 수 있으니 내일 밧줄을 가져오겠다고 말하고, 길고 튼튼한 밧줄을 만들었어요.

3 『다음 날, ㉤해님이 오렌지색과 빨간색 햇살로 달님에게 길을 비키라는 경고를 보내기도 전에 무툴라는 자리에서 일어났어요. 그리고 ㉥해님이 레농산 위로 고개를 내밀 때 무툴라는 벌써 코로로 언덕 아래로 깡충깡충 뛰어 내려왔지요. 길고 튼튼한 밧줄을 한쪽 어깨에 걸치고요.』

코끼리 투루는 역시나 언덕에 있었어요!

"안녕, 투루! 내가 밧줄을 가져왔어."

"흥!"

무툴라는 가까이 가서 밧줄의 한쪽 끝을 투루에게 내밀었어요.

"이걸 잡아. 난 다른 쪽 끝을 잡고 저 너머로 달려갈게."

무툴라는 빽빽한 덤불숲을 가리켰어요.

"당길 준비가 되면 이렇게 휘파람을 불게. 휘이이이익!"

그다음, 무툴라는 파리처럼 재빠르게 움직여 빽빽한 덤불숲 쪽으로 깡

재빠르게 움직이는 무툴라를 빗대어 표현한 말

충깡충 뛰어갔어요. 하지만 무툴라는 덤불숲에서 멈추지 않았어요. 무툴라에게는 물웅덩이까지 닿을 수 있는 긴 밧줄이 있었어요.

중심 내용 무툴라는 투루에게 가서 밧줄의 한쪽 끝을 잡게 하고 물웅덩이까지 갔어요.

06 쿠부가 무툴라에게 화를 낸 까닭은 무엇입니까? (   )

① 무툴라가 거만하게 굴어서
② 무툴라가 몸집이 작다고 말해서
③ 무툴라가 대답을 듣지도 않고 가서
④ 무툴라가 아침잠을 자는 것을 방해해서
⑤ 무툴라가 내일 아침에 줄다리기를 하자고 해서

중요

07 ㉠~㉢ 중 잘난 체하는 성격이 드러난 말의 기호를 쓰시오.

(   )

> 상대방을 무시하는 마음이 담겨 있는 말을 찾아보세요.

교과서 문제

08 ㉣에 어울리는 몸짓은 무엇입니까? (   )

① 덩실덩실 춤을 춘다.
② 눈을 감고 하품을 한다.
③ 두 손을 모으고 싹싹 빈다.
④ 고개를 푹 숙이고 한숨을 쉰다.
⑤ 손을 허리에 얹거나 팔짱을 낀다.

> ㉣은 큰 목소리로 정확하게 발음하며 읽는 것이 어울려요.

09 ㉤과 ㉥은 각각 언제를 말하는지 **보기** 에서 찾아 기호를 쓰시오.

보기

㉮ 새벽녘 ㉯ 한밤중
㉰ 해가 막 뜨려고 할 때 ㉱ 해가 막 지려고 할 때

(1) ㉤: (   )   (2) ㉥: (   )

서술형

10 「 」부분에서 알 수 있는 무툴라의 마음을 쓰시오.

4 하마 쿠부는 무툴라를 못 본 척하며 물속에 들어가 있었어요.

"안녕, 쿠부! 내가 밧줄을 가져왔어."

"푸우우!"

무툴라는 가까이 다가가서 밧줄의 한쪽 끝을 하마 쿠부에게 내밀었어요.

"이걸 잡아. 저 덤불숲이 보이지? 밧줄의 한쪽 끝을 저 뒤에다 두었어. 난 달려가서 그걸 잡을 거야. ㉠내가 당길 준비가 되면 휘파람을 불게. 이렇게. 휘이이이익!"

무툴라는 쿠부가 밧줄을 꽉 물 때까지 **숨죽이고** 기다렸어요. 무툴라는 **영양**처럼 재빨리 덤불숲으로 뛰어갔어요.

재빨리 뛰어가는 무툴라를 빗대어 표현한 말

중심 내용 무툴라는 쿠부에게 밧줄의 다른 한쪽 끝을 잡게 하고 덤불숲으로 뛰어갔어요.

5 무툴라는 꼭꼭 숨자마자 숨을 깊이깊이 들이마신 다음 있는 힘껏 휘파람을 불었어요. "휘이이이익!" 그러자 양쪽 끝에서 투루와 쿠부가 밧줄을 잡아당기기 시작하는 소리가 들렸어요. 둘은 밧줄을 당기고 당기고 또 당겼어요. 먼저 코끼리 투루가 영차영차 끙끙 밧줄을 잡아당기자 하마 쿠부는 몸을 부르르 떨며 **버텼어요**. 그다음엔 하마 쿠부가 영차영차 끙끙 밧줄을 잡아당기자 코끼리 투루가 몸을 부르르 떨며 버텼어요. 무툴라는 너무 재미있어서 깔깔 웃느라 배가 다 아팠어요.

줄다리기는 해가 뜰 때 시작되어 해가 질 때까지 계속되었어요. 투루와 쿠부는 둘 다 지고 싶지 않아서 줄다리기를 그만두지 않았어요. 하지만 해님이 달님에게 길을 양보하려는 순간, 코끼리 투루는 더 이상 1초도 버틸 수 없었어요. 하마 쿠부 역시 이제 포기해야겠다고 느꼈지요. 그래서 둘은 동시에 밧줄을 놓았어요!

'이제 가야겠다. 가서 저녁을 먹어야지.'

어느새 달님이 레농산 위로 고개를 **빠끔히** 내밀자 무툴라는 깡충깡충 뛰어갔어요. 그리고 마지막으로 한 번 더 크게 "휘이이이익!" 하고 휘파람을 불었답니다.

중심 내용 해가 뜰 때 시작된 투루와 쿠부의 줄다리기는 해가 질 때까지 계속되었어요.

9 쿠부는 밧줄을 가져온 무툴라를 못 본 척했다. (○ , ✕)

10 누구와 누가 줄다리기를 하였는지 둘을 골라 ○표 하시오.
(1) 무툴라 ( )
(2) 투루 ( )
(3) 쿠부 ( )

11 무툴라는 ( )에 숨어서 줄다리기를 지켜보았다.

12 투루와 쿠부는 힘이 들어서 줄다리기를 금방 그만두었다. (○ , ✕)

낱말풀이

숨죽이고 긴장하여 집중하고.

영양 솟과의 포유류 중 야생 염소와 산양 따위의 짐승을 통틀어 이르는 말.

버텼어요 쓰러지지 않거나 밀리지 않으려고 팔, 다리 따위로 몸을 지탱했어요.

빠끔히 작은 구멍이나 틈 사이로 조금만 보이는 모양. 예 틈 사이로 눈만 빠끔히 드러냈다.

11 서술형 무툴라가 투루와 쿠부에게 줄다리기를 하게 한 까닭은 무엇인지 쓰시오.

_____

12 중요 ㉠을 읽을 때 어울리는 말투는 무엇입니까? (   )

① 억울한 말투로 울먹이며 읽는다.
② 화가 난 듯이 큰 목소리로 읽는다.
③ 작은 목소리로 미안해하며 읽는다.
④ 긴장한 듯이 떨리는 목소리로 읽는다.
⑤ 웃음이 나오려는 것을 억지로 참고 읽는다.

> 무툴라는 어찌 된 영문인지도 모르고 줄다리기를 할 투루와 쿠부를 생각하면 재미있었을 거예요.

13 줄다리기를 하는 투루와 쿠부를 보는 무툴라의 마음으로 알맞은 것은 무엇입니까? (   )

① 설렜다.   ② 고마웠다.   ③ 통쾌했다.
④ 미안했다.   ⑤ 부러웠다.

14 교과서 문제 무툴라의 성격을 알맞게 짐작한 친구의 이름을 쓰시오.

> 지원: 투루와 쿠부가 줄다리기를 하게 만든 것을 보니, 꾀가 많은 것 같아.
> 예찬: 해가 질 때까지 줄다리기를 지켜본 것으로 보아, 질투심이 많은 것 같아.

(   )

이미지로 보는 사전

#줄다리기 #민속놀이 #유네스코 문화유산

여러 사람이 두 편으로 나뉘어 밧줄을 당겨 승부를 겨루는 놀이예요.

벼농사를 짓는 지역에서 주로 해요.

2015년에 한국, 캄보디아, 필리핀, 베트남의 줄다리기가 유네스코 문화유산으로 함께 지정되었어요.

9단원 30회

공부한 날
월
일

읽기 팁

앞으로 일어날 일과 인물의 성격을 생각하며 글을 소리 내어 읽어 보세요.

- **때**: 옛날 옛적, 호랑이 담배 피우던 때
- **곳**: 산속
- **등장인물**: 호랑이, 사냥꾼 1, 사냥꾼 2, 나그네, 소나무, 길, 토끼

1 막이 열리면 산속 외딴길에 나무가 한 그루 서 있다. 커다란 호랑이를 넣은 궤
무대에서 연극이 시작됨.
짝이 놓여 있고, 나무 밑에서 사냥꾼들이 땀을 씻으며 이야기를 하고 있다. 바
람 부는 소리와 나무 흔들리는 소리가 들린다.

사냥꾼 1 여보게, 목이 마른데 근처에 샘이 없을까?

사냥꾼 2 나도 목이 마른데 같이 찾아볼까?

사냥꾼 1 얼른 갔다 오세.

두 사람은 아래로 내려간다. 바람 부는 소리와 나무 흔들리는 소리가 들린다.

중심 내용 사냥꾼들이 호랑이를 궤짝에 넣어 두고 물을 마시러 갔다.

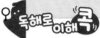

독해로
이해 콕

13 사냥꾼들은 잡은 호랑이를 (   ) 에 넣어 두고 물을 마시러 갔다.

14 호랑이는 배가 고파서 궤짝 밖으로 나가면 닥치는 대로 먹이를 잡아먹겠다고 생각했다. (○, ✕)

15 호랑이는 (사냥꾼, 나그네)에게 궤짝 문을 열어 달라고 부탁했다.

16 나그네는 문을 열어 주면 사냥꾼들이 화를 낼까 봐 걱정하였다. (○, ✕)

2 **호랑이** 아! 뛰쳐나가고 싶어 못 견디겠다. 아이고, 배고파. (머리로 문짝
을 떼밀어 보고) 안 되겠는걸! 여기서 나가기만 하면 먼저 저 사냥꾼을 잡아
먹고, 사슴이나 토끼를 닥치는 대로 잡아먹어야지. (머리로 또 문을 밀어 보
고) ㉠아무리 해도 안 되겠는걸. (그냥 쭈그리고 앉는다.)

나그네가 지나간다.

호랑이 (반가운 목소리로) 나그네님!

나그네 누가 나를 부르나? (사방을 둘러본다.)

호랑이 나그네님, 저를 좀 구해 주십시오.

나그네 (궤짝을 들여다보고) ㉡이크, 호랑이구려! 무슨 일이오?

호랑이 나그네님, 제발 문고리를 따고 문짝을 좀 열어 주십시오.

나그네 뭐요? 문을 열어 달라고? 열어 주면 뛰쳐나와서 나를 잡아먹을 것이
아니오?

호랑이 아닙니다. 제가 은혜를 모르고 그런 짓을 할 리가 있겠습니까? (앞발
그런 짓을 할 리가 없다는 뜻
을 비비며 자꾸 절을 한다.)

낱말풀이

막 칸을 막거나 어떤 곳을 가리기도 하는, 천으로 된 물건. 주로 무대 앞을 가리는 데 쓰인다.

외딴길 홀로 따로 나 있는 작은 길.

궤짝 (물건을 넣어 두는) 나무로 만든 큰 상자.

떼밀어 남의 몸이나 어떤 물체 따위를 힘을 주어 밀어. 예 동생이 뒤에서 갑자기 떼밀어 깜짝 놀랐다.

은혜 고맙게 베풀어 주는 신세나 혜택.

교과서 문제

15 다음 중 이 글에서 가장 먼저 일어난 일에 ○표 하시오.

(1) 호랑이가 지나가는 나그네를 불렀다.   (   )

(2) 사냥꾼들은 잡은 호랑이를 궤짝에 넣어 두고 물을 마시러 갔다.

(   )

(3) 호랑이가 나그네에게 잡아먹지 않을 테니 구해 달라고 부탁했다.

(   )

16 ㉠에서 알 수 있는 호랑이의 마음으로 알맞은 것은 무엇입니까? (   )

① 우습다.   ② 다행이다.

③ 후회된다.   ④ 자랑스럽다.

⑤ 절망적이다.

하고 싶은 일을 계속 노력해도 하지 못했을 때 어떤 마음이 들지 생각해 보세요.

17 ㉡에 어울리는 나그네의 표정으로 알맞은 것은 무엇입니까? (   )

① 밝게 웃는 표정   ② 깜짝 놀란 표정

③ 반가워하는 표정   ④ 귀찮아하는 표정

⑤ 괴로워하는 표정

중요

18 호랑이가 처한 상황에 어울리는 말투를 알맞게 말한 친구의 이름을 쓰시오.

> 태랑: 배고프다고 말할 때에는 점잖은 말투일 거야.
> 주엽: 나그네를 부를 때에는 빠르고 급한 말투일 거야.
> 수빈: 나그네에게 구해 달라고 말할 때에는 비웃는 말투일 거야.

각 상황에서 호랑이의 마음을 생각해 보면 어울리는 말투를 짐작할 수 있어요.

(   )

서술형

19 자신이 나그네라면 다음 질문에 대해 어떻게 대답할지 생각하여 쓰시오.

> 호랑이가 있는 산속을 지나가는 것이 무섭지 않았나요?

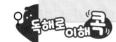

나그네 ㉠허허, 알았소. 설마 거짓말이야 하겠소? 내가 이 궤짝 문을 열어 주리다. 그 대신 약속을 꼭 지키시오.

호랑이 네, 얼른 좀 열어 주십시오. 배가 고파서 눈이 빠질 지경입니다.

중심 내용 호랑이가 지나가던 나그네에게 잡아먹지 않을 테니 궤짝 문을 열어 달라고 부탁하였다.

3 나그네가 문을 열자, 호랑이가 뛰쳐나와서 나그네를 잡아먹으려고 덤빈다.

나그네 이게 무슨 짓이오? 약속을 지키지 않고…….

호랑이 하하, 궤짝 속에서 한 약속을 궤짝 밖에 나와서도 지키라는 법이 어디 있어?

나그네 조금 전에 은혜를 모를 리가 있겠느냐고 하면서 애걸복걸하지 않았소?

호랑이 은혜 모르기는 사람이 더하지. 그러니까 사람은 보는 대로 잡아먹어도 괜찮아.

나그네 아니, 그런 법이 어디 있소? 우리 누가 옳은지 한번 물어보세.

호랑이 좋아, 소나무에게 물어보자.

나그네 소나무님, 소나무님! 당신도 보셨으니까 사정을 아시지요? 호랑이가 옳습니까, 제가 옳습니까?

소나무 물론 호랑이가 옳지. 왜냐하면 사람은 내가 맑은 공기를 마시게 해 주는데도 나를 마구 꺾고 베어 버리기 때문이야. 호랑이야, 얼른 잡아먹어 버려라. / **호랑이** 자, 어때? 내가 옳지?

나그네 (머리를 긁으며) 길한테 한 번 더 물어보세. 길님, 길님! 다 보고 들으셨지요? 호랑이가 옳습니까, 제가 옳습니까?

길 물론 호랑이가 옳지. 왜냐하면 사람들은 날마다 나를 밟고 다니면서도 고맙다는 말 한마디를 하지 않기 때문이야. 코나 흥흥 풀어 팽개치고, 침이나 탁탁 뱉잖아? 호랑이야, 얼른 잡아먹어 버려라.

호랑이가 입을 쩍 벌리고 나그네를 잡아먹으려고 한다.

나그네 (기운 없는 목소리로) 잠깐, 한 번 더 물어봐야지. 재판도 세 번은 해야 하지 않소?

호랑이 (자신만만하게) 그래? 그러면 이번이 마지막이다.

나그네 이번에는 누구에게 물어보아야 하나? 마지막인데……. (풀이 죽은 모습으로 고개를 숙인다.)

중심 내용 호랑이가 나그네를 잡아먹으려고 하자, 나그네는 누가 옳은지 소나무와 길에게 물어보았는데 모두 호랑이가 옳다고 하였다.

중요

20 ㉠에 나타난 나그네의 성격으로 알맞은 것은 무엇입니까? (   )

① 지혜롭다.　　　　　② 심술궂다.
③ 남을 잘 돕는다.　　④ 책임감이 강하다.
⑤ 남을 믿지 않는다.

나그네는 호랑이의 부탁을 거절하지 못했어요.

서술형

21 소나무와 길이 호랑이가 옳다고 생각한 까닭을 각각 쓰시오.

소나무	(1)
길	(2)

22 글 3 에서 나그네의 마음으로 알맞은 것을 모두 고르시오. (   )

① 소나무와 길이 고맙다.
② 말을 바꾸는 호랑이가 밉다.
③ 배가 고픈 호랑이가 불쌍하다.
④ 호랑이를 구해 준 것이 후회된다.
⑤ 호랑이 편만 드는 소나무와 길이 야속하다.

23 다음 빈칸에 들어갈 말로 알맞은 것은 무엇입니까? (   )

호랑이는 약속을 지키지 않고도 당당한 것으로 보아 　　　 성격이다.

① 정직한　　② 친절한　　③ 뻔뻔한
④ 너그러운　　⑤ 부지런한

토끼의 재판(뒷부분) 방정환

읽기 예

인물의 성격이나 마음에 알맞은 표정,
몸짓, 말투를 생각하며 글을 소리 내어
실감 나게 읽어 보세요.

1 하얀 토끼가 지나간다.

나그네 토끼님, 토끼님! 재판 좀 해 주세요. 이 궤짝 속에 갇힌 호랑이를 살려 준 나하고, 살려 준 나를 잡아먹으려는 호랑이하고 누가 옳습니까?

토끼 (귀를 기울이고 한참 생각하다) 누가 누구를 살려 주었어요? 누가 누구를 잡아먹으려 해요? 아, 당신이 이 호랑이를 잡아먹으려고 해요?

나그네 아니지요. 내가 호랑이를 잡아먹으려 하는 게 아니라, 이 호랑이가 궤짝에 갇혀 있었는데 내가 살려 주었어요.

토끼 네, 알았습니다. 그러니까 이 호랑이하고 당신이 궤짝 속에 갇혀 있었다고요?

나그네 아니지요. 호랑이가…….

호랑이 (답답하다는 듯이 화를 내며) ㉠왜 이렇게 <u>말귀</u>를 못 알아듣지? (궤짝 속으로 들어가며) 이 궤짝 속에 내가 이렇게 있었어. 내가 이렇게 갇혀 있었단 말이야. 알았지?

<u>호랑이가 상황을 설명하기 위해 직접 궤짝 속으로 들어감.</u>

중심 내용 마지막으로 토끼에게 물어보려는데, 토끼가 말귀를 못 알아들어 호랑이가 설명을 하기 위해 궤짝 속으로 들어갔다.

독해로 이해 콕

21 나그네는 마지막으로 (   )에게 재판을 해 달라고 했다.

22 토끼는 호랑이를 궤짝 속에 가두려고 일부러 나그네의 설명을 이해하지 못하는 척했다. (○. ×)

23 토끼와 나그네가 힘을 합해서 호랑이를 궤짝 속에 억지로 밀어 넣었다.
(○. ×)

24 막이 내릴 때에는 (슬픈, 즐거운) 음악이 흐른다.

2 ㉡<u>토끼가 얼른 달려들어 문고리를 걸어 잠근다.</u>

토끼 (웃으면서) 이제야 알았습니다. 설명하시지 않아도 잘 알겠습니다. 호랑이님이 어떻게 이 궤짝 속에 들어갔는지 잘 알았습니다. 그럼 저는 바빠서 이만 가 보겠습니다.

나그네 (토끼를 쫓아가며) ㉢<u>토끼님, 대단히 고맙습니다.</u> 이 은혜를 어떻게 갚아야 할지…….

호랑이는 궤짝 속에 **쭈그려 울부짖고**, 사냥꾼들이 돌아와 궤짝을 메고 **고개를** 넘어간다. 즐거운 음악이 흐르며 막이 내린다.

중심 내용 토끼가 얼른 문고리를 걸어 잠가 호랑이는 다시 궤짝 속에 갇혔다.

낱말풀이

말귀 말이 뜻하는 내용.

쭈그려 팔다리를 우그려 몸을 작게 움츠려.

울부짖고 감정이 격하여 마구 울면서 큰 소리를 내고. 예 엄마 개는 새끼가 물에 떠내려가는 것을 보며 울부짖고 있었다.

고개 산이나 언덕을 넘어 다니도록 길이 나 있는 비탈진 곳.

교과서 문제

24 ㉠에서 호랑이의 마음으로 알맞은 것을 두 가지 고르시오. (   )

① 슬프다. ② 답답하다.

③ 재미있다. ④ 통쾌하다.

⑤ 화가 난다.

극본에는 표정, 몸짓, 말투 등을 직접 알려 주는 부분이 있어요. (   ) 안이나 인물이 하는 동작을 설명한 부분을 살펴봐요.

중요

25 ㉡에 어울리는 표정과 몸짓을 알맞게 말한 친구의 이름을 쓰시오.

> 소희: 귀찮은 표정으로 천천히 움직이는 것이 어울려.
> 제우: 즐거운 표정으로 빠르게 움직이는 것이 어울려.
> 은찬: 행복한 표정으로 부드럽게 움직이는 것이 어울려.

(   )

토끼의 마음이 어떠할지 생각해 보세요.

서술형

26 ㉢은 어떤 표정, 몸짓, 말투로 말하는 것이 어울릴지 쓰시오.

_____

27 토끼가 웃으며 사라진 까닭으로 알맞은 것을 두 가지 고르시오. (   )

① 나그네가 은혜를 갚겠다고 했기 때문에

② 죄 없는 나그네를 구할 수 있었기 때문에

③ 바쁜 일을 보러 갈 수 있게 되었기 때문에

④ 호랑이가 자신의 꾀에 속아 다시 궤짝 속에 갇혔기 때문에

⑤ 사냥꾼이 돌아오기 전에 일을 해결해서 잡히지 않았기 때문에

교과서 문제

28 이 글에 나타난 토끼의 성격으로 알맞은 것은 무엇입니까? (   )

① 덤벙댄다. ② 소심하다.

③ 지혜롭다. ④ 자기만 안다.

⑤ 약속을 잘 지키지 않는다.

01~05 다음 글을 읽고, 물음에 답하시오.

가 "투루, 그렇게 거만하게 굴 것까진 없잖아! 너는 몸집이 가장 크다고 네가 가장 힘이 센 줄 알지? 난 줄다리기를 하면 널 언제든 이길 수 있어!"

㉠"네가? 너 같은 꼬맹이가? 흥, 푸우하하하!"

"내일 아침, 내가 밧줄을 가져올게. 그럼 내가 얼마나 힘이 센지 알게 될 거야!"

무툴라가 자신만만하게 말했어요.

나 "쿠부, 그렇게 거만하게 굴 것까진 없잖아! 너는 몸집이 가장 크다고 네가 가장 힘이 센 줄 알지? 난 줄다리기를 하면 널 언제든 이길 수 있어!"

"네가? 너 같은 꼬맹이가? 푸우하하하!"

"내일 아침, 내가 밧줄을 가져올게. ㉡그럼 내가 얼마나 힘이 센지 알게 될 거야!"

다 무툴라는 가까이 가서 밧줄의 한쪽 끝을 투루에게 내밀었어요.

"이걸 잡아. 난 다른 쪽 끝을 잡고 저 너머로 달려갈게."

무툴라는 빽빽한 덤불숲을 가리켰어요.

라 "이걸 잡아. 저 덤불숲이 보이지? 밧줄의 한쪽 끝을 저 뒤에다 두었어. 난 달려가서 그걸 잡을 거야. 내가 당길 준비가 되면 휘파람을 불게. 이렇게. 휘이이이익!"

무툴라는 쿠부가 밧줄을 꽉 물 때까지 숨죽이고 기다렸어요. 무툴라는 영양처럼 재빨리 덤불숲으로 뛰어갔어요.

마 둘은 밧줄을 당기고 당기고 또 당겼어요. 먼저 코끼리 투루가 영차영차 끙끙 밧줄을 잡아당기자 하마 쿠부는 몸을 부르르 떨며 버텼어요. 그다음엔 하마 쿠부가 영차영차 끙끙 밧줄을 잡아당기자 코끼리 투루가 몸을 부르르 떨며 버텼어요. 무툴라는 너무 재미있어서 깔깔 웃느라 배가 다 아팠어요.

줄다리기는 해가 뜰 때 시작되어 해가 질 때까지 계속되었어요. 투루와 쿠부는 둘 다 지고 싶지 않아서 줄다리기를 그만두지 않았어요.

01 이 글에 나오는 인물을 모두 찾아 쓰시오.

(   )

02 이 글의 내용으로 알맞으면 ○표, 알맞지 않으면 ×표 하시오.

⑴ 무툴라는 투루와 쿠부에게 내일 밧줄을 가져오겠다고 했다. (   )

⑵ 무툴라가 꾀를 내어 투루와 쿠부가 줄다리기를 하게 되었다. (   )

⑶ 투루와 쿠부는 자신들이 누구와 줄다리기를 하였는지 알게 되었다. (   )

중요

03 ㉠을 읽을 때 어울리는 표정, 몸짓, 말투로 알맞은 것은 무엇입니까? (   )

① 가소롭다는 듯이 웃으며 읽는다.
② 귀엽다는 듯이 미소 지으며 읽는다.
③ 당황한 듯이 눈을 깜빡이며 읽는다.
④ 화가 난 듯이 두 발을 쿵쿵 구르며 읽는다.
⑤ 무서움을 감추려는 듯이 살짝 떨며 읽는다.

서술형

04 ㉡에 어울리는 말투를 쓰시오.

_____

_____

05 투루와 쿠부의 성격을 알맞게 파악한 친구의 이름을 쓰시오.

> 이서: 무툴라를 무시하는 것으로 보아 용기가 있어.
> 준모: 해가 질 때까지 줄다리기를 한 것으로 보아 어리석어.

(   )

06~10 다음 글을 읽고, 물음에 답하시오.

> **⑦ 호랑이:** 나그네님, 제발 문고리를 따고 문짝을 좀 열어 주십시오.
>
> **나그네:** 뭐요? 문을 열어 달라고? 열어 주면 뛰쳐나와서 나를 잡아먹을 것이 아니오?
>
> **호랑이:** 아닙니다. 제가 은혜를 모르고 그런 짓을 할 리가 있겠습니까? (앞발을 비비며 자꾸 절을 한다.)
>
> **나그네:** 허허, 알았소. 설마 거짓말이야 하겠소?
>
> **⑭** 나그네가 문을 열자, 호랑이가 뛰쳐나와서 나그네를 잡아먹으려고 덤빈다.
>
> **나그네:** 이게 무슨 짓이오? 약속을 지키지 않고……
>
> **호랑이:** 하하, 궤짝 속에서 한 약속을 궤짝 밖에 나와서도 지키라는 법이 어디 있어?
>
> **⑭ 나그네:** 아니, 그런 법이 어디 있소? 우리 누가 옳은지 한번 물어보세.
>
> **호랑이:** 좋아, 소나무에게 물어보자.
>
> **나그네:** 소나무님, 소나무님! 당신도 보셨으니까 사정을 아시지요? 호랑이가 옳습니까, 제가 옳습니까?
>
> **소나무:** 물론 호랑이가 옳지. 왜냐하면 사람은 내가 맑은 공기를 마시게 해 주는데도 나를 마구 꺾고 베어 버리기 때문이야. 호랑이야, 얼른 잡아먹어 버려라.
>
> **호랑이:** 자, 어때? 내가 옳지?

06 호랑이가 나그네에게 한 약속은 무엇인지 쓰시오.

(   )

⑧ 07 이 글에 나타난 호랑이의 성격으로 알맞은 것을 두 가지 고르시오. (   )

① 쾌활하다.　　② 뻔뻔하다.

③ 끈기가 있다.　　④ 이해심이 많다.

⑤ 고마움을 모른다.

08 일이 일어난 차례대로 정리하여 빈칸에 알맞은 말을 쓰시오.

> • 궤짝에 갇힌 호랑이가 나그네에게 잡아먹지 않을 테니 구해 달라고 부탁함.
>
> • _____
>
> _____
>
> • 호랑이와 나그네가 누가 옳은지 소나무에게 묻자 호랑이가 옳다고 함.

09 소나무가 호랑이가 옳다고 말한 까닭은 무엇입니까? (   )

① 사람들이 맑은 공기를 마셔서

② 사람들이 호랑이를 마구 잡아서

③ 사람들이 소나무를 밟고 다녀서

④ 사람들이 길에 코를 풀고 침을 뱉어서

⑤ 사람들이 소나무를 마구 꺾고 베어 버려서

10 인물의 성격과 상황에 어울리는 말투를 알맞게 말한 친구의 이름을 쓰시오.

> 혜성: 호랑이가 궤짝 밖으로 나왔을 때에는 크고 당당한 목소리가 어울려.
>
> 영준: 호랑이가 살려 달라고 사정할 때에는 밝고 신나는 말투가 어울려.
>
> 소율: 호랑이가 나그네를 잡아먹으려고 할 때 나그네는 자신 있는 말투가 어울려.

(   )

11~14 다음 글을 읽고, 물음에 답하시오.

하얀 토끼가 지나간다.

나그네: 토끼님, 토끼님! 재판 좀 해 주세요. 이 궤짝 속에 갇힌 호랑이를 살려 준 나하고, 살려 준 나를 잡아먹으려는 호랑이하고 누가 옳습니까?

토끼: (귀를 기울이고 한참 생각하다) 누가 누구를 살려 주었어요? 누가 누구를 잡아먹으려 해요? 아, 당신이 이 호랑이를 잡아먹으려고 해요?

나그네: 아니지요. 내가 호랑이를 잡아먹으려 하는 게 아니라, 이 호랑이가 궤짝에 갇혀 있었는데 내가 살려 주었어요.

토끼: 네, 알았습니다. 그러니까 이 호랑이하고 당신이 궤짝 속에 갇혀 있었다고요?

나그네: 아니지요. 호랑이가…….

호랑이: (㉠) 왜 이렇게 말귀를 못 알아듣지? (궤짝 속으로 들어가며) 이 궤짝 속에 내가 이렇게 있었어. 내가 이렇게 갇혀 있었단 말이야. 알았지?

㉡토끼가 얼른 달려들어 문고리를 걸어 잠근다.

토끼: (웃으면서) ㉢이제야 알았습니다. 설명하시지 않아도 잘 알겠습니다. 호랑이님이 어떻게 이 궤짝 속에 들어갔는지 잘 알았습니다. 그럼 저는 바빠서 이만 가 보겠습니다.

나그네: (토끼를 쫓아가며) 토끼님, 대단히 고맙습니다. 이 은혜를 어떻게 갚아야 할지…….

호랑이는 궤짝 속에 쭈그려 울부짖고, 사냥꾼들이 돌아와 궤짝을 메고 고개를 넘어간다. 즐거운 음악이 흐르며 막이 내린다.

11 이 글의 내용을 바르게 이해한 것에 ○표 하시오.

(1) 토끼는 호랑이의 편을 들어 주었다. ( )

(2) 호랑이는 설명을 잘 못하는 나그네에게 화를 냈다. ( )

(3) 토끼는 나그네를 돕기 위해 말을 못 알아듣는 척 꾀를 냈다. ( )

12 ㉠에 들어갈 말로 알맞은 것은 무엇입니까?
( )

① 두리번거리며
② 반가운 목소리로
③ 풀이 죽은 모습으로
④ 천천히 고개를 끄덕이며
⑤ 답답하다는 듯이 화를 내며

서술형
13 ㉡에서 토끼의 마음은 어떠할지 짐작하여 쓰시오.

_____

_____

14 ㉢에 어울리는 말투는 무엇입니까? ( )

① 문제를 해결하여 기쁜 말투
② 문제를 해결하느라 지친 말투
③ 나그네에게 호통을 치는 말투
④ 어려운 부탁을 받아서 짜증이 난 말투
⑤ 호랑이에게 잡아먹힐까 봐 긴장한 말투

중요
15 극본을 실감 나게 읽는 방법으로 알맞지 않은 것은 무엇입니까? ( )

① 인물의 성격에 맞는 말투를 생각해 본다.
② 자신이 가장 자신 있는 표정을 지으며 읽어 본다.
③ 괄호 안이나 인물의 행동을 설명한 부분을 찾아본다.
④ 자신이 이야기 속 인물이라면 어떤 마음일지 생각해 본다.
⑤ 인물의 표정, 몸짓, 말투를 직접 알려 주는 부분을 찾아본다.

16~17 다음 글을 읽고, 물음에 답하시오.

[6-1] 연극 단원 191~196쪽

숲이 준 마법 초콜릿 배봉기

성민: (호기심 어린 목소리로) 할아버지가, 말했어요?

숲의 마음 할아버지: 그래, 성민아.

성민: (놀란다.) ㉠내 이름을, 어떻게, 아세요?

숲의 마음 할아버지: 난 이 숲의 정령이니까.

성민: 숲의, 정령?

숲의 마음 할아버지: 정령이란 말이 너무 어렵나? 그럼 영혼이라면 알아듣 겠니? 더 쉬운 말로 하면 마음이라고 할 수 있지. 그래, 그 말이 좋겠다. 숲의 마음. 숲의 마음이라고 불러 다오.

성민: 숲의 마음이면, 다, 알아요?

숲의 마음 할아버지: 물론. 이 숲에서 벌어지는 일들은 속속들이 알고 있지. 네가 이 숲을 제일 사랑하는 사람이라는 것도 잘 알고 있어.

성민: 제가, 숲을, 제일 사랑한다고요?

숲의 마음 할아버지: 그래. 넌 지금까지 이 숲을 찾은 모든 사람 중에서 제일 이 숲을 아끼고 사랑하는 사람이야.

성민: 정말요?

숲의 마음 할아버지: ㉡넌 천천히 다니면서 개미나 벌레도 밟지 않으려고 조심하잖니.

성민: (천천히 고개를 끄덕인다.)

숲의 마음 할아버지: 그리고 넌 숲을 정말 관심 깊게 지켜봐 줄 줄 아는 아이 야. 지난번에는 아기 메꽃이 피는 모습도 내내 지켜보지 않았니?

성민: 맞아요. (웃는다.)

어떻게 읽을까?

1. 인물의 성격이나 마음을 파악 하며 읽어 보세요.

2. 인물의 말에 어울리는 표정, 몸 짓, 말투를 생각해 보세요.

● 성민이의 마음

• 숲의 마음 할아버지가 말한 것인지 물어볼 때

➡ ① ☐☐☐ 마음

• 숲의 마음 할아버지가 자신의 이름 을 불렀을 때

➡ 깜짝 ② ☐☐ 마음

● 성민이의 성격

• ③ ☐ 을/를 제일 아끼고 사랑하 는 아이임.

➡ 자연을 사랑함.

• ④ ☐☐ (이)나 벌레를 밟지 안 으려고 조심함.

➡ 생명을 소중히 여김.

답 ① 신기한 ② 놀란 ③ 숲 ④ 개미

단원 개념

16 ㉠을 표현할 때 어울리는 표정, 몸짓, 말투는 무엇입 니까? (   )

① 다급한 말투로 크게 말한다.

② 큰 목소리로 당당하게 말한다.

③ 속상한 표정을 지으며 말한다.

④ 깜짝 놀라 눈을 크게 뜨고 말한다.

⑤ 가슴을 펴고 신난 듯한 말투로 말한다.

17 ㉡에서 알 수 있는 성민이의 성격으로 알맞은 것은 무엇입니까? (   )

① 겁이 많다.

② 부지런하다.

③ 생명을 소중히 여긴다.

④ 웃어른을 공경하지 않는다.

⑤ 친구 사이의 우정을 중요하게 생각한다.

1 다음 빈칸에 들어갈 알맞은 낱말을 보기에서 찾아 쓰시오.

보기

> 감히   거만   경고   사정

(1) 그는 충분히 휴식하라는 의사의 [   ] 을/를 무시했다.

(2) 유명한 가수가 되는 건 나로서는 [   ] 꿈도 못 꿀 일이다.

(3) 아버지께서 회사를 그만두셔서 우리 집 [   ] 이/가 좋지 않다.

(4) 우리 반 반장은 [   ] 을/를 떨지 않고 겸손해서 친구들에게 인기가 많다.

2 다음 문장에서 밑줄 그은 낱말의 뜻으로 알맞은 것에 ○표 하시오.

(1)
> 이 고개를 넘으면 마을이 나온다.

㉮ 사람이나 동물의, 목을 포함한 머리 부분.   (   )
㉯ 산이나 언덕을 넘어 다니도록 길이 나 있는 비탈진 곳.   (   )

(2)
> 날씨가 추워져서 어깨에 외투를 걸쳤다.

㉮ 어떤 물체를 다른 물체에 얹어 놓았다.   (   )
㉯ 일정한 횟수나 시간, 공간을 거쳐 이어졌다.   (   )

3 다음 문장의 (   ) 안에서 올바른 표기를 골라 ○표 하시오.

(1) 학교에 (가려고, 갈려고) 가방을 챙겼다.

(2) 밥을 (먹으려고, 먹을려고) 상을 차렸다.

(3) 아침에 일찍 (일어나려고, 일어날려고) 했는데 늦잠을 자 버렸다.

속담

4 다음 글과 그림을 보고, 작은 고추가 더 맵다 를 사용해서 용기를 주면 좋을 것 같은 친구의 이름을 쓰시오.

작은 고추가 더 맵다

몸집이 작은 사람이 큰 사람보다 재주가 뛰어나고 야무짐을 비유적으로 이르는 말.

친구들이 달리기 경기를 하는데 키가 제일 작은 선수가 몸집이 큰 다른 선수들을 앞질러 우승했네요. 이 속담은 이렇게 몸집이 작은 사람이 큰 사람보다 재주가 뛰어나고 야무질 때 사용해요.

정연: 나는 꼭 유명한 야구 선수가 되고 싶어. 그런데 나한테 그럴 만한 재능이 없는 것 같아.

태오: 내일 우리 반 대표 줄넘기 선수를 뽑는다고 했는데, 나는 몸집이 제일 작아서 꼴찌를 할 것 같아.

예슬: 내일까지 숙제를 다 해야 하는데 아직 시작도 못 했어. 어차피 다 하지 못할 테니까 그냥 하지 말까 봐.

(   )

Memo

문장제 해결력 강화

문제
해결의
길잡이

문해길 시리즈는

문장제 해결력을 키우는 상위권 수학 학습서입니다.

문해길은 8가지 문제 해결 전략을 익히며

수학 사고력을 향상하고,

수학적 성취감을 맛보게 합니다.

이런 성취감을 맛본 아이는

수학에 자신감을 갖습니다.

수학의 자신감, 문해길로 이루세요.

문해길 원리를 공부하고, 문해길 심화에 도전해 보세요!
원리로 닦은 실력이 심화에서 빛이 납니다.

문해길 원리	문해길 심화
문장제 해결력 강화	고난도 유형 해결력 완성
1~6학년 학기별 [총12책]	1~6학년 학년별 [총6책]

초등 도서 목록

##

교과서 달달 쓰기 · 교과서 달달 풀기
1~2학년 국어 · 수학 교과 학습력을 향상시키고
초등 코어를 탄탄하게 세우는 기본 학습서
[4책] 국어 1~2학년 학기별
[4책] 수학 1~2학년 학기별

미래엔 교과서 길잡이, 초코
초등 공부의 핵심[CORE]를 탄탄하게 해 주는
슬림 & 심플한 교과 필수 학습서
[8책] 국어 3~6학년 학기별, [8책] 수학 3~6학년 학기별
[8책] 사회 3~6학년 학기별, [8책] 과학 3~6학년 학기별

전과목 단원평가
빠르게 단원 핵심을 정리하고, 수준별 문제로 실전력을 키우는
교과 평가 대비 학습서
[8책] 3~6학년 학기별

문제 해결의 길잡이

원리 8가지 문제 해결 전략으로 문장제와 서술형 문제 정복
[12책] 1~6학년 학기별

심화 문장제 유형 정복으로 초등 수학 최고 수준에 도전
[6책] 1~6학년 학년별

##

초등 필수 어휘를 퍼즐로 재미있게 익히는 학습서
[3책] 사자성어, 속담, 맞춤법

하루한장 예비 초등

한글완성
초등학교 입학 전 한글 읽기·쓰기 동시에 끝내기
[3책] 기본 자모음, 받침, 복잡한 자모음

예비초등
기본 학습 능력을 향상하며 초등학교 입학을 준비하기
[2책] 국어, 수학

하루한장 독해

독해 시작편
초등학교 입학 전 기본 문해력 익히기 30일 완성
[2책] 문장으로 시작하기, 짧은 글 독해하기

어휘
문해력의 기초를 다지는 초등 필수 어휘 학습서
[6책] 1~6학년 단계별

독해
국어 교과서와 연계하여 문해력의 기초를 다지는 독해 기본서
[6책] 1~6학년 단계별

독해+플러스
본격적인 독해 훈련으로 문해력을 향상시키는 독해 실전서
[6책] 1~6학년 단계별

비문학 독해 (사회편·과학편)
비문학 독해로 배경지식을 확장하고 문해력을 완성시키는
독해 심화서
[사회편 6책, 과학편 6책] 1~6학년 단계별

초등
코어

초크

바른답·알찬풀이

국어
3·2

Mirae N 에듀

❶ 핵심 개념을 비주얼로 이해하는 **탄탄한 초코!**

❷ 기본부터 응용까지 공부가 즐거운 **달콤한 초코!**

❸ 온오프 학습 시스템으로 실력이 쌓이는 **신나는 초코!**

바른답·알찬풀이

1단원 작품을 보고 느낌을 나누어요

독해로 이해 콕

1 수라간 상궁   **2** 신기하게   **3** 국수
4 올챙이국수   **5** ×   **6** (언니) 자두
7 ×   **8** 발레   **9** 인기상
10 ○   **11** 거인   **12** ×
13 ×   **14** ×   **15** 집
16 바나나   **17** 정원   **18** ×
19 진흙파이   **20** ○   **21** 흙
22 ○   **23** 꼿꼿하게 펴졌다   **24** 춤을 추었다
25 마법   **26** ×   **27** ×
28 ○   **29** 파리   **30** ×
31 안쓰러워   **32** ○   **33** 진실
34 검은흙   **35** ×   **36** ×

01 (1) ○   **02** ④   **03** (1) 예 고개를 숙이며 (2) 예 낮고 작은 목소리로   **04** (3) ○
05 ③   **06** ②   **07** 지현
08 예 울지 않고 "내 이름을 불러 줘."라고 말했을 거야.
09 (1) 재미있게 (2) 줄거리   **10** ③
11 (1) 놀란 (2) 쪼그리고 앉아서 (3) 높은   **12** (1) ○
13 ①   **14** 예 친구가 놀러 오는 것이 기쁘고 설렐 것이다.   **15** ④   **16** (3) ○
17 ③   **18** (1) 진흙파이 (2) 예 지렁이는 멀리 다니지 않으니 다른 집 정원의 흙을 좋아할 것 같기 때문이다.   **19** ①, ④   **20** ④
21 예 눈물을 글썽이며, 고개를 여러 번 숙이면서 떨리는 말투로 말한다.   **22** (2) ○   **23** ②
24 ④, ⑤   **25** (1) 예 반갑고 기쁜 표정 (2) 예 기쁜 마음에 높은 목소리로 말한다.   **26** ⑤
27 승현   **28** (2) ○   **29** ④, ⑤
30 (2) ○   **31** 예 친구가 되어 달라는 것
32 ②, ④   **33** (1) 예 부벨라가 지렁이와 함께 걸어 다니며 이야기를 나누는 장면 (2) 예 외로웠던 부벨라가 소중한 친구를 만나게 된 것이 감동적이었기 때문이다.

01 장금이는 아이들의 칭찬을 받아 뿌듯하고 즐거운 마음에 기뻐서 웃는 표정을 지었을 것입니다. (2)는 꾸중을 들었을 때의 표정으로 알맞습니다.

02 수라간 상궁을 처음 본 장금이는 놀랍고 신기한 마음에 눈을 크게 뜨고 입을 벌린 표정을 지었을 것입니다.

03 죄송한 마음에 고개를 숙이며 낮고 작은 목소리로 말하였을 것입니다.

> **채점 기준** 죄송한 마음에 어울리는 몸짓과 말투를 썼으면 정답으로 합니다.

04 시험을 볼 수 있다는 소식을 듣고 뒷산에 올라가 눈물을 글썽이며 가늘고 떨리는 목소리로 한 말로 보아, 시험을 보러 궁으로 가게 된 것이 무척 기쁜 마음임을 짐작할 수 있습니다.

> **보충 자료** 「장금이의 꿈」 전체 줄거리 알아보기
>
> 장금이는 일찍 부모님이 돌아가시고 양부모의 아래에서 자랐지만 밝고 씩씩한 성격을 지녔다. 장금이는 모든 사람이 자신이 만든 음식을 먹고 행복해지는 꿈을 가지고 있다.
> 임금님의 친척 결혼식에서 우연한 기회에 수라간 한 상궁을 만나게 된 장금이는 요리를 배우기 위해 수라간에서 공부하고 싶다는 꿈을 꾸게 된다. 이후에 한 상궁의 추천으로 생각시 시험을 보게 된 장금이는 우여곡절 끝에 생각시 선발 시험에 합격하고 드디어 꿈에 그리던 궁 생활을 시작한다. 그곳에서 장금이는 단짝 친구인 연생이와 창이를 만나고, 어릴 적부터 영재 교육을 받은 천재 소녀 금영이와 경쟁을 벌이게 된다. 수라간에서 생활하며 성장해 가는 장금이와 친구들의 이야기가 펼쳐진다.

05 미미는 사람들이 엄마를 '자두 엄마'로만 불러서 섭섭했고, 친구와 선생님도 언니에게만 관심을 기울여서 화가 났습니다. 그래서 언니보다 유명해지고, 돋보이고 싶은 마음입니다.

> **보충 자료** 「미미 언니 자두」 등장인물 소개
>
> | | |
> |---|---|
> | 최미미 | 초등학교 2학년생. 외모에 신경을 쓰며 깔끔한 것을 좋아하는 성격이다. 언니 자두와는 성향이 달라 자주 싸운다. |
> | 최자두 | 온 동네를 주름잡는 말괄량이 초등학교 3학년생. 언제나 사고를 일으키지만 명랑하고 사교적이어서 친구들에게 인기가 많다. |
> | 이은희 | 자두와 같은 반 앙숙 친구. 잘난 척하고 뽐내는 것을 좋아해서 자두와 사사건건 부딪친다. |

06 미미는 "언니랑 같이 다니고 싶지 않아!"라는 말과 함께 화난 마음을 표현하려고 두 팔을 위아래로 흔들고 있습니다.

07 재미있거나 감동받은 부분을 알맞게 말한 사람은 지현이입니다.

08 자신이 미미라면 사람들에게 어떻게 말했을지 생각하여 써 봅니다.

> 채점 기준 상황에 알맞은 미미의 말과 행동을 썼으면 정답으로 합니다.

09 인물의 표정, 몸짓, 말투에 주의하며 만화 영화를 보면 더 재미있게 볼 수 있고, 만화 영화의 줄거리를 이해하는 데 도움이 됩니다.

10 부벨라는 모든 사람이 무서워하는 거인이지만, 지렁이와 만나 인사하고 지렁이를 자신의 집으로 초대했습니다.

11 부벨라는 자신을 보고 무서워하지 않는 지렁이를 보며 쪼그리고 앉아서 놀란 표정으로 목소리를 높여 말했을 것입니다.

12 지렁이는 이 세상 모든 것이 다 자신보다 커서 큰 것들에게 말 붙이기를 겁내면 계속 입을 다물고 살아야 하기 때문에 거인 부벨라가 무섭지 않다고 하였습니다.

13 부벨라는 지렁이를 집에 초대한 뒤 집을 정리하고 몸을 깨끗하게 씻었지만, 지렁이와 함께 먹을 차와 음식을 사지는 않았습니다.

14 집에 누군가가 방문하기 전, 집을 청소하고 몸단장을 했던 기억을 떠올려 그때의 기분을 생각해 봅니다. 설레고 기대되는 마음일 것입니다.

> 채점 기준 '설렌다, 기대된다, 두근거린다.'와 같이 손님맞이를 준비하는 기분을 알맞게 짐작하여 썼으면 정답으로 합니다.

15 부벨라는 자신이 좋아하는 바나나케이크를 준비했는데, 문득 지렁이가 바나나케이크를 싫어할지도 모른다는 생각이 들어서 초조하고 당황스러웠습니다.

16 부벨라는 지렁이에게 무슨 음식을 대접해야 할지 물어보기 위해 지렁이가 무엇을 먹고 사는지 알고 있을 것 같은 정원사를 찾아갔습니다.

17 ㉠은 정원사가 부벨라의 걱정거리를 묻는 말이므로 궁금해하는 표정이 알맞습니다.

18 정원사는 지렁이들은 멀리 다니지 않으니까 다른 집 정원의 흙을 좋아할 것 같다며 부벨라에게 진흙파이를 만들어 보라고 추천해 주었습니다.

> 채점 기준 음식으로 진흙파이를 쓰고, 지렁이는 멀리 다니지 않으니 다른 집 정원의 흙을 좋아할 것 같다는 까닭을 썼으면 정답으로 합니다.

19 정원사는 허리가 굽어서 아주 천천히 움직였는데 움직이는 게 무척 힘들어 보였습니다.

20 정원사는 부벨라의 지렁이 친구를 위해 정원 세 곳에서 각기 다른 종류의 흙을 접시에 담아 주었습니다.

21 자신의 고민을 해결해 주고, 친절을 베풀어 준 정원사에게 부벨라는 눈물을 글썽이며, 고개를 잇따라 숙이면서 떨리는 말투로 감사의 인사를 하였을 것입니다.

> 채점 기준 감격하여 고마움을 표현하는 모습에 알맞은 표정, 몸짓, 말투를 썼으면 정답으로 합니다.

22 '보답'은 '남의 호의나 은혜를 갚음'이라는 뜻이므로, 꼭 은혜를 갚고 싶었다는 말과 바꾸어 쓸 수 있습니다.

23 부벨라가 손으로 정원사를 가리키자 굽었던 정원사의 허리가 펴지고 꼿꼿하게 서게 되는 신기한 일이 일어났습니다.

24 정원사는 아픈 허리가 나아 이제는 하나도 아프지 않게 되었으므로 활짝 웃으며 덩실덩실 춤을 추면서 기뻐서 큰 소리로 말하였을 것입니다.

25 부벨라는 지렁이가 뚜껑 안에 무엇이 들어 있는지 묻기를 기다렸기 때문에 ㉠과 같이 말할 때, 반갑고 기쁜 표정으로 목소리를 높여 말했을 것입니다.

> 채점 기준 '반가운, 즐거운, 기쁜' 등의 표정과 '높은, 신나는, 기쁜, 큰 목소리' 등의 말투를 썼으면 정답으로 합니다.

26 부벨라가 진흙파이를 덮어 둔 뚜껑을 열자, 지렁이는 신이 나서 진흙파이 속으로 파고들었습니다.

27 지렁이가 신이 나서 진흙파이 속으로 파고든 것을 볼 때, 지렁이는 부벨라가 자신을 위해 준비한 진흙파이가 마음에 들었음을 짐작할 수 있습니다.

28 부벨라는 파리 한 마리도 해치지 못하는 착한 마음을 가졌는데, 사람들이 자신을 보고 무서워서 도망치는 모습을 보면 속상하고 슬펐을 것입니다.

29 부벨라의 부모님은 약초를 캐러 다부쉬타 정글로 가셨고, 그동안 할머니께서 부벨라를 돌보아 주시다가 갑자기 할아버지가 아프셔서 할아버지가 계시는 작은 섬으로 돌아가셨기 때문에 부벨라는 지금 혼자 살고 있습니다.

30 지렁이는 맛있는 진흙파이를 먹게 되어 기분이 좋으므로, 웃는 표정으로 진흙파이를 파고들며, 신나는 목소리로 말하는 것이 가장 알맞습니다.

31 부벨라는 지렁이에게 자신의 친구가 되어 달라고 말하였습니다.

32 부벨라는 자신을 무서워하지 않고 늘 진실을 말해 주는 좋은 친구와 헤어지고 싶지 않다고 하였습니다.

33 글의 내용 중 그림으로 표현하고 싶은 장면을 고르고, 그 까닭도 써 봅니다.

> **채점 기준** 그림으로 표현하고 싶은 장면을 골라 쓰고, 그 까닭도 알맞게 썼으면 정답으로 합니다.

단원 평가
026~029쪽

01 ③	**02** 수라간 상궁	**03** (1) ㉯ (2) ㉮
04 ①, ③	**05** (1) 예 눈물을 글썽이며 (2) 예 두 손에 힘을 꼭 주며 (3) 예 가늘고 떨리는 목소리로	
06 ②	**07** ①, ③, ④	**08** ㉠ → ㉢ → ㉣ → ㉡
09 예 눈을 크게 뜨며 입을 벌리고, 큰 목소리로 말한다.		**10** ㉮, ㉯
11 ②	**12** ②, ③	**13** ②
14 ⑤	**15** 예 활짝 웃으며 덩실덩실 춤을 추고 큰 소리로 외친다.	

독해로 생각 Up **16** ⑤   **17** ①

01 약 올리는 표정과 말투로 미안하다고 하면 진심이 전해지지 않고, 상대방이 오히려 화가 날 것입니다.

> **오답 풀이**
> 같은 말을 해도 표정, 몸짓, 말투에 따라 뜻이 다르게 전달될 수 있습니다. 친구에게 사과할 때에는 장난을 치지 않고 진지한 표정으로 진심을 담아 말해야 합니다.

> **보충 자료** 표정, 몸짓, 말투에 주의하며 말하면 좋은 점 알아보기
> • 듣는 사람에게 자신의 마음을 더 잘 전달할 수 있습니다.
> • 듣는 사람에게 자신의 생각을 더 정확하게 전달할 수 있습니다.
> • 듣는 사람에게 자신의 느낌을 더 실감 나게 전달할 수 있습니다.
> • 다른 사람의 기분을 생각하며 자신의 생각이나 느낌을 전달할 수 있습니다.

02 장금이는 처음 보는 수라간 상궁의 모습을 신기하게 바라보았습니다.

03 ❶에는 눈을 크게 뜨고 입을 벌린 호기심 어린 표정이 어울리고, ❷에는 죄송한 마음에 고개를 숙인 몸짓이 어울립니다.

04 장금이를 꾸중하는 상황이므로 화가 난 표정과 높고 큰 목소리가 어울립니다.

05 궁으로 가게 된 것이 무척 기쁜 마음이므로 눈물을 글썽이며, 두 손에 힘을 꼭 주고, 가늘고 떨리는 목소리로 말하는 것이 어울립니다.

> **채점 기준** 돌아가신 어머니께 궁에 가게 되어 기쁜 마음을 전하는 장면에 어울리는 표정, 몸짓, 말투를 썼으면 정답으로 합니다.

06 미미는 어른들이 엄마를 '미미 엄마'가 아닌 '자두 엄마'로만 불러 섭섭한 마음입니다.

07 모두가 언니 자두에게만 관심을 기울여 화가 나서 짜증을 내는 상황이므로 인상을 찡그리고, 크게 소리를 지르며, 두 팔을 마구 휘두르는 몸짓이 어울립니다.

08 미미는 모두 자두에게만 관심을 기울이자 화가 나서 언니보다 유명해지려고 몰래 발레를 배웁니다. 이 사실을 알게 된 자두는 학예회에서 미미를 돋보이게 하려고 자신의 무대를 망치고, 미미는 인기상을 탄 후 언니와 화해합니다.

09 미미의 마음을 알고 깜짝 놀란 장면이므로, 놀라서 눈을 크게 뜨며 입을 벌리고, 큰 목소리로 말하는 것이 어울립니다.

> **채점 기준** 놀란 상황에 어울리는 표정, 말투를 썼으면 정답으로 합니다.

10 인물의 표정, 몸짓, 말투에 주의하며 만화 영화를 보면 줄거리 이해에 도움이 되며, 만화 영화를 더 재미있게 볼 수 있습니다.

11 부벨라는 자신의 덩치가 지렁이보다 훨씬 크기 때문에 지렁이가 자신을 무서워할 것이라고 생각했습니다.

12 부벨라는 자신을 무서워하지 않는 지렁이를 보며 쪼그리고 앉아 놀란 표정으로 목소리를 높여서 말했을 것입니다.

13 부벨라는 자신에게 친절을 베풀어 준 정원사에게 보답을 하고 싶었습니다.

14 부벨라가 손으로 정원사를 가리키자 정원사의 굽은 허리가 펴지고 아프지 않게 되었습니다.

15 아픈 허리가 나아서 기쁜 마음에 활짝 웃으며 덩실덩실 춤을 추고 큰 소리로 외쳤을 것입니다.

> **채점 기준** 신나고 기쁜 상황에 어울리는 표정, 몸짓, 말투를 썼으면 정답으로 합니다.

수업 시간에 글: 박현진, 그림: 윤정주

가
어느 날, 농부가 열심히 괭이질을······
소민

나
하고 있는데, 갑자기 괭이
끝에······ 무엇인지 부딪혔다.
국어

다
그래, 잘 읽었다. 다음부터는 좀 더 크게 읽어라.
그럼 오늘 수업은 여기까지!

라
땡땡땡
공닥
공닥
공닥

└ 소민이의 마음: 긴장하는 마음, 걱정하는 마음, 떨리는 마음

마
와글와글
아, 어쩌지. 창피해!
목소리 작다고 친구들이 놀리면 어쩌지······
야! 너 때문에 나만 걸렸잖아!
이게, 자기가 잘못해 놓고선.

└ 소민이의 마음   └ 소민이가 걱정하는 까닭
▶ 발표하는 것을 두려워하는 소민이가 국어 시간에 책을 읽음.

16 작은 목소리로 책을 읽고 혼자 부끄러워하는 것으로 보아, 소민이는 소심하고 부끄러움이 많은 성격입니다.

17 활짝 웃는 표정은 친구들이 놀릴까 봐 걱정하고 창피해하는 소민이의 모습과 어울리지 않습니다.

어휘 마무리 뚝딱
030~031쪽

1 (1) 문득 (2) 예외 (3) 보답 (4) 선발

2 (1) ㉓ (2) ㉡ (3) ㉕

3 (1) 동녘에[동녀케] (2) 빛이[비치] (3) 무릎에[무르페]

4 (2) ○

1 (1)은 '생각이나 느낌 따위가 갑자기 떠오르는 모양'을 뜻하는 '문득'이, (2)는 '일반적 규칙이나 일정하게 정하

여진 규칙이나 관례에서 벗어나는 일'을 뜻하는 '예외'가, (3)은 '남에게 입은 은혜나 고마움을 갚는 것'을 뜻하는 '보답'이, (4)는 '많은 가운데서 골라 뽑는 것'을 뜻하는 '선발'이 들어가야 알맞습니다.

> 보충 자료 '문득', '보답', '선발'과 비슷한 뜻을 가진 낱말 알아보기
>
> ① '문득'과 비슷한 뜻을 가진 낱말
> • 갑자기: 미처 생각할 겨를도 없이 급히.
> • 불현듯: 불을 켜서 불이 일어나는 것과 같다는 뜻으로, 갑자기 어떤 생각이 걷잡을 수 없이 일어나는 모양.
> ② '보답'과 비슷한 뜻을 가진 낱말
> • 보은: 은혜를 갚음.
> • 보상: 남에게 진 빚 또는 물건을 갚음.
> ③ '선발'과 비슷한 뜻을 가진 낱말
> • 선출: 여럿 가운데서 골라냄.

2 (1) '시끄럽고 떠들썩하게'라는 뜻의 '요란하게'와 뜻이 비슷한 낱말은 '시끄럽게'이고, (2) '손아랫사람이나 약자의 딱한 형편이 마음이 아프고 가여워'라는 뜻의 '안쓰러워'와 뜻이 비슷한 낱말은 '안타까워'이고, (3) '물건이 휘거나 구부러지지 아니하고 단단하게'라는 뜻의 '꼿꼿하게'와 뜻이 비슷한 낱말은 '곧게'입니다.

> 보충 자료 낱말의 뜻 알아보기
>
> • 시끄럽게: 듣기 싫게 떠들썩하게.
> • 안타까워: 뜻대로 되지 아니하거나 보기에 딱하여 가슴 아프고 답답해.
> • 곧게: 굽거나 비뚤어지지 아니하고 똑바르게.

3 앞말의 받침 'ㅋ', 'ㅊ', 'ㅍ'이 'ㅣ', 'ㅔ'와 같이 모음으로 시작하는 말과 만나면 [키], [케], [치], [체], [피], [페]처럼 이어서 발음됩니다. 따라서 (1)은 [동녀케]로, (2)는 [비치]로, (3)은 [무르페]로 발음하는 것이 알맞습니다.

4 (2)에서 세민이가 하루도 빠짐없이 매일 피아노 연습을 하는 정성과 노력을 기울였으므로 좋은 결과가 있을 것이라는 뜻의 '공든 탑이 무너지랴'라는 속담이 어울립니다.

> 보충 자료 '공든 탑이 무너지랴'와 뜻이 비슷하거나 반대인 속담 더 알아보기
>
> • 뜻이 비슷한 속담: '지성이면 감천'은 정성이 지극하면 하늘도 감동하게 된다는 뜻으로, 무슨 일에든 정성을 다하면 아주 어려운 일도 순조롭게 풀리어 좋은 결과를 맺는다는 뜻입니다.
> • 뜻이 반대인 속담: '공든 탑도 개미구멍으로 무너진다'는 조그마한 실수나 방심으로 큰일을 망쳐 버린다는 뜻입니다.

바른답·알찬풀이

2단원 중심 생각을 찾아요

독해로 교과서 쏙쏙

독해로 이해 콕

1 안전 수칙 　　2 ○ 　　3 진지한

4 × 　　5 × 　　6 썰물

7 ○ 　　8 양식 　　9 분해

10 × 　　11 한복 　　12 신분

13 × 　　14 두루마기 　　15 합성 섬유

01 ① 　　02 (2) ○ 　　03 (1) 선생님

(2) 장난을 치면 (3) 책상 　　04 ②, ⑤

05 예 과학실에서 음식을 먹지 않는다. / 화학 물질을 맛보지 않는다. / 실험 기구를 조심히 다룬다.

06 ⑤ 　　07 ③ 　　08 (1) 갯벌은 다양한 생물이 살 수 있는 장소입니다. (2) 갯벌은 육지에서 나오는 오염 물질을 분해해 좋은 환경을 만듭니다. (3) 소중한 갯벌을 잘 보존해야겠습니다. 　　09 (3) ○

10 ③ 　　11 지현 　　12 ①, ④

13 ③, ⑤ 　　14 예 옛날 사람들은 신분, 남녀에 따라 옷차림이 엄격했지만 요즘에는 이런 구분이 많이 없어지고 있다.

---

01 이 글은 안전하게 과학 실험을 하기 위한 과학 실험 안전 수칙을 설명하고 있습니다.

02 4에서 실험하다가 만약 실험 기구가 넘어지면 깨진 기구의 조각이나 기구 속 화학 약품이 주변에 튈 수 있는데, 이때 책상에 바짝 다가가 앉으면 다칠 수 있으므로 실험할 때 책상에 바짝 다가가면 안 된다고 하였습니다.

오답 풀이

(1)은 과학실에서 장난을 치면 안 되는 까닭, (3)은 선생님께서 계시지 않을 때 과학 실험을 하면 안 되는 까닭에 해당합니다.

03 이 글에서 과학 실험 안전 수칙으로 첫째, 선생님께서 계시지 않을 때에는 과학 실험하지 않기, 둘째, 과학실에서는 절대 장난치지 않기, 셋째, 실험할 때 책상에 바짝 다가가지 않기를 설명하고 있습니다.

04 과학실에서 실험을 했던 경험이나 평소 들어 보았던 과학 실험 전 주의 사항 등을 떠올리거나 관련지어 읽으면 이 글의 내용을 더 쉽게 이해할 수 있습니다.

보충 자료 아는 내용이나 겪은 일과 관련지어 글을 읽으면 좋은 점 알아보기

- 글의 내용을 기억하기 쉽습니다.
- 글의 내용에 더 흥미를 느끼게 됩니다.
- 글의 내용을 더 쉽게 이해할 수 있습니다.
- 글을 읽으면서 그 모습을 잘 상상할 수 있습니다.

05 과학 실험을 할 때 조심해야 할 사항이나 주의해야 할 점을 떠올려 자신만의 과학 실험 안전 수칙을 만들어 봅니다.

채점 기준 과학 실험을 할 때 주의할 점에 맞도록 안전 수칙을 만들어 썼으면 정답으로 합니다.

06 바닷물이 빠져나가는 썰물 때에 육지로 드러나는 바닷가의 편평한 곳을 갯벌이라고 부릅니다.

오답 풀이

①은 논을, ②는 옥토를, ③은 늪을, ④는 사막을 말합니다.

07 게, 조개, 불가사리, 갯지렁이는 갯벌에 사는 생물이며 고래는 바다에 삽니다.

08 문단 2, 4는 첫 번째 문장이 중심 문장이며, 문단 6은 마지막 문장이 중심 문장입니다.

채점 기준 문단 2, 4, 6의 중심 문장을 모두 알맞게 찾아 썼으면 정답으로 합니다.

09 이 글은 갯벌이 우리에게 주는 좋은 점을 설명하면서 갯벌을 잘 보존해야 한다는 생각을 전하고 있습니다.

10 옛날에는 신분과 성별에 따라 다른 옷을 입었지만 오늘날에는 직업이나 유행에 따라 옷을 입는 경우가 많습니다.

11 '옷차림이 바뀌었어요'라는 제목에는 옛날과 오늘날 사람들의 옷차림에 차이가 많다는 것을 비교하며 설명하려는 글쓴이의 생각이 담겨 있으므로 지현이가 알맞게 말하였습니다.

12 글을 읽고 중심 생각을 찾기 위해서는 문단의 중심 문장을 찾아 중심 생각을 간추리며, 글의 제목을 보고 무엇에 대해 쓴 글인지 생각합니다.

13 '많다'와 뜻이 비슷한 낱말은 '풍족하다', '무진장하다'입니다. '풍족하다'는 '매우 넉넉하여 부족함이 없다.'라는 뜻이고, '무진장하다'는 '다함이 없이 굉장히 많다.'라는 뜻입니다.

오답 풀이

① '무겁다'는 '무게가 나가는 정도가 크다.'라는 뜻입니다.

② '덜하다'는 '어떤 기준보다 정도가 약하다.'라는 뜻입니다.

④ '모자라다'는 '기준이 되는 양이나 정도에 미치지 못하다.'라는 뜻입니다.

14 각 문단의 중심 문장과 글의 제목 등을 통해 옛날 사람들의 옷차림은 오늘날 사람들의 옷차림과 많이 다르다는 것을 전하기 위해 쓴 글임을 알 수 있습니다.

> **채점 기준** 옛날과 오늘날의 옷차림이 다르다는 내용을 포함하여 썼으면 정답으로 합니다.

단원 평가　042~045쪽

01 ①　　**02** ①, ③, ④　　**03** 안전하게
04 ③, ⑤　　**05** (1) **예** 선생님께서 계시지 않을 때에는 과학 실험을 하지 않아야 한다는 것을 알고 있다.
(2) **예** 과학 실험 안전 수칙이 많다는 것을 알았다.
06 ③　　**07** ②　　**08** (4) ○
09 **예** 갯벌이 주는 좋은 점을 알고 갯벌을 잘 보존해야 한다.　　**10** (1) 중심 문장 (2) 제목 (3) 그림
11 ②　　**12** ③, ⑤　　**13** (1) 성별 (2) 옷감 종류 (3) 신분 (4) 직업이나 유행 (5) 자연 (6) 합성 섬유　　**14** (3) ○　　**15** **예** 조선 시대 여자 한복에 대해 더 알고 싶다.

독해로 생각 Up　**16** ④　　**17** ②

01 아는 내용이나 겪은 일과 관련지어 글을 읽으면 글의 내용에 더 흥미를 느끼게 되고, 글의 내용을 더 쉽게 이해하고 기억할 수 있으며, 글을 읽으면서 그 모습을 잘 상상할 수 있습니다.

02 과학 실험을 하면서 호기심이 생기고 평소에 품었던 궁금증을 해결하며, 실험을 하면서 탐구 능력을 키우는 등의 좋은 점이 있다고 하였습니다.

03 안전하게 과학 실험을 하기 위해 과학 실험 안전 수칙을 설명하고 있으므로, '안전하게'가 들어가야 알맞습니다.

04 이 글에서는 선생님께서 계시지 않을 때에는 과학 실험을 하지 않아야 하며, 과학실에서는 절대 장난을 치면 안 된다는 안전 수칙을 설명하고 있습니다.

05 글의 내용 중 자신이 이미 알고 있던 내용과 이 글을 읽고 새롭게 알게 된 내용을 씁니다.

> **채점 기준** 글에 나온 내용 중에서 알고 있는 내용과 새롭게 알게 된 내용을 각각 알맞게 썼으면 정답으로 합니다.

06 이 글은 자연과 사람에게 도움을 주는 갯벌의 좋은 점에 대해 설명하고 있습니다.

07 어민들이 바다 생물들을 직접 키우는 것을 '양식'이라고 하므로, '키우고'를 '양식하고'로 바꾸어 쓸 수 있습니다.

> **오답 풀이**
> ① '거르고'는 '찌꺼기나 건더기가 있는 액체를 체나 거름종이 따위에 밭쳐서 액체만 받아 내고' 또는 '차례대로 나아가다가 중간에 어느 순서나 자리를 빼고 넘기고'라는 뜻입니다.
> ③ '조절하고'는 '균형이 맞게 바로잡고' 또는 '적당하게 맞추어 나가고'라는 뜻입니다.
> ④ '흡수하고'는 '빨아서 거두어들이고'라는 뜻입니다.
> ⑤ '저장하고'는 '물건이나 사람이 바라는 바를 충족시켜 주는 모든 물건 따위를 모아서 간수하고'라는 뜻입니다.

08 소중한 갯벌을 잘 보존해야겠다는 마지막 문장이 문단 **마**의 중심 문장에 해당합니다.

09 각 문단의 중심 문장을 정리하면서 글쓴이가 글 전체에서 하고 싶은 말을 생각해 보면 소중한 갯벌을 잘 보존하자는 것이 중심 생각임을 알 수 있습니다.

> **채점 기준** 갯벌을 잘 보존해야 한다는 내용을 포함하여 썼으면 정답으로 합니다.

10 글을 읽고 중심 생각을 찾기 위해서는 문단의 중심 문장을 찾아 중심 생각을 간추리며, 글의 제목을 보고 무엇에 대해 쓴 글인지 생각합니다. 그리고 글에 있는 사진이나 그림을 보고 글쓴이의 중심 생각을 찾을 수도 있습니다.

11 옛날에는 신분에 따라 옷차림이 달랐지만 오늘날에는 직업이나 유행에 따라 다른 경우가 많습니다.

12 '넓은'과 '좁은', '옛날'과 '오늘날'은 서로 뜻이 반대인 낱말들입니다. 나머지는 뜻이 서로 관련이 없습니다.

> **보충 자료** 서로 뜻이 반대인 낱말 더 알아보기
> • 많다 – 적다　　• 크다 – 작다
> • 길다 – 짧다　　• 같다 – 다르다
> • 덥다 – 춥다　　• 알다 – 모르다
> • 펴다 – 접다　　• 앉다 – 서다

13 문단 **가**는 마지막 문장이 문단의 중심 문장이며, 문단 **나**와 문단 **다**는 첫 번째 문장이 문단의 중심 문장입니다.

14 이 글은 옛날과 오늘날의 옷차림에 차이가 많이 있다는 것을 알려 주는 글이므로, 중심 생각을 잘 나타내기 위해서는 옛날과 오늘날의 옷차림 차이를 나타낸 그림을 넣는 것이 좋습니다.

15 글의 내용과 관련해 더 알아보거나 조사하고 싶은 내용을 떠올려 씁니다.

> **채점 기준** 글에 자세히 나오지 않아 더 알고 싶은 내용이나 글과 관련된 내용을 썼으면 정답으로 합니다.

> **보충 자료** 더 알고 싶은 내용 조사해 보기
>
> 조선 시대 소녀들은 주로 노랑 저고리와 다홍치마를 입고 머리에는 댕기라는 끈을 묶어 장식했습니다. 성인 여자의 기본 옷차림은 삼회장저고리에 남색 치마를 입었습니다. 밖으로 나갈 때에는 쓰개(쓰개치마, 너울, 장옷)를 걸쳤습니다. 조선 시대에는 여자들의 머리채를 크고 풍성하게 하는 가체가 유행이었습니다. 다양하고 화려한 머리 장식으로 장신구(비녀, 뒤꽂이, 떨잠, 첩지)를 달았습니다. 그 외에 장신구로 노리개를 달고 가락지, 귀고리 등을 했습니다.

에너지를 절약하자

1 우리는 생활을 편하고 넉넉하게 하려고 많은 에너지 자원을 사용하고 있다. *인간 생활 및 경제 생산에 이용되는 원료.* 음식을 만들거나 집을 따뜻하게 하거나 불을 밝히려고 가스나 전기를 쓴다. 또 자동차를 타고 다니려면 석유가 필요하며 공장에서 생활에 필요한 물건을 만들 때에도 전기를 사용한다.

2 석탄, 석유, 가스, 전기 같은 에너지 자원은 한없이 *문제점* 있는 것이 아니다. 다 쓰고 나면 더는 에너지 자원을 구할 수 없게 된다. 특히 석유는 우리나라에서는 나지 않아 외국에서 수입해 오고 있다. 이처럼 중요한 에너지 *다른 나라로부터 상품이나 기술 따위를 국내로 사들임.* *살펴볼 내용* 를 어떻게 절약해야 할까?
> ▶ 중요하지만 다 쓰면 없어져 버리는 에너지를 어떻게 절약해야 할까?

3 에너지를 절약하는 것은 그리 어렵지 않다. 관심을 가지고 내가 할 수 있는 작은 일부터 실천하면 된다.

4 우리가 에너지를 절약하는 방법은 두 가지로 나눌 수 있다. 먼저, 에너지를 불필요하게 사용하지 않는 것 *해결 방안 ①* 이다. 쓰지 않는 꽂개는 반드시 뽑아 놓고, 빈방에 켜 놓 *에너지 절약 실천 방법 ①* 은 전깃불은 끈다. 그리고 뜨거운 음식은 식힌 뒤에 냉 *에너지 절약 실천 방법 ②* 장고에 넣는다.

5 다음은, 에너지 사용을 줄이는 것이다. 가전제품은 *들인 노력과 얻은 결과의 비율.* *해결 방안 ②* 에너지 효율이 높은 것을 쓰고, 조명 기구는 전기가 적 *에너지 절약 실천 방법 ③* 게 드는 제품을 사용한다. 한여름에는 냉방기를 적게 쓰 *에너지 절약 실천 방법 ④* 고 겨울에도 난방 기구를 덜 쓰도록 노력해야 한다.
> ▶ 에너지를 불필요하게 사용하지 않고, 에너지 사용을 줄여야 한다.

6 지금까지 에너지 절약 방법을 알아보았다. 에너지 절약은 말로 하는 것이 아니다. 생활 속에서 바로 실천해 *글쓴이의 주장 – 중심 생각* 야 한다.
> ▶ 에너지 절약을 생활 속에서 실천하자.

16 뜨거운 음식은 식힌 뒤에 냉장고에 넣어야 에너지를 불필요하게 사용하지 않을 수 있습니다.

17 이 글의 글쓴이는 에너지 절약을 생활 속에서 실천하자는 중심 생각을 전하기 위해 글을 썼습니다.

1 (1) ㉰ (2) ㉮ (3) ㉯
2 ⑤
3 (1) 줘 (2) 낮춰 (3) 췄다니
4 (3) ○

1 (1) '예방'은 '질병이나 재해 따위가 일어나기 전에 미리 대처하여 막는 일'을 뜻하고, (2) '철새'는 '철을 따라 이리저리 옮겨 다니며 사는 새'를 뜻하고, (3) '수행'은 '생각하거나 계획한 대로 일을 해냄'을 뜻합니다.

2 빈칸에는 '일이나 조건 따위에 꼭 알맞은'의 뜻을 가진 '적합한'이 들어가는 것이 알맞습니다. '적합한'은 '적절한, 알맞은, 적당한'과도 그 뜻이 비슷합니다.
> **오답 풀이**
> '적막한'은 '고요하고 쓸쓸한'이라는 뜻을 가지고 있습니다.

3 (1)은 '주어'의 준말인 '줘'가, (2)는 '낮추어'의 준말인 '낮춰'가, (3)은 '추었다니'의 준말인 '췄다니'가 들어가야 알맞습니다.

4 '요산요수'는 자연을 즐기며 좋아하는 모습을 가리키는 표현이므로, (3)의 상황에 사용하는 것이 알맞습니다.

3 단원 자신의 경험을 글로 써요

독해로 교과서 쏙쏙

1 수영　　2 운동회　　3 ○
4 앓는　　5 배　　6 장염
7 물수건　　8 ×　　9 계절
10 ×　　11 쉽고　　12 ○
13 ○

01 ②　　02 은율　　03 ⑤
04 (1) 예 가족과 간 바다 여행 (2) 예 작년 여름에 (3) 예 강릉 경포대에서 (4) 예 바닷가에서 동생과 근사한 모래성을 쌓았다. (5) 예 파도를 피해 모래성을 쌓는 것이 스릴 있고 재미있었다.　　05 (1) 되돌아볼 (2) 자세히 (3) 점검
06 ②　　07 ③　　08 (2) ○
09 (1) 예 두 번째네. (2) 예 수를 나타내는 말과 단위를 나타내는 말 사이는 띄어 써야 한다.
10 (1) 우정은∨예쁘게∨가꿀수록∨좋다. (2) 책을∨읽으면∨지식이∨쌓인다.　　11 (1) 예 할머니 밭에서 고구마를 캔 일 (2) 예 땅속에서 고구마를 발견할 때마다 보물을 발견하는 것 같아서 기분이 좋았다.
12 수민, 도윤　　13 ② → © → ③ → ©
14 (2) ○　　15 ①

01 가족들과 숲에 나무를 심었던 일은 **가**를 보고 떠올린 일로 알맞지 않습니다.

02 사진을 살펴보고 자신이 겪은 일을 알맞게 이야기한 친구는 은율이입니다.

03 기억에 남는 일을 정리할 때, 앞으로 바라는 것에 대한 내용은 들어가지 않아도 됩니다.

> **보충 자료** 기억에 남는 일을 글로 쓸 때, 쓸 내용 정리하는 방법 알기
> • 언제, 어디에서, 누구와 있었던 일인지 정리합니다.
> • 무슨 일이 있었는지 자세히 떠올립니다.
> • 어떤 마음이 들었는지, 왜 그런 마음이 들었는지 생각합니다.

04 기억에 남는 일을 떠올려 언제, 어디에서, 누구와 무슨 일을 하였는지 구체적으로 쓰고 자신의 생각이나 느낌까지 정리해 봅니다.

> **채점 기준** 기억에 남는 일을 떠올려 각 항목에 맞게 정리하여 썼으면 정답으로 합니다.

05 기억에 남는 일을 정리하면 자신이 한 일을 되돌아볼 수 있고, 기억에 남는 일을 자세히 떠올릴 수 있습니다. 또 기억에 남는 일을 이야기하거나 글로 쓸 때 어떤 내용을 말하거나 쓸지 점검할 수 있어 좋습니다.

06 '나'는 동생이 아팠던 일을 떠올려 글을 썼습니다.

07 **가**의 마지막 부분에 아픈 동생을 걱정하는 '나'의 마음이 잘 나타납니다.

08 마침표(.)나 쉼표(,) 뒤에 오는 말은 띄어 써야 합니다.

09 수를 나타내는 말인 '두'와 단위를 나타내는 말인 '번째' 사이는 띄어 써야 하므로 '두 번째네.'라고 띄어 씁니다.

> **채점 기준** '두 번째네.'로 바르게 띄어 쓰고, 수를 나타내는 말과 단위를 나타내는 말 사이는 띄어 써야 한다는 까닭을 썼으면 정답으로 합니다.

10 낱말과 낱말 사이는 띄어 쓰되, '이/가, 을/를, 은/는, 의'와 같은 말은 앞말에 붙여 써야 합니다.

> **보충 자료** 띄어쓰기를 바르게 하면 좋은 점 알기
> • 띄어쓰기를 바르게 하면 전하고자 하는 뜻을 정확하게 전할 수 있습니다.
> • 글을 읽는 사람도 편하게 읽을 수 있습니다.

11 일 년 동안 경험한 일 가운데 인상 깊은 일을 쓰고, 그 일이 인상 깊은 까닭도 정리하여 씁니다.

> **채점 기준** 인상 깊은 일을 떠올려 쓰고, 그 까닭도 알맞게 썼으면 정답으로 합니다.

12 언제, 어디에서, 누구와 무슨 일이 있었는지, 그때의 마음이나 그런 마음이 든 까닭도 자세히 쓰는 것이 좋습니다. 제목은 자신이 쓴 글에서 가장 하고 싶은 말이 무엇인지, 어떤 마음을 표현하고 싶은지를 생각해서 정합니다.

13 겪은 일 가운데에서 어떤 일을 글로 쓸지 정한 다음 쓸 내용을 정리하여 글을 씁니다. 그리고 쓴 글을 고쳐쓰기 합니다.

14 고쳐쓰기를 할 때에는 잘못 쓴 글자는 없는지, 띄어쓰기를 바르게 했는지 확인해 보는 것이 좋습니다.

15 글을 쓴 뒤에 고쳐쓰기 하면 좋은 점을 이야기하고 있습니다.

> **보충 자료** 글을 쓴 뒤에 고쳐쓰기 하면 좋은 점 알기
> • 자신이 전하고자 한 내용을 효과적으로 표현했는지 확인할 수 있습니다.
> • 잘못된 띄어쓰기나 표현을 고칠 수 있습니다.

바른답·알찬풀이

단원 평가

01 (1) ㉡ (2) ㉠ (3) ㉢ (4) ㉣　　**02** 예 가족과 목장에 가서 양들에게 먹이를 주고, 치즈 만들기 체험도 했다.　　**03** 공 굴리기, 장애물 달리기
04 (1) ㉯ (2) ㉮ (3) ㉭ (4) ㉰　　**05** ③
06 ③　　**07** ①, ③　　**08** ⑤
09 ②　　**10** ①　　**11** (1) 두 번째네. (2) 주혁이가 눈물이 (3) 아팠다. 동생이 얼른 나았으면 좋겠다.　　**12** ③, ④　　**13** ②
14 (3) ○　　**15** (1) 예 여름에 친척 형들과 함께 워터 파크에서 (2) 예 워터 파크에서 큰 파도를 타며 신나게 놀았다. (3) 예 파도 타기가 무척 재미있었고 시원했다. (4) 예 큰 파도 풀장에는 처음 갔고, 친척 형들이랑 함께여서 더욱 재미있었다. **16** ③

독해로 생각 Up　**17** ④　　**18** (1) 엄마가 깨웠다. (2) 할머니, 할아버지 (3) 한 권을

---

01 ㉮는 수영하기, ㉯는 축구하기, ㉭는 갯벌 체험, ㉰는 즐거운 운동회 경험을 떠올릴 수 있습니다.

02 보기처럼 누구와 어디에서 무엇을 했는지 간단히 써 봅니다.
　채점 기준 자신이 겪은 일을 떠올려 누구와 어디에서 무엇을 했는지 썼으면 정답으로 합니다.

03 운동회 때 친구들과 공 굴리기, 장애물 달리기를 하였습니다.

04 ㉠에는 언제, ㉡에는 어디에서, ㉢에는 있었던 일, ㉣에는 생각이나 느낌이 들어가야 합니다.

05 기억에 남는 일을 정리하면 자신이 한 일을 되돌아볼 수 있고, 기억에 남는 일을 자세히 떠올릴 수 있으며, 기억에 남는 일을 글로 쓸 수 있고, 어떤 내용을 말하거나 쓸지 점검할 수 있습니다.

06 '나'는 동생 주혁이가 끙끙 앓는 소리에 잠에서 깼습니다.

07 주혁이는 열이 39도가 넘고, 배도 많이 아팠습니다.

08 '나'는 열이 나는 주혁이의 이마에 차가운 물수건을 얹어 주었습니다.

09 동생이 아팠던 일을 떠올려 글로 쓴 것이므로 '동생이 아파요'가 글의 제목으로 가장 적당합니다.

10 쉼표 뒤에 오는 말은 띄어 써야 하므로, "아이고, 배야."와 같이 고치는 것이 알맞습니다.

11 수를 나타내는 말과 단위를 나타내는 말 사이는 띄어 써야 하므로 ㉡은 '두 번째네.'로 고쳐야 하며, 낱말과 낱말 사이는 띄어 쓰되, '이/가'는 붙여 쓰므로 ㉢은 '주혁이가 눈물이'로 고쳐야 하고, 마침표 뒤는 띄어 써야 하므로 ㉣은 '아팠다. 동생이 얼른 나았으면 좋겠다.'라고 고쳐야 합니다.
　채점 기준 ㉡~㉣을 모두 바르게 띄어 썼으면 정답으로 합니다.

12 띄어쓰기를 바르게 하면 전하고자 하는 뜻을 정확히 전할 수 있고, 글을 읽는 사람도 편하게 읽을 수 있어 좋습니다.

13 자신이 경험한 일 가운데에서 인상 깊은 일을 떠올려 어떤 일을 글로 쓸지 정한 후, 쓸 내용을 정리하고 글을 씁니다. 그리고 가장 마지막에 고쳐쓰기를 합니다.

14 ㉮~㉭에서는 계절별로 어떤 일이 있었는지 떠올리고 있습니다.

15 여름에 경험한 인상 깊은 일 중 하나를 정해 언제, 어디에서, 누구와 무슨 일이 있었으며 어떤 마음이 들었는지, 왜 그런 마음이 들었는지 구체적으로 정리하여 씁니다.
　채점 기준 (1)~(4)를 모두 구체적으로 정리하여 썼으면 정답으로 합니다.

16 첫인사와 끝인사는 편지에 들어가는 내용이므로 인상 깊은 일을 쓴 글에는 들어가지 않아도 됩니다.
　오답 풀이
인상 깊은 일을 글로 쓴 후 자신이 쓴 글을 고쳐 쓸 때에는 경험한 일을 자세히 썼는지, 생각이나 느낌을 썼는지, 이해하기 쉽고 재미있는 표현을 사용했는지, 띄어쓰기를 바르게 했는지 살펴봅니다.

지문 해설 독해로 생각 Up

수아의 봉사 활동　고수산나

㉮ 일요일 아침이라 더 자고 싶었는데 엄마가 깨웠다.
　　　　　　　시간(언제)
"수아야, 오늘이 무슨 요일인지 알지? 가족 봉사 활동 가기로 한 일요일이잖아. 얼른 일어나."
　　　　　　겪은 일(무슨 일)

나는 다시 이불을 뒤집어썼지만 곧 엄마에게 빼앗기고 말았다.
　<u>더 자고 싶은 마음</u>

우리 가족이 간 곳은 할머니, 할아버지 들이 계시는 요양원이었다.
　<u>장소(어디서)</u>

뭘 해야 할까 두리번거리고 있을 때 안경 쓴 할머니가
　<u>눈을 크게 뜨고 여기저기를 자꾸 휘둘러 살펴보고.</u>
나에게 오라고 손짓을 했다.

"여기 책 좀 읽어 줄래? 내가 이래 봬도 예전에는 <u>문
학소녀</u>여서 책을 많이 읽었는데 <u>요즘은 눈이 침침해</u>
<u>문학을 좋아하고 문학 작품의 창작에 뜻이 있는 소녀.</u>　<u>책을 읽어 달라 하신 까닭</u>
서 글씨가 잘 안 보이는구나."

할머니는 낡은 책 <u>한 권</u>을 내미셨다. 다른 책이 없어서 같은 책만 스무 번을 넘게 읽으셨다고 했다.

할머니는 눈을 감고 책 읽는 내 목소리에 귀를 기울이셨다.

"할머니, 다음에 올 때 재미있는 책을 가지고 올게요."
　<u>할머니께 한 약속</u>

▶ 일요일 아침, 수아는 가족과 요양원으로 봉사 활동을 가서 할머니께 책을 읽어 드렸다.

나 일주일 뒤, 요양원에 도착하자마자 할머니에게 달려갔다. 할머니는 나를 기다렸다며 서랍에서 사탕이랑 과자를 꺼내 주셨다.

"할머니 드시지……."

사양했지만 할머니가 내 생각을 하며 모아 두셨다며
<u>겸손하여 받지 아니했지만.</u>
호주머니에 사탕을 넣어 주셨다.

나는 가져간 동화책을 읽어 드렸다. 할머니는 내 이야기를 듣고 어린아이처럼 웃기도 하고 눈물을 글썽이기도 하셨다.

봉사 활동이 힘들어도 왜 계속하는지 이제 알 것 같
<u>봉사 활동 후 수아가 느낀 점</u>
다. 나를 기다리며 반가워하는 할머니 생각을 하면 일요일 아침이 기다려진다. ▶ 다시 요양원에 간 수아는 할머니께 책을 읽어 드리고 봉사 활동의 보람을 느꼈다.

17 수아는 일요일 아침에 가족과 요양원으로 봉사 활동을 갔습니다.

18 낱말과 낱말 사이는 띄어 쓰되, '이/가'와 같은 말은 앞말에 붙여 써야 하므로 ㉠은 '엄마가 깨웠다.'로 고칩니

다. 쉼표 뒤에 오는 말은 띄어 써야 하므로 ㉡은 '할머니, 할아버지'로 고칩니다. 수를 나타내는 말과 단위를 나타내는 말 사이는 띄어 써야 하므로 ㉢은 '한 권을'로 고칩니다.

어휘 마무리 뚝딱
062~063쪽

1 (1) 채비 (2) 그렁그렁한 (3) 장애물
2 (1) ㉮ (2) ㉣
3 (1) 앓아[아라] (2) 앓다[알타] (3) 앓는[알른]
4 (2) ○

1 (1)은 '어떤 일이 되기 위하여 필요한 물건, 자세 따위가 미리 갖추어져 차려지거나 그렇게 되게 함. 또는 그 물건이나 자세'를 뜻하는 '채비'가, (2)는 '눈에 눈물이 넘칠 듯이 그득 괴어 있는'을 뜻하는 '그렁그렁한'이, (3)은 '가로막아서 거추장스럽게 자꾸 거슬리거나 방해가 되는 사물'을 뜻하는 '장애물'이 들어가야 알맞습니다.

2 (1)은 아기가 오리를 보고 있으므로 '아기가 오리를 보았다.'라고 띄어 써야 하며, (2)는 친구에게 물을 달라고 하는 상황이므로 '나 물 좀 줘.'라고 띄어 써야 합니다.

> **보충 자료** **띄어쓰기 방법 알아보기**
> • 낱말과 낱말 사이는 띄어 쓰되, '이/가, 을/를, 은/는, 의'와 같은 말은 앞말에 붙여 씁니다.
> • 마침표(.)나 쉼표(,) 뒤에 오는 말은 띄어 씁니다.

3 '앓아'는 [아라]로, '앓다'는 [알타]로, '앓는'은 [알른]으로 발음합니다.

4 (1)은 어떤 일을 하려는데 뜻하지 않은 일을 공교롭게 당한 상황이므로 '가는 날이 장날'이라는 속담을 쓰는 것이 어울립니다. (2)는 요리 연구가이신 할머니 덕에 김치의 색만 보고도 어떤 재료가 많이 들어갔는지 알아맞히는 상황이므로 '서당 개 삼 년에 풍월 한다'라는 속담을 쓰는 것이 알맞습니다.

> **보충 자료** **'서당 개 삼 년에 풍월 한다'와 뜻이 비슷한 사자성어 알아보기**
> • 당구풍월(堂 집 당, 狗 개 구, 風 바람 풍, 月 달 월): 서당에서 기르는 개가 풍월을 읊는다는 뜻으로, 그 분야에 대하여 경험과 지식이 전혀 없는 사람이라도 오래 있으면 얼마간의 경험과 지식을 가짐을 이르는 말.

바른답·알찬풀이

4단원 감동을 나타내요

독해로 교과서 쏙쏙

068~081쪽

독해로 이해 콕

1 ×	**2** 거북이	**3** 졸렸기
4 감기	**5** 모래밭	**6** ×
7 신호	**8** ×	**9** 투명 인간
10 괴로운	**11** ○	
12 (피아노) 조율사		**13** ×
14 블링크 아저씨	**15** ×	**16** 주스
17 ○	**18** ○	**19** 색깔(들)
20 ×	**21** 색	
22 (할아버지네) 토마토		**23** 풀밭
24 ○	**25** ×	**26** ×
27 ○	**28** 얼굴	**29** ○

01 ② **02** (1) ○ **03** 예 넣고 읽을 때 표현이 더 구체적이고 느낌이 생생하게 살아난다.
04 ② **05** 승현 **06** (3) ○
07 굼질굼질 **08** ④ **09** ④
10 예 추석날 밤에 할머니 댁에서 들은 풀벌레 소리가 마치 지구가 숨 쉬는 소리 같았다. **11** ②
12 ④ **13** 예 피아노 음이 맞지 않아서이다. / 피아노 조율이 안 되었기 때문이다. **14** ④
15 (3) ○ **16** ④ **17** (1) 조율사
(2) 시각 **18** (2) ○ **19** ⑤
20 예 앞이 보이지 않으면서 자신이 온 것을 어떻게 알았냐고 질문했다. **21** 예 다른 사람보다 촉각, 후각, 미각, 청각이 발달했다. / 어릴 적부터 다른 감각들이 아주 발달되어 있다. **22** ②, ⑤ **23** ④
24 ② **25** 색깔 **26** (1) ㉣ (2) ㉤
(3) ㉠ (4) ㉢ **27** 예 거칠고 딱딱한 나무 기둥을 만지는 느낌이에요. **28** ④ **29** (2) ○
30 예 강판을 만지는 것 **31** 예 블링크 아저씨에게 세상 모든 색을 들려주고 싶었기 때문이다.
32 ㉣ **33** (1) ○ **34** 서율

---

01 1연에서 '내' 몸에 불덩이가 들어왔다고 말한 까닭은 감기에 걸려 열이 많이 나기 때문입니다.

02 2연에서 감기약을 먹고 졸린 모습을 잠꾸러기가 들어왔다고 표현하였습니다.

오답 풀이
(2) 감기에 걸려 열이 많이 난 상태를 '뜨끈뜨끈', 감기에 걸려 몹시 추운 상태를 '오들오들'이라고 표현하였습니다.
(3) 감기에 걸려 몹시 추웠기 때문에 불덩이를 따라 몹시 추운 사람이 들어왔다고 표현하였습니다.

> **보충 자료** 「감기」에 나타난 감각적 표현 알아보기
> • 내 몸에 / 불덩이가 들어왔다.
> • 몹시 추운 사람도 들어왔다.
> • 거북이도 들어오고
> • 잠꾸러기도 들어왔다.
> • 뜨끈뜨끈, 오들오들, 느릿느릿, 까무룩

03 ㉠, ㉡과 같은 감각적 표현을 넣고 읽으면 표현이 더 구체적이고 생생하며 재미있습니다.
채점 기준 감각적 표현을 넣고 읽을 때 표현이 구체적이고, 생생하고, 재미있고, 실감 난다는 내용으로 썼으면 정답으로 합니다.

> **보충 자료** 대상을 감각적 표현으로 나타내면 좋은 점 정리하기
> • 대상의 느낌을 생생하게 표현할 수 있습니다.
> • 대상의 느낌을 실감 나고 재미있게 나타낼 수 있습니다.
> • 감각적 표현을 말하려고 대상을 더 자세히 관찰할 수 있습니다.

04 말하는 이는 감기에 걸려 열이 나고 감기약을 먹어 졸린 상태이므로, 힘없는 목소리가 어울립니다.

05 감기에 걸렸다가 몸이 다 나은 모습은 시에 나오지 않은 내용이므로 승현이가 알맞게 말하지 못하였습니다.

06 말하는 이는 강가 모래밭에서 발가락을 구부려서 두더지 발톱처럼 만들어 모래밭으로 파고들고 있습니다.

07 이 시에 쓰인 흉내 내는 말로, 모래가 움직이는 모습을 지구가 천천히 움직이는 모습처럼 표현한 말은 '굼질굼질'입니다.

> **보충 자료** 「지구도 대답해 주는구나」에 나타난 감각적 표현 알아보기
> • 발가락 옴지락거려 / 두더지처럼 파고들었다.
> • 지구가 간지러운지 / 굼질굼질 움직였다.

08 시에서 말하는 이가 말한 작은 신호는 발가락으로 모래밭을 파고든 것을 뜻합니다.

09 말하는 이는 모래의 움직임을 지구가 움직이는 것으로 생각해서 지구가 대답해 준다고 표현한 것입니다.

10 어떤 상황에서 지구가 살아 있다고 생각했는지 자신의 경험을 씁니다.

채점 기준 지구가 숨을 쉬거나 감정을 느끼거나 움직인다고 생각했던 자신의 경험을 썼으면 정답으로 합니다.

11 피아노 선생님인 엄마께서는 엄마의 제자 중 '나'가 피아노를 제일 잘 치기를 원하셨습니다.

12 엄마께서 피아노를 치라고 하자 괴로운 시간이라고 한 것으로 보아, '나'는 피아노 치는 것을 싫어한다는 것을 알 수 있습니다.

13 엄마께서는 '나'가 피아노를 잘 치지 못한 까닭이 '나'의 탓이 아니라 피아노 음이 맞지 않아서, 즉 피아노 조율이 안 되어서라고 하셨습니다.

채점 기준 엄마께서 핑계를 찾으신 내용으로, 피아노의 음이 맞지 않는다거나 피아노 조율이 되지 않았다는 내용으로 썼으면 정답으로 합니다.

14 '나'는 학교에서 돌아와서 검은 선글라스를 낀 피아노 조율사 블링크 아저씨가 피아노 앞에 앉아 있는 것을 보았습니다.

15 ⑶은 블링크 아저씨가 웃는 모습을 감각적 표현으로 나타낸 것입니다.

16 엄마께서는 시각 장애인인 블링크 아저씨가 현관문을 찾지 못할까 봐 도와주신 것입니다.

17 블링크 아저씨는 피아노 조율사이고, 앞이 보이지 않는 시각 장애인입니다.

18 '나'는 식당에서 정확한 음을 자동으로 연주하는 피아노를 보고 그 피아노를 사고 싶었습니다.

19 엄마께서는 비(b) 플랫 건반이 이상하다며 조율사인 블링크 아저씨 댁에 갔다 오라고 하셨습니다.

20 '나'는 블링크 아저씨에게 인사도 하지 않았는데 자신이 온 것을 어떻게 알았는지 궁금해서 질문하였습니다.

채점 기준 앞이 보이지 않는 블링크 아저씨가 자신이 온 것을 어떻게 알았는지를 질문했다는 내용을 썼으면 정답으로 합니다.

21 블링크 아저씨는 태어날 때부터 앞을 보지 못해서 어릴 적부터 촉각, 후각, 미각, 청각과 같은 다른 감각들이 발달하였습니다.

채점 기준 촉각, 후각, 미각, 청각 등 다른 감각이 발달했다는 내용을 썼으면 정답으로 합니다.

22 블링크 아저씨는 '나'의 집 냄새와 바지가 구겨지는 소리 등을 통해 '나'가 집에 온 것을 알았습니다.

23 블링크 아저씨는 '나'의 무릎처럼 아무것도 보이지 않는다고 하였습니다.

24 블링크 아저씨가 아무것도 안 보인다는 것을 알게 된 '나'는 집에 돌아오는 길에 색깔들이 참 아름다워서 슬펐습니다.

25 '나'는 간식을 먹다가 블링크 아저씨에게 색깔을 가르쳐 주기로 결심하였습니다.

26 '나'는 초록색을 '맨발로 걸을 때 발가락 사이로 삐져나오는 풀잎', 붉은색을 '토마토 맛', 푸른색을 '수영장에서 헤엄치는 것', 흰색을 '여름에 푹 자고 열 시쯤에 일어났을 때'라고 감각적으로 표현하였습니다.

27 자신이 에밀이라면 블링크 아저씨에게 '갈색'을 어떻게 알려 주고 싶은지 씁니다.

채점 기준 갈색의 느낌을 표현하는 내용으로 타당하면 정답으로 합니다.

28 블링크 아저씨는 붉은색인 곡을 피아노로 연주하였습니다.

29 '나'는 가끔 집으로 돌아올 때 아저씨가 진짜 색깔을 볼 수 없는 것이 아쉬워서 기운이 쭉 빠졌습니다.

30 '나'는 작은 점으로 된 글씨가 오톨도톨 나 있는 점자책을 만져 보고 감자를 갈 때 쓰는 강판을 만지는 것 같았다고 하였습니다.

31 '나'는 블링크 아저씨가 돌아오면 세상 모든 색을 들려주려고 피아노 연습을 많이 하였습니다.

채점 기준 블링크 아저씨에게 세상 모든 색을 들려주기 위해서라는 내용이 들어가면 정답으로 합니다.

32 엄마와 얘기를 나누고 있는 투명 인간은 얼굴을 붕대로 감은 블링크 아저씨를 가리킵니다.

33 블링크 아저씨는 외국에서 다른 사람에게서 안구를 기증받아 수술을 받고 돌아오셨습니다.

34 에밀이 블링크 아저씨에게 서운해하거나 화를 내는 내용은 이 글에 나오지 않으므로 서율이가 알맞게 말하지 못하였습니다.

단원 평가
082~085쪽

01 ④ **02** 예 공 **03** ④
04 ⑤ **05** ④ **06** 예 '뜨끈뜨끈'이라는 말이 들어가니까 감기에 걸려 열이 나는 모습이 생생하게 느껴진다. **07** ②
08 ② **09** (2) ○ **10** ③
11 예 에밀의 집 냄새가 났고, 에밀의 바지가 구겨지는 소리를 들었기 때문이다. **12** ㉡
13 ④ **14** ④ **15** ②
16 ㉢ **17** 예 블링크 아저씨가 눈 수술을 받고 온 장면이 인상 깊었고, 블링크 아저씨가 세상을 볼 수 있을 때 어떤 느낌이 들지 궁금하다.

독해로 생각 Up **18** ② **19** 은재

01 곰 인형의 부드럽고 푹신한 느낌에 어울리는 표현은 '보들보들, 꼬불꼬불, 푹신푹신, 물렁물렁'입니다. '아삭아삭'은 어울리지 않는 표현입니다.

02 '공'이나 '보름달' 등과 같이 둥그스름한 귤의 모양을 표현할 수 있는 것을 떠올려 씁니다.

03 이 시에서 말하는 이는 감기에 걸려 힘들어하고 있습니다.

04 감기약을 먹고 몸이 무거워졌기 때문에 거북이가 느릿느릿 들어왔다고 표현하였습니다.

05 감기에 걸려 몸에 '불덩이, 몹시 추운 사람, 거북이, 잠꾸러기'가 들어왔다고 표현하였습니다.

06 감기에 걸린 상태를 생생하게 나타내는 감각적 표현을 찾아 그 느낌을 씁니다.

> **채점 기준** 시에 쓰인 감각적 표현을 하나 고르고, 그 표현에서 어떤 모습이 떠오르는지 생각이나 느낌을 구체적으로 썼으면 정답으로 합니다.

07 '굼질굼질'은 지구가 천천히 움직이는 모습을 흉내 내는 말로 감각적으로 표현한 말입니다.

08 말하는 이가 발가락으로 모래밭을 파고들자 모래가 움직이는 것을 지구가 움직여 대답해 주는 것으로 생각한 시입니다.

09 말하는 이는 지구가 살아 있다고 생각한 경험을 시로 쓴 것입니다.

10 블링크 아저씨는 태어날 때부터 앞을 보지 못했으므로 시각이 발달했다는 ③이 알맞지 않습니다.

11 블링크 아저씨는 눈이 안 보이지만 냄새와 소리로 에밀이 온 것을 알 수 있었습니다.

> **채점 기준** 냄새와 소리로 알게 되었다는 내용을 썼으면 정답으로 합니다.

12 에밀은 색깔을 피부의 느낌이나 맛으로 설명하였습니다.

13 '나'는 가장 푸른색인 것으로 옆집 수영장에서 헤엄치는 것을 떠올렸습니다.

14 블링크 아저씨는 다른 사람에게서 안구를 기증받아 수술을 받은 것이므로 ④는 알맞지 않습니다.

15 학교에서 돌아온 '나'는 블링크 아저씨를 보고 눈이 휘둥그레졌으며 목소리를 듣고 말문이 막혔다는 것을 통해 놀랐다는 것을 짐작할 수 있습니다.

16 ㉢은 조용한 거실의 분위기를 나타내는 감각적 표현입니다.

17 재미있거나 인상 깊은 장면, 감동받은 부분에 대한 자신의 생각이나 느낌을 씁니다.

> **채점 기준** 재미있거나 인상 깊은 내용, 감동받은 부분을 골라 자신의 생각이나 느낌을 알맞게 썼으면 정답으로 합니다.

> **보충 자료** 「진짜 투명 인간」을 읽고 생각이나 느낌 이야기하기
> • 블링크 아저씨가 피아노로 색깔을 표현하는 장면이 감동 깊었습니다.
> • 아저씨가 세상을 볼 수 있을 때 어떤 느낌이 들지 궁금합니다.
> • 마지막에 블링크 아저씨가 눈 수술을 받고 온 장면이 인상 깊었습니다.
> • 에밀이 블링크 아저씨를 위해 피아노 연습을 많이 한 점이 감동 깊었습니다.

의심 현덕

확실히 알 수 없어서 믿지 못하는 마음.

가 어쩌다가 노마는 유리구슬 한 개를 잃어버렸습니다. 아주 이쁘게 생긴 파란 구슬인데요, 어디서 어떻게 하다 잃었는지 아무리 생각해도 모르겠습니다. 아마 토끼처럼 깡충깡충 뛰고 놀다가 흘렸나 하고 우물둔덕에도 가 보았습니다. 거기도 없습니다. 영이하고 나뭇잎을 줍다가 흘렸나 하고 집 뒤 버드나무 밑에도 가 보았습니다. 거기도 없습니다. 아무리 찾아도 연기처럼 아주 없어진 듯이 구슬은 간 데를 모르겠습니다.

노마에게 일어난 일
노마가 잃어버린 것
우물 둘레의 작은 둑 모양으로 된 곳.

▶ 노마는 잃어버린 유리구슬을 아무리 찾아도 찾을 수 없었습니다.

나 그러다가 노마는 담 모퉁이에서 기동이를 만났습니다.

노마가 만난 친구

그리고 노마는 기동이 아래위를 보다가 입을 열어 물었습니다.

"너, 내 구슬 봤니?"

"무슨 구슬 말야?"

"파란 유리구슬 말야."

"난 못 봤다."

그러나 노마는 그 말을 정말로 듣지 않나 봅니다. 여전히 기동이 조끼 주머니를 보고, 두 손을 보고 합니다.

기동이의 말을 믿지 않음.

그러다가 노마는 입을 열어 또 물었습니다.

"너, 구슬 가진 것 좀 보자."

"그건 봐 뭣 해."

"보면 어때."

"봐 뭣 해."

하고 기동이는 조끼 주머니를 손으로 가립니다.

정말 기동이가 그 구슬을 얻어 제 것처럼 가졌나 봅니다. 아니면 선선하게 보이지 못할 게 뭡니까.

노마는 기동이가 구슬을 가져갔다고 의심함.
성질이나 태도가 까다롭지 않고 주저함이 없게.

노마는 더욱 의심이 났습니다.

▶ 노마는 기동이가 자신의 구슬을 가져갔다고 의심했습니다.

18 ㉠에는 '깡충깡충'이라는 표현과 어울리는 '토끼'가, ㉡

에는 '아주 없어진 듯이'라는 표현과 어울리는 '연기'가 들어가는 것이 알맞습니다.

19 은재는 친구를 의심한 노마의 행동에 대한 생각을 알맞게 말하였습니다. 그러나 노마가 기동이에게 사과한 내용은 글에 나오지 않으므로 지훈이는 생각이나 느낌을 잘못 말하였습니다.

어휘 마무리 뚝딱

086~087쪽

1 (1) ㉡ (2) ㉠ (3) ㉢
2 (1) 까무룩 (2) 오들오들 (3) 오톨도톨
3 (1) ○
4 유나

---

1 '침묵'은 '아무 말도 없이 잠잠히 있음. 또는 그런 상태', '장점'은 '좋거나 잘하거나 긍정적인 점', '감각'은 '눈, 코, 귀, 혀, 살갗을 통하여 바깥의 어떤 자극을 알아차림'이라는 뜻입니다.

2 ⑴은 '정신이 갑자기 흐려지는 모양'인 '까무룩'이, ⑵는 '춥거나 무서워서 몸을 잇따라 심하게 떠는 모양'인 '오들오들'이, ⑶은 '물건의 거죽이나 바닥이 여기저기 잘게 부풀어 올라 고르지 못한 모양'인 '오톨도톨'이 들어가는 것이 알맞습니다.

3 '만날 – 맨날', '차지다 – 찰지다', '예쁘다 – 이쁘다'는 두 낱말을 모두 표준어로 인정하는 낱말입니다.

> **보충 자료** 두 낱말을 모두 표준어로 인정하는 낱말 더 알아보기
>
> • 간질이다 – 간지럽히다
> • 깨트리다 – 깨뜨리다
> • 덩굴 – 넝쿨
> • 삐치다 – 삐지다
> • 소고기 – 쇠고기
> • 우레 – 천둥

4 '동고동락'은 '괴로움도 즐거움도 함께한다.'라는 뜻으로, 예지와 동고동락하면서 친해졌다고 말한 유나가 알맞게 사용하였습니다. 선우는 '사이가 매우 나쁜 두 관계를 비유적으로 이르는 말'인 '견원지간'이라는 말을 쓰는 것이 어울립니다.

바른답·알찬풀이

092~101쪽

5단원 바르게 대화해요

독해로 교과서 쏙쏙

독해로 이해 콕

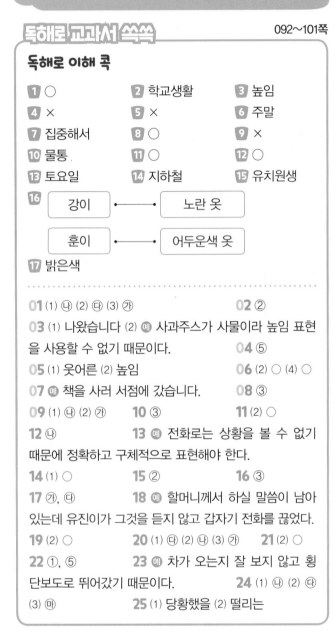

1 ○ **2** 학교생활 **3** 높임
4 × **5** × **6** 주말
7 집중해서 **8** ○ **9** ×
10 물통 **11** ○ **12** ○
13 토요일 **14** 지하철 **15** 유치원생

16

| 강이 | — | 노란 옷 |

| 훈이 | — | 어두운색 옷 |

17 밝은색

---

01 (1) ⓝ (2) ⓓ (3) ⓖ　　　　　**02** ②
03 (1) 나왔습니다 (2) 예 사과주스가 사물이라 높임 표현을 사용할 수 없기 때문이다.　　**04** ⑤
05 (1) 웃어른 (2) 높임　　**06** (2) ○ (4) ○
07 예 책을 사러 서점에 갔습니다.　　**08** ③
09 (1) ⓝ (2) ⓖ　　**10** ③　　**11** (2) ○
12 ⓝ　　　**13** 예 전화로는 상황을 볼 수 없기 때문에 정확하고 구체적으로 표현해야 한다.
14 (1) ○　　**15** ②　　**16** ③
17 ㉮, ㉯　　**18** 예 할머니께서 하실 말씀이 남아 있는데 유진이가 그것을 듣지 않고 갑자기 전화를 끊었다.
19 (2) ○　　**20** (1) ⓓ (2) ⓝ (3) ㉮　　**21** (2) ○
22 ①, ⑤　　**23** 예 차가 오는지 잘 보지 않고 횡단보도로 뛰어갔기 때문이다.　　**24** (1) ⓝ (2) ⓓ
(3) ⓜ　　**25** (1) 당황했을 (2) 떨리는

---

01 대화 ㉮와 ㉯는 할머니와 대화하는 상황, 대화 ㉰는 사과주스를 주문하는 상황, 대화 ㉱는 어머니와 대화하는 상황입니다.

02 승민이는 엎드리거나 바르지 않은 자세로 대화하고 있지 않으므로 ②는 알맞지 않습니다.

> **오답 풀이**
> 승민이는 할머니의 눈을 바라보고 할머니의 말씀을 잘 들으며, 높임 표현을 사용해 공손하게 대화하고 있습니다.

03 사과주스는 사물이기 때문에 높임 표현을 사용할 수 없으므로 '나왔습니다'라고 말해야 합니다.

> **채점 기준** (1)은 '나왔습니다'를 고르고, (2)에는 사과주스가 사물이기 때문에 높임 표현을 사용하지 않는다는 내용을 썼으면 정답으로 합니다.

04 할아버지와 어머니가 웃어른이므로 높임 표현을 사용해 '드시고 계세요'라고 말해야 합니다.

05 할아버지와 어머니가 웃어른이므로 승민이는 높임 표현을 사용해야 합니다.

06 대화 ㉲와 ㉳는 웃어른인 선생님과 대화하는 상황이므로, 승민이는 높임 표현을 사용해 대화해야 합니다.

07 선생님과 대화하는 상황이므로 높임 표현을 사용해 대화해야 합니다.

> **채점 기준** 높임 표현을 사용하여 '책을 사러 서점에 갔습니다.' 또는 '책을 사러 서점에 갔어요.'를 썼으면 정답으로 합니다.

08 여자아이는 승민이에게 요즘 재미있게 읽을 만한 책을 한 권 소개해 달라고 부탁하였습니다.

09 ㉡은 친구와 대화하는 상황이므로 '이 책이 재미있어.'라고 말하고, ㉢은 선생님과 대화하는 상황이므로 '이 책이 재미있습니다.'라고 말해야 합니다.

10 대화를 나눌 때에는 상대의 손이 아닌 눈을 바라보며 대화해야 합니다.

11 전화를 건 지원이가 자신이 누구인지를 밝히지 않아서 민지가 전화를 건 사람이 누구인지 몰랐기 때문에 ㉠과 같이 말한 것입니다.

12 망가진 미술 준비물이 무엇인지 지원이가 정확히 말하지 않아서 민지는 물통과 물감을 모두 생각했습니다.

13 민지는 지원이가 말하는 것이 무엇인지 몰라서 물통과 물감을 모두 생각했으므로 지원이는 말하려는 내용을 구체적으로 표현해야 합니다.

> **채점 기준** 전화로는 상황을 볼 수 없으므로 정확하고 구체적으로 표현해야 한다는 내용으로 썼으면 정답으로 합니다.

14 전화를 건 수진이가 자신이 누구인지를 밝히고 상대가 누구인지도 확인해야 하므로 (1)과 같이 말해야 합니다.

15 전화로 대화할 때에는 자신이 누구인지 밝혀야 하기 때문에 ②가 알맞지 않습니다.

16 지수가 계속 자신이 할 말만 했기 때문에 정아는 자신의 생각을 언제 말해야 할지 고민하였습니다.

17 할머니께서는 이번 토요일에 한국에 가며, 세 시까지 공항에 데리러 와야 한다는 말씀을 전하려고 전화를 하셨습니다.

18 할머니께서는 유진이가 할머니의 말씀을 끝까지 듣지 않고 갑자기 전화를 끊어서 당황하셨습니다.

채점 기준 유진이가 할머니의 말씀을 끝까지 듣지 않고 갑자기 전화를 끊었다는 내용으로 썼으면 정답으로 합니다.

19 지하철과 같은 공공장소에서 남자아이가 큰 소리로 통화하고 있습니다.

20 대화 **라**의 문제를 해결하기 위해서는 상대의 상황을 헤아리고 상대의 말을 귀 기울여 들어야 하며, 대화 **마**에서는 상대의 말을 끝까지 들어야 합니다. 대화 **바**는 공공장소에서의 전화 통화이므로 작은 목소리로 대화를 해야 합니다.

21 강이는 훈이가 유치원생 같다고 놀렸기 때문에 속상해하는 표정을 지었습니다.

22 엄마께서는 비가 오는 날에는 밝은색 옷을 입고, 우산으로 얼굴을 가리거나 땅을 쳐다보며 걷지 말라고 당부하셨습니다.

23 훈이는 차가 오는지 잘 보지 않고 횡단보도로 뛰어가다가 교통사고가 날 뻔했습니다.

채점 기준 앞을 잘 보지 않고 뛰어갔다는 내용으로 썼으면 정답으로 합니다.

24 강이는 횡단보도로 뛰어가는 훈이를 보고, 놀라면서 당황하는 표정을 짓고, 훈이를 말리려고 뛰어가며 잡으려는 몸짓을 하면서 "안 돼!"라고 외치며 다급한 말투로 말하는 것이 어울립니다.

25 차를 운전하던 사람도 교통사고가 날 뻔한 상황에서 많이 당황했을 것이므로 놀라며 떨리는 목소리로 말하는 것이 어울립니다.

단원평가 102~105쪽

01 ④ **02** (3) ○ **03** ①, ④
04 ② **05** ① **06** (1) 선생님
(2) 높임 **07 예** 전화를 건 지원이가 자신이 누구인지를 밝히지 않아 민지가 전화를 건 사람이 누구인지 모른다. **08** 물통 **09** (2) ○

10 ④ **11** ㉣ **12 예** 네, 전해
드릴게요. 할머니, 혹시 더 하실 말씀 있으세요?
13 ③ **14** 교통사고 **15** ④
16 ② **17 예** 밝은색 옷을 입어야 한다. / 우산으로 앞을 가리지 않고 조심해서 길을 건너야 한다.

독해로 생각 Up **18** (3) ○ **19** 강찬우
20 ㉴, ㉵

01 승민이가 높여야 할 대상은 할머니입니다.

02 할머니께 높임 표현을 사용해 '고맙습니다.'라고 말해야 합니다.

03 승민이는 공손한 태도로 할머니의 말씀을 잘 들으며 대화하고 있습니다.

04 사과주스가 사물이라 높임 표현을 사용할 수 없기 때문에 '나왔습니다'라고 말해야 알맞습니다.

05 친구에게 하는 말이므로 높임 표현을 사용하지 않고 '갔어'라고 말해야 합니다.

06 선생님과 대화를 나누는 상황이므로 높임 표현을 써야 합니다.

07 지원이는 자신이 누구인지 밝히지 않았습니다. 전화를 건 사람이 먼저 자신이 누구인지 밝혀야 합니다.

채점 기준 지원이가 자신이 누구인지 말하지 않았다는 내용으로 썼으면 정답으로 합니다.

08 지원이가 말한 망가진 미술 준비물은 물통입니다.

09 민지는 지원이의 말을 못 알아들어서 망가진 것이 물감인지 물통인지 물어본 것입니다.

10 전화 대화에서는 상대가 상황을 볼 수 없기 때문에 정확하고 구체적으로 표현해야 합니다.

11 할머니께서는 하실 말씀이 남아 있는데 유진이가 갑자기 전화를 끊어서 당황하셨습니다.

12 유진이는 할머니의 말씀을 끝까지 듣고 공손하게 말해야 하므로 할머니께 더 하실 말씀이 있으신지 여쭈어보고 전화를 끊는 것이 알맞습니다.

채점 기준 공손하게 더 하실 말씀이 있는지 여쭈어보는 말로 썼으면 정답으로 합니다.

13 공공장소에서 전화로 대화할 때에는 작은 목소리로 말해야 합니다.

14 훈이는 어두운색 옷을 입고 차가 오는지 잘 보지 않고 횡단보도로 뛰어가다가 교통사고가 날 뻔했습니다.

15 훈이가 차에 치일 뻔한 장면이므로 강이는 깜짝 놀라면서 걱정하는 표정을 짓는 것이 알맞습니다.

16 훈이는 강이의 말에 알겠다는 듯이 고개를 끄덕이는 몸짓을 하는 것이 어울립니다.

17 강이와 훈이는 비가 오는 날에는 밝은색 옷을 입고, 조심해서 길을 건너야 한다는 것을 깨달았을 것입니다.

채점 기준 밝은색 옷을 입어야 한다는 것과 조심해서 길을 건너야 한다는 것 중에 한 가지를 썼으면 정답으로 합니다.

지문 해설 독해로 생각 Up

우리 반 회의 시간

사회자: 친구들과 사이좋게 지내려면 실천해야 할 일이 무엇인지 발표해 주십시오. 박태영 친구가 의견을 발표해 주십시오.

박태영: 제 의견은 "듣기 싫은 별명으로 부르지 말자." 입니다. 기분이 나빠지면 서로 사이좋게 지내기가 어려워지기 때문입니다.

사회자: 좋은 의견입니다. 다른 의견이 더 있습니까? 이희정 친구가 의견을 발표해 주십시오.

이희정: 저는 고운 말을······.

강찬우: (끼어들며) 잠깐만. "심한 장난을 하지 말자."가 좋겠습니다. 왜냐하면 장난이 심해져서 싸우는 경우가 많기 때문입니다.

사회자: 강찬우 친구, 좋은 의견 감사합니다. 하지만 다른 사람이 의견을 발표할 때 끼어드는 것은 잘못입니다. 다음부터는 꼭 손을 들어 말할 기회를 얻고 나서 발표해 주시기 바랍니다. 이희정 친구는 계속 발표해 주십시오.

이희정: 네, 제 의견은 "고운 말을 사용하자."입니다. 친

구들이 나쁜 말을 주고받으면 사이가 안 좋아지는 것을 자주 봤기 때문입니다.

고경희: (비아냥거리며) 쳇, 친할 때 그런 말로 장난치는 것도 모르나?

18 친구들과 사이좋게 지내기 위해 실천해야 할 일에 대해 의견을 말하고 있습니다.

19 강찬우 친구는 이희정 친구가 의견을 말할 때 끼어들며 말했습니다.

20 고경희 친구는 말할 기회를 얻은 뒤 의견을 말해야 하며, 공식적인 상황이므로 높임말을 써야 합니다.

어휘 마무리 뚝딱 106~107쪽

1 (1) ㉯ (2) ㉰ (3) ㉮
2 (1) 부서졌다 (2) 혼동되어서 (3) 부탁했다
3 (1) 섭섭하다[섭써파다] (2) 끊자마재[끈차마자] (3) 답답하다[답따파다]
4 상우

1 (1)은 '한 주일의 끝 무렵'인 '주말'이, (2)는 '미리 마련하여 갖추어 놓는 물건'인 '준비물'이, (3)은 '어떤 일을 책임지고 돌보는 차례가 됨. 또는 그 차례가 된 사람'인 '당번'이 들어가는 것이 알맞습니다.

2 (1)에서 '부서지거나 찌그러져 못 쓰게 되다.'라는 뜻의 '망가지다'는 '부서지다'와 뜻이 비슷하고, (2)에서 '여러 가지가 뒤섞여 갈피를 잡지 못하다.'라는 뜻의 '헷갈리다'는 '혼동되다'와 뜻이 비슷하고, (3)에서 '말로 단단히 부탁하다.'라는 뜻의 '당부하다'는 '부탁하다'와 뜻이 비슷하므로 서로 바꾸어 쓸 수 있습니다.

3 (1)에서 '섭섭하다'의 발음은 [섭써파다]가 알맞고, (2)에서 '끊자마자'의 발음은 [끈차마자]가 알맞고, (3)에서 '답답하다'의 발음은 [답따파다]가 알맞습니다.

4 '입은 비뚤어져도 말은 바로 해라'는 아무리 상황이 좋지 못해도 진실은 바로 밝히라는 말인데, 상우가 거짓말을 한 상황이므로 상우에게 말해 주는 것이 좋을 것입니다.

독해로 교과서 쏙쏙

112~123쪽

독해로 이해 콕

1 엄마	**2** ×	**3** 민호
4 ○	**5** 선생님	**6** ×
7 놀이터	**8** 구름	**9** ×
10 책가방	**11** ×	**12** 이어달리기
13 떡	**14** 화장실	**15** ○
16 기찬이	**17** ×	**18** 기찬이
19 ×	**20** ○	**21** 딱지치기
22 미안한	**23** ×	**24** 솔직하게

01 ②　　　　**02** ㉣, ㉤　　　　**03** ②
04 예 발표할 때 실수할까 봐 걱정되었기 때문이다.
05 지호　　**06** ㉣　　　　**07** ③, ⑤
08 ③　　　　**09** (2) ○　　　　**10** 예 규리야,
나도 강아지랑 놀 때 기분이 좋은데 너도 강아지랑 노는
것을 좋아하는구나. **11** 운동회　　**12** ②
13 가을　　　　**14** 예 이어달리기가 가장 점수가 높
은데 질 게 뻔하다며 아무 기대를 하지 않았다.
15 ⑤　　　　　　**16** ④　　　　　　**17** ⑤
18 ④　　　　**19** 예 백군의 마지막 선수와 같이 달
리고 있는 기찬이를 보고 이기고 있다고 착각했기 때문이
다.　　　　**20** ⑤　　　　　　**21** ⑴ 한 바퀴
⑵ 배턴　　**22** 예 기찬이에게 미안하고 창피했
을 것이다.　　**23** ⑶ ○　　　**24** 나연
25 예의 없는　　**26** ⑤　　　　**27** 예 사과를
그린 그림과 미안한 마음을 전하는 쪽지를 솔직하게 써서
원호에게 주었다.　　**28** ①, ②, ③　　**29** ⑤

---

01 규리는 아침에 늦잠을 자서 엄마께서 깨워 주셨고, 더 자고 싶었지만 억지로 일어났습니다.

02 규리는 더 자고 싶은데 억지로 일어나서 속상하고 화가 났을 것입니다.

03 1교시 사회 시간은 우리 지역의 자랑거리를 조사해서 발표하는 시간이었습니다.

04 규리는 사회 시간에 앞 모둠의 발표가 거의 끝나 가서 자신의 발표 차례가 다가오자 가슴이 콩닥콩닥 뛰기 시작했고, '실수하면 안 되는데…….'라고 생각하였습니

다. 이를 통해 발표할 때 실수할까 봐 걱정스럽고 불안한 규리의 마음을 짐작할 수 있습니다.

> **채점 기준** 발표하는 것이 겁이 나고 걱정되었기 때문이라는 내용으로 썼으면 정답으로 합니다.

05 규리는 사회 시간에 발표를 할 때 실수할까 봐 걱정스럽고 불안한 마음이었으며, 이러한 마음이 든 친구는 지호입니다.

> **오답 풀이**
> 예지와 연서는 기쁘고 즐거운 마음입니다.

06 음악 시간에 규리는 민호에게 리코더 연주 방법을 가르쳐 주었습니다.

07 음악 시간에 규리는 민호가 자신이 가르쳐 주는 대로 리코더 연주를 잘 따라 했기 때문에 자랑스럽고 뿌듯했을 것입니다.

08 규리는 수업이 모두 끝나고 집으로 가는 길에 놀이터를 지날 때, 산책을 나온 수호네 강아지를 보았습니다.

09 규리는 수호네 강아지를 만나서 반가웠고 강아지의 털을 쓰다듬으며 구름을 만지는 기분이 들었으므로, ㉠에는 '행복하게'라는 마음이 어울립니다.

10 규리와 비슷한 경험을 했을 때의 마음을 떠올려 규리에게 하고 싶은 말을 씁니다.

> **채점 기준** 규리와 비슷한 경험과 그때의 마음을 규리에게 말하듯이 썼으면 정답으로 합니다.

11 기찬이는 운동에 자신이 없는데 운동회가 다가와서 심술이 났기 때문에 돌멩이를 발로 차 버렸습니다.

12 선생님께서는 누구나 한 경기씩 나갈 수 있도록 제비뽑기로 선수를 뽑자고 하셨습니다.

13 기찬이는 달리기를 잘하지 못해서 마음이 무거웠기 때문에 울상이 되었습니다.

14 친구들은 이어달리기가 가장 점수가 높은데 기찬이가 달리면 안 봐도 질 게 뻔하다고 말하였습니다.

> **채점 기준** 친구들이 기찬이가 달리면 질 게 뻔하다고 생각했다는 내용으로 썼으면 정답으로 합니다.

15 이호는 이어달리기를 잘할 자신이 있어서 ㉠과 같이 말한 것입니다.

16 친구들은 달리기가 느린 기찬이를 거북이라고 불렀습니다.

17 친구들은 청군이 백군에 비해 반 바퀴나 뒤처지고 있는 것을 보고 진 거나 마찬가지라고 생각하여 기찬이를 응원하지 않았습니다.

18 이호는 갑자기 배가 아파서 화장실이 급했기 때문에 화장실로 뛰어간 것입니다.

19 친구들은 기찬이가 백군의 마지막 선수와 같이 달리는 것을 보고 기찬이가 이기고 있다고 착각하였습니다.

> **채점 기준** 기찬이가 백군의 마지막 선수와 달리고 있기 때문이라는 내용으로 썼으면 정답으로 합니다.

20 친구들이 기찬이의 이름을 부르자 기찬이는 어리둥절하였습니다.

21 기찬이가 한 바퀴를 더 돌자 친구들은 그제야 한 바퀴나 차이 나게 진 것을 알게 되었습니다. 기찬이는 이호에게 배턴을 넘겨주고 친구들과 운동장을 달렸습니다.

22 이호는 기찬이가 자기 대신 달렸다는 것을 알고 기찬이에게 미안하기도 하고 창피하기도 했을 것입니다.

> **채점 기준** 미안하고 창피한 이호의 마음에 대해 썼으면 정답으로 합니다.

23 기찬이가 이호에게 배턴을 넘겨주고 웃음이 나왔다고 한 것으로 보아, 기찬이는 최선을 다해서 결과와 상관없이 뿌듯한 마음이 들었을 것입니다.

24 친구들은 기찬이가 이기고 있다고 착각하여 열심히 응원했던 것이 우스워서 웃음이 나왔던 것입니다.

25 주은이는 딱지치기가 자신의 마음대로 되지 않자 예의 없는 말과 행동을 해서 원호가 화가 났습니다.

26 주은이가 말로는 사과한다고 했지만 표정이나 분위기, 말한 내용이나 행동이 사과하는 것처럼 느껴지지 않았으므로 원호는 주은이의 사과를 받지 않고 가 버렸습니다.

27 주은이는 사과 그림과 미안한 마음을 솔직하게 쓴 쪽지를 원호에게 주었습니다.

> **채점 기준** 사과 그림을 그리고 진심으로 쪽지를 썼다는 내용이 들어가면 정답으로 합니다.

28 주은이와 원호에게 있었던 일, 주은이가 전하고 싶은 마음, 주은이가 원호에게 바라는 점 등을 쪽지에 썼을 것입니다.

29 사과하는 쪽지를 쓸 때에는 친구에게 전하고 싶은 마음이 장난스럽게 보이지 않도록 써야 합니다.

단원 평가
124~127쪽

01 ③ **02** 리코더 **03** 📷 글 **가**에서는 걱정스러운 마음이었다가, 글 **나**에서는 자랑스러운 마음으로 달라졌다. **04** ⑤ **05** ④
06 ③ **07** 📷 기찬이는 이어달리기가 걱정되어 마음이 무거웠고, 이호는 이어달리기를 잘할 자신이 있었다. **08** ④ **09** ②
10 유나 **11** ③ **12** ③
13 (1) ○ **14** 📷 주은이의 표정이나 분위기, 말한 내용이나 행동이 사과하는 것처럼 느껴지지 않았기 때문이다. **15** (1) 미안한 (2) 진심으로

독해로 생각 Up **16** ② **17** ③
18 ②

---

01 규리는 사회 시간에 모둠의 발표자로 우리 지역의 자랑거리에 대해 발표하였습니다.

02 규리는 민호에게 리코더 연주 방법을 가르쳐 주었습니다.

03 **가**에서 규리는 발표 때문에 걱정스러운 마음이었다가, **나**에서 민호에게 리코더 연주 방법을 가르쳐 주며 자랑스러운 마음으로 달라졌습니다.

> **채점 기준** 걱정스러운 마음에서 자랑스럽고 뿌듯한 마음으로 달라졌다는 내용으로 썼으면 정답으로 합니다.

04 규리는 수업이 모두 끝난 뒤 집으로 가는 길에 수호네 강아지를 만나 강아지의 하얀 털을 쓰다듬어 주었습니다.

05 규리는 수호네 강아지를 만나 반갑고 기쁘며 즐겁고 행복한 마음이었을 것입니다.

06 이호도 기찬이와 같은 '이어달리기'가 쓰인 쪽지를 뽑았습니다.

07 기찬이는 울상이 된 것으로 보아 마음이 무겁고 걱정스러웠으며, 이호는 자신만 믿으라고 한 것으로 보아 이어달리기를 잘할 자신이 있었습니다.

> **채점 기준** 마음이 무거운 기찬이의 마음과 자신감이 넘치는 이호의 마음을 둘 다 썼으면 정답으로 합니다.

08 기찬이는 친구들이 응원하지 않았을 때에도 이를 악물고 열심히 뛰었습니다.

09 배탈이 난 이호는 갑자기 화장실에 가 버렸습니다.

10 이호가 사라져서 기찬이가 당황했을 것이라고 짐작한 유나가 기찬이의 마음을 알맞게 짐작하였습니다.

11 기찬이네 반 친구들은 기찬이가 이긴 것으로 착각하고 신이 나 있었습니다.

12 기찬이네 반 친구들은 기찬이가 한 바퀴를 더 도는 것을 보고 기찬이가 이긴 것이 아니라는 것을 알게 되었습니다.

13 마지막에 기찬이가 웃음이 나왔다고 한 것으로 보아, 기찬이는 결과와 상관없이 최선을 다해서 뿌듯한 마음일 것입니다.

14 원호는 주은이가 사과하는 것처럼 느껴지지 않아서 사과를 받지 않았습니다.

> **채점 기준** 주은이가 사과하는 것처럼 느껴지지 않았다는 내용을 썼으면 정답으로 합니다.

15 주은이는 미안한 마음을 전하는 쪽지를 솔직하게 써서 원호에게 주었습니다.

지문 해설 독해로 생각 Up

가 1리터의 생명 - 동영상

다른 나라에 사는 청년과 아이가 있습니다. 청년은 정수기에서 깨끗한 물을 받고, 아이는 더러운 하천에서 흙탕물을 뜹니다.
〔문제 상황〕
아이는 흙탕물을 마시지 못하고 바라만 봅니다. 청년은 깨끗한 물이 담긴 페트병을 가지고
〔물이 더러워서 마시지 못함.〕
아이에게 갑니다. 그리고는 흙탕물이 담긴 아이의 페트병을 깨끗한 물이 담긴 페트병으로 바꾸어 놓습니다.
〔청년이 아이를 위해 한 일〕
아이는 깨끗한 물을 마시고 환하게 웃고, 그 모습을 지켜보는 청년도 미소를 짓습니다. '물은 생명입니다. 당신의 1리터를 나누어 주세요.'
〔깨끗한 물을 구하지 못하는 아이들을 돕자는 뜻임.〕

나 당신의 1리터를 나누어 주세요 - 제안하는 글

물은 사람이 살아가는 데 매우 중요합니다. 우리는 어디에서든지 물을 쉽게 구할 수 있습니다. 그러나 동영상에 나오는 아이는 깨끗한 물을 구하지 못해 어려움
〔가〕   〔문제 상황〕
을 겪고 있습니다. 많은 아이가 더러운 물을 마셔 생명

이 위험할 수 있습니다.
〔제안하는 내용〕
깨끗한 물을 마시지 못하는 아이들을 위해 기부 운동
〔다른 사람이나 기관, 단체 등을 도울 목적으로 돈이나 재산을 대가 없이 내놓는 것.〕
에 참여합시다. 기부 운동에 참여하면 어린이들이 깨끗
한 물을 마시고 사용할 수 있습니다.
〔제안하는 까닭〕

16 깨끗한 물을 구하지 못해 어려움을 겪었던 아이는 청년의 도움을 받고 고마운 마음에 환하게 웃었을 것입니다.

17 가에서 깨끗한 물을 구하지 못해 어려움을 겪는 아이들에 대한 문제를 다루고 있으므로, ㉡에 들어갈 말은 물이 알맞습니다.

18 글쓴이는 깨끗한 물을 마시지 못하는 아이들을 위해 기부 운동에 참여하자는 제안을 하고 있습니다.

어휘 마무리 뚝딱
128~129쪽

1 (1) ㉯ (2) ㉮ (3) ㉰
2 (1) 어설프다 (2) 익숙하다
3 (1) 한대 (2) 그리데
4 (2) ○

---

1 (1)의 '핀잔'은 '맞대어 놓고 언짢게 꾸짖거나 비꼬아 꾸짖는 일'을, (2)의 '착각'은 '어떤 사물이나 사실을 실제와 다르게 알아서 깨닫거나 생각함'을, (3)의 '딴전'은 '어떤 일을 하는 데 그 일과는 전혀 관계없는 일이나 행동'을 뜻합니다.

2 '서투르다'는 '무엇에 익숙하지 못하거나 능숙하지 못하다.'라는 뜻으로 뜻이 비슷한 낱말은 '어설프다'가, 뜻이 반대인 낱말은 '익숙하다'가 알맞습니다.

3 (1)은 다른 사람에게 들은 말을 전하고 있으므로 '한대'가 알맞고, (2)는 말하는 사람이 겪어서 알게 된 일을 말하고 있으므로 '그리데'가 알맞습니다.

4 '심부름을 가서 오지 아니하거나 늦게 온 사람을 이르는 말'인 '함흥차사'가 어울리는 상황은 (2)입니다. (1)은 '문을 닫고 나가지 않는다.'라는 뜻으로, 집에만 있고 바깥으로 나가지 않는 것을 이르는 말인 '두문불출'이, (3)은 '쓴 것이 다하면 단 것이 온다.'라는 뜻의 '고진감래'가 어울립니다.

바른답·알찬풀이

7^{단원} 글을 읽고 소개해요

독해로 교과서 쏙쏙   134~141쪽

독해로 이해 콕

1 공   **2** 네모   **3** ✕

4 ①, ③, ⑤   **5** 국기   **6** 단풍잎

7 ①, ③, ④   **8** ✕   **9** ✕

10 1949   **11** 흰색   **12** ④

13 ○   **14** 예뻐서   **15** 바다

16 ✕   **17** ○

---

01 ①, ②, ⑤   **02** 📖 교실에 있는 책상을 모두 뒤로 밀어 가로로 긴 네모 모양으로 피구장을 만들고 학급 친구 전체를 두 편으로 나눈다.

03 (1) ○ (2) ✕ (3) ○ (4) ✕   **04** 준서

05 ㉯   **06** ④   **07** 📖 캐나다에서 많이 자라는 설탕단풍 나무의 잎이 국기에 그려져 있기 때문이다.   **08** 채운   **09** ③

10 (1) ○   **11** (1) ㉯ (2) ㉮ (3) ㉰

12 📖 태극기가 나오는 부분이 인상 깊었습니다. 태극기에 평화를 사랑하는 마음이 담겨 있다는 것을 알았기 때문입니다.   **13** 재준   **14** **3**

15 ⑤   **16** (3) ○

17 📖 아픈 사람을 돌보다.   **18** ④

---

01 **1**에서 놀이의 이름과 준비할 내용을 소개하였고, **2**~**4**에서 규칙을 소개하였습니다.

02 **1**에 가로로 긴 네모 모양으로 피구장을 만들고 편을 두 편으로 나누어야 한다고 나와 있습니다.

> **채점 기준** 피구장을 만들고 두 편으로 나눈다는 내용을 썼으면 정답으로 합니다.

03 **2**~**4**에 '앉아서 하는 피구'의 규칙이 나와 있습니다. 앉은 자세에서 무릎을 한쪽이라도 펴서 일어나는 자세가 되면 누구든 피구장 밖으로 나가야 합니다. 또 굴린 공이 아무도 맞히지 못하고 벽에 닿으면, 수비하던 친구가 공을 잡아 공격할 기회를 얻습니다.

04 예지는 책을 읽기만 하고 소개하지는 않았고, 태오는 글을 읽고 소개한 것이 아닙니다.

05 글을 읽고 친구에게 소개하면서 자신이 관심 있는 분야를 더 다양하게 생각할 수 있습니다.

06 **1**에서 국기는 그 나라를 나타내는 깃발이기 때문에 월드컵 개막식 때 각 나라를 대표하는 선수들이 국기를 들고 입장한다고 하였습니다.

07 **2**에서 캐나다 국기에 빨간 단풍잎이 그려진 것을 예로 들어 국기에는 그 나라의 자연이 담겨 있음을 설명하였습니다.

> **채점 기준** 캐나다에서 많이 자라는 설탕단풍 나무의 잎이 국기에 그려져 있기 때문이라는 내용을 썼으면 정답으로 합니다.

08 **3**의 내용을 통해 멕시코 국기에는 아즈텍 제국의 건설과 관련된 전설이 담겨 있음을 알 수 있습니다.

09 이 글은 여러 나라 국기에 담긴 뜻을 설명한 글입니다. 캐나다 국기에는 그 나라의 자연이, 멕시코 국기에는 그 나라의 전설이 담겨 있다고 하였습니다.

10 **4**에 미국 국기에 대한 설명이 나와 있습니다. 미국이 처음 나라를 세울 때에는 주가 열세 개였지만, 땅이 점점 커져 주가 생길 때마다 국기의 별이 하나씩 늘어나서 현재의 미국 국기는 별이 오십 개라고 하였습니다.

11 태극기에 담긴 뜻은 **5**에서 설명하였습니다. 우리나라 사람들의 평화를 사랑하는 마음은 태극기의 흰색에 담겨 있고, 태극 문양은 조화로운 우주를 뜻하고, 네 모서리의 사괘는 하늘, 땅, 물, 불을 나타낸 것입니다.

12 글의 내용 중 인상 깊어서 친구들에게 소개하고 싶은 부분과 그 까닭을 써 봅니다.

> **채점 기준** 글에 나온 내용을 썼고, 그 내용이 인상 깊은 까닭도 알맞게 썼으면 정답으로 합니다.

13 책을 읽은 시간과 장소는 책을 소개하는 내용으로 적절하지 않습니다. 책갈피를 만들어 소개할 때에는 책을 읽고 기억에 남는 문장을 책갈피 앞쪽에 쓰고 그 까닭을 책갈피 뒤쪽에 써서 책을 소개하는 것이 알맞습니다.

> **보충 자료** **책을 소개하는 여러 가지 방법 알아보기**
> - 노랫말을 바꾸어 소개하기: 노랫말을 책을 소개하는 내용으로 바꾸어 부릅니다.
> - 새롭게 안 내용을 그림으로 보여 주며 소개하기: 책을 읽고 새롭게 안 내용을 정리해 그림으로 보여 주며 책을 소개합니다.
> - 책갈피를 만들어 소개하기: 책을 읽고 기억에 남는 문장을 책갈피 앞쪽에 쓰고 그 까닭을 책갈피 뒤쪽에 써서 책을 소개합니다.
> - 책 보물 상자를 만들어 소개하기: 책 내용과 관련된 물건을 책 보물 상자에 넣고 하나씩 꺼내며 소개합니다.

14 **1**은 책을 읽게 된 까닭, **2**는 책 내용, **3**은 인상 깊은 부분, **4**는 책을 읽은 뒤에 든 생각이나 느낌을 쓴 부분입니다.

15 **2**에 책 내용이 나와 있습니다. 아기별은 병이 든 바위나리를 간호하다 너무 늦게 하늘 나라로 올라가 그 벌로 다시는 바닷가에 내려오지 못하였습니다.

16 글쓴이는 **4**의 마지막 문장에서 바위나리와 아기별의 우정이 아름다우면서도 안타깝고 슬펐다고 하였습니다.

17 ㉠ 앞부분에 '병이 든 바위나리'라는 말이 나오므로 아픈 사람을 돌본다는 뜻일 것임을 짐작할 수 있습니다. '간호하다'의 뜻을 국어사전에서 찾으면 '다쳤거나 앓고 있는 환자나 노약자를 보살피고 돌보다.'라고 나옵니다.

> **채점 기준** 병이 들거나 아픈 사람을 보살피거나 돌본다는 뜻을 짐작하여 썼으면 정답으로 합니다.

18 독서 감상문에 책 내용을 쓸 때에는 책에 있는 이야기의 줄거리나 책에 담긴 중요한 정보를 써야 합니다.

단원 평가

142~145쪽

> **01** 앉아서 하는 피구　　　　**02** ②
> **03** ④　　　　**04** ①, ②, ③
> **05** (1) 예 「아낌없이 주는 나무」 (2) 예 친구 (3) 예 아낌없이 주는 나무의 마음이 정말 착하다고 생각했고, 나도 그런 친구가 있으면 좋겠다고 소개했다.　　　　**06** ④
> **07** ②　　　　**08** 조화로운 우주
> **09** 예 국기는 그 나라이자 국민이기 때문이다.
> **10** ④　　　　**11** ②　　　　**12** ③
> **13** 예 (바위나리를 그리워하며 울다가 빛을 잃은) 아기별이 하늘 나라에서 쫓겨나 바다로 떨어진 장면
> **14** ⑤　　　　**15** 예 매우 아프다.　**16** ③
> ----
> **독해로 생각 Up** 　**17** (3) ○
> **18** (1) ㉡ (2) ㉠ (3) ㉢

01 이 글은 '앉아서 하는 피구'를 할 때 준비할 내용과 놀이의 규칙을 소개한 글입니다.

02 **가**에서는 놀이 이름과 준비할 내용을, **나**와 **다**에서는 놀이 규칙을 소개하였습니다.

03 **나**에서 공을 튀기거나 던져서 맞히면 맞은 사람은 밖으로 나가지 않는다고 하였습니다. '앉아서 하는 피구'는 피구와 규칙이 같고, 준비물은 공입니다. 공을 굴리는

사람이나 피하는 사람 모두 앉은 자세로 해야 하고, 피구장은 가로로 긴 네모 모양으로 만듭니다.

04 놀이를 소개하는 것이므로 놀이 이름, 준비할 내용, 규칙을 알려 주어야 친구들이 놀이를 잘 이해할 수 있습니다.

05 글을 읽고 다른 사람에게 소개한 경험을 떠올려 써 봅니다.

> **채점 기준** 어떤 글을 누구에게 소개했는지, 어떤 내용을 소개했는지 알맞게 정리하여 썼으면 정답으로 합니다.

06 **가**에서 캐나다에는 설탕단풍 나무가 많이 자라서 캐나다 국기에 빨간 단풍잎을 그려 넣었다고 하였습니다.

07 캐나다에는 설탕단풍 나무가 많이 자라서 국기에 빨간 단풍잎을 그려 넣었다고 하였으므로 국기에 자연이 담겨 있고, 미국은 땅과 함께 국기도 변했다고 하였으므로 국기에 땅이 담겨 있습니다.

08 **가**에서 태극기의 태극 문양은 조화로운 우주를 뜻한다고 하였습니다.

09 **나**에서 국기는 그 나라이자 국민이기 때문에 나라를 빛내는 순간이나 나라를 대표하는 자리에 언제나 국기가 함께한다고 하였습니다.

> **채점 기준** 국기가 나라를 대표한다거나 국기가 나라이자 국민이라고 썼으면 정답으로 합니다.

10 책 내용을 모두 읽어 주면 시간이 너무 오래 걸리므로 인상 깊은 내용을 소개하는 것이 알맞습니다.

11 이 글은 독서 감상문으로, **가**에는 책을 읽게 된 까닭, **나**에는 책 내용, **다**에는 인상 깊은 부분, **라**에는 책을 읽은 뒤에 든 생각이나 느낌을 썼습니다.

12 **가**에서 앞표지에 있는 바위나리와 아기별 그림이 무척 예뻐서 내용이 궁금했기 때문이라고 하였습니다.

13 **다**에서 바위나리를 그리워하며 울다가 빛을 잃은 아기별이 하늘 나라에서 쫓겨나 바다로 떨어진 장면이 가장 기억에 남는다고 하였습니다.

14 **라**에서 주위에 바위나리처럼 외로운 친구가 있는지 생각해 보고, 그 친구에게 아기별과 같은 친구가 되어야겠다는 생각을 했다고 하였습니다.

15 '미어지다'는 '가슴이 찢어질 듯이 심한 고통이나 슬픔을 느끼다.'라는 뜻입니다.

> **채점 기준** 가슴이 매우 아프다거나 슬프다는 내용을 썼으면 정답으로 합니다.

16 독서 감상문을 쓸 때 책을 빌리거나 구매한 곳을 반드시 소개해야 하는 것은 아닙니다.

바른답·알찬풀이

1 학교 도서관에서 책을 고르다가 『세시 풍속』이라는
책을 읽게 된 까닭
책을 읽었습니다. 이 책은 우리 조상이 농사일로 고된
한 해의 여러 철에 따라 한 사회에 오래전부터 지켜 내려오는 관습.
일상 속에서 빼먹지 않고 지켜 오던 일 년의 세시 풍속
을 담은 책입니다. 세시 풍속은 옛날에만 있었던 것인
줄 알았는데 오늘날 우리 삶에도 많이 남아 있어서 신
기했습니다.
▶ 학교 도서관에서 책을 고르다가 『세시 풍속』이라는 책을 읽었습니다.

2 책은 계절의 차례대로 봄, 여름, 가을, 겨울의 세시
풍속을 소개했습니다. 지금 계절이 겨울이므로 겨울 부
겨울 부분부터 읽은 까닭
분부터 읽어 보았습니다. 겨울의 세시 풍속 가운데에서
이십사절기 중의 하나로, 1년 중 밤이 가장 길고 낮이 가장 짧은 날.
인상 깊었던 것은 동지의 풍속입니다.
▶ 겨울의 세시 풍속 가운데에서 인상 깊었던 것은 동지의 풍속입니다.

3 동지는 음력 십일월인데, 세시 풍속으로 팥죽을 끓
양력 12월 22일이나 23일경임.
여 먹습니다. 얼마 전에 학교에서 팥죽이 나온 것이 떠
올라 반가워서 읽었습니다. 동짓날이 그냥 팥죽을 먹는
날인 줄만 알았는데 생각보다 재미있는 이야기가 얽혀
있었습니다. 옛날 사람들은 병을 옮기는 나쁜 귀신이
책 내용
팥을 싫어한다고 믿었답니다. 그래서 동지에 팥으로 죽
을 만들어 귀신이 못 오게 집 앞에 뿌렸답니다. 이 일에
서 동지에 팥죽 먹는 풍습이 생겼답니다.
▶ 귀신이 못 오게 팥죽을 뿌리는 풍습에서 동지에 팥죽 먹는 풍습이 생겼습니다.

4 이런 재미있는 이야기를 지닌 동지는 낮이 길어지
기 시작하는 날로, 사람들은 이날부터 태양의 기운이 다
시 살아난다고 생각했다고 합니다. 동지가 밤이 가장 길
인상 깊었던 점
고 낮이 가장 짧은 날이라고만 생각했는데, 우리 조상은
태양의 기운이 다시 살아나면서 낮이 길어지는 것이라
고 생각한 점이 인상 깊었습니다. 그래서 한 가지를 볼
때 여러 가지 시각으로 봐야겠다고 생각했습니다.
▶ 동지에 대한 조상들의 생각이 인상 깊어서 한 가지를 여러 가지 시각으로 봐야겠다고 생각했습니다.

5 『세시 풍속』을 읽고 나니 조상의 지혜를 더 잘 알 수
있었습니다. 계절의 변화 하나하나에 의미를 부여하고
책을 읽은 뒤에 든 생각이나 느낌
삶을 즐겁게 보내려는 마음을 듬뿍 느꼈습니다.
▶ 『세시 풍속』을 읽고 조상의 지혜와 삶을 즐겁게 보내려는 마음을 듬뿍 느꼈습니다.

---

17 **2**에 지금 계절이 겨울이므로 겨울 부분부터 읽어 보았
다는 내용이 나와 있습니다.

18 ㉠은 책을 읽게 된 까닭을, ㉡은 책 내용을, ㉢은 책을
읽은 뒤에 든 생각이나 느낌을 쓴 것입니다.

> **보충 자료** 독서 감상문을 쓰면 좋은 점 알아보기
> • 책을 읽은 동기와 책 내용, 읽고 난 뒤의 생각이나 느낌 따
> 위를 정리할 수 있습니다.
> • 감명 깊게 읽은 부분이나 인상 깊은 장면을 기억할 수 있습
> 니다.
> • 읽은 책 내용을 다시 한번 생각할 수 있습니다.

어휘 마무리 뚝딱
146~147쪽

> **1** (1) 문양 (2) 우정 (3) 계시 (4) 전설
> **2** (1) 폐막식 (2) 세로 (3) 공격
> **3** (1) 갈게 (2) 올게요 (3) 할게요
> **4** 지선

1 (1)은 '옷감이나 조각품 따위를 장식하기 위한 여러 가
지 모양'을 뜻하는 '문양'이, (2)는 '친구 사이의 정'을 뜻
하는 '우정'이, (3)은 '사람의 지혜로써는 알 수 없는 진
리를 신이 가르쳐 알게 함'이라는 뜻의 '계시'가, (4)는
'옛날부터 일반 백성들 사이에서 전하여 내려오는 이야
기'를 뜻하는 '전설'이 들어가기에 알맞습니다.

2 (1) '일정 기간 동안 계속되는 행사를 처음 시작할 때 행
하는 의식'을 뜻하는 '개막식'과 뜻이 반대인 낱말은 '폐
막식'입니다. (2) '왼쪽에서 오른쪽으로 나 있는 방향.
또는 그 길이'를 뜻하는 '가로'와 뜻이 반대인 낱말은
'세로'입니다. (3) '외부의 침략이나 공격을 막아 지킴'을
뜻하는 '수비'와 뜻이 반대인 낱말은 '공격'입니다.

3 어떤 행동에 대한 약속이나 의지를 나타낼 때 쓰이는
'-ㄹ게'는 [께]로 소리 나더라도 '게'로 적는 것이 바른
표기입니다.

4 '친구는 옛 친구가 좋고 옷은 새 옷이 좋다'는 '친구는 오
래 사귄 친구일수록 정이 두텁고 깊어서 좋다.'라는 말
이므로, 유치원 때부터 단짝인 미라와 마음이 잘 통한
다고 말한 지선이가 속담을 알맞게 사용하였습니다. 민
호는 '쉬운 일이라도 협력하여 하면 훨씬 쉽다.'라는 뜻
을 가진 '백지장도 맞들면 낫다'를, 유정이는 '자기는 하
고 싶지 않으나 남에게 끌려서 덩달아 하게 됨'을 이르
는 '친구 따라 강남 간다'를 사용하는 것이 알맞습니다.

독해로 교과서 쏙쏙

152~163쪽

독해로 이해 콕

1 실 팔찌
2 소원
3 ×
4 ⑤
5 ×
6 증세
7 물
8 따뜻한
9 고창
10 (3) ○
11 가창오리
12 ×
13 동물원
14 톱사슴벌레
15 ×
16 ①, ②, ④
17 직업 체험학습
18 열
19 손수건
20 ×
21 소방서
22 ①, ②, ③
23 두 시 반
24 ×

---

01 ④
02 ③
03 ⑤
04 ①
05 예 땋은 실 끝 쪽에 매듭을 짓는다.
06 (1) ×
07 예 중간에 마음대로 감기약을 먹지 않으면 감기가 더 심해지거나 나중에 감기약을 먹어도 낫지 않을 수 있기 때문이다.
08 ②
09 ⑥
10 ③
11 동림 저수지 → 선운사
12 ①, ④
13 ④
14 ③
15 예 아름다운 동백나무 숲을 보았다.
16 ㉰
17 예 동물원 입구를 지나 가장 먼저 간 곳은 어디인가요?
18 ③
19 (3) ○
20 (1) ㉢ (2) ㉡, ㉣
21 (1) 2 (2) 3 (3) 1
22 ⑤
23 (1) 예 열한 시, 크림빵을 만들었다. (2) 예 열두 시, 점심을 먹었다.
24 (2) ○ (4) ○
25 ㉠, ㉢
26 ②, ④
27 ③
28 (3) ○
29 (1) 예 공항 (2) 예 비행기 승무원 체험을 하고 싶다.

---

01 이 글은 실 팔찌 만드는 방법을 차례대로 알려 주는 글입니다.

02 ❸에서 마지막으로 땋은 실의 양쪽 끝을 연결하면 실 팔찌 만들기가 끝난다고 하였습니다.

> **오답 풀이**
> ① 실 팔찌는 종류에 따라 다양한 모양이 있습니다.
> ② 실은 굵을수록 엮기 쉬우므로 굵은 실을 준비하는 것이 좋고 길이는 손목 둘레의 서너 배 정도로 자릅니다.
> ④ 세 가닥 땋기를 할 때 매듭을 지으면 줄이 짧아지기 때문에 원하는 길이보다 길게 땋아야 합니다.
> ⑤ 중국에서는 단오절에 실 팔찌를 손목에 차면 나쁜 기운을 막는다고 합니다.

03 '두 끝을 맞대어 붙이다.'라는 뜻의 '잇다'는 '연결하다'와 뜻이 비슷합니다. '연결하다'는 '사물과 사물을 서로 잇거나 현상과 현상이 관계를 맺게 하다.'라는 뜻입니다.

04 이 글에서 차례를 나타내는 말은 '첫 번째, 두 번째, 세 번째, 네 번째, 마지막으로'입니다.

05 '네 번째'가 들어간 문장에서 '네 번째' 다음에 나오는 내용이 실 팔찌 만드는 방법을 정리할 때 중요한 내용입니다.

> **채점 기준** 땋은 실 끝 쪽에 매듭을 짓는다는 내용을 썼으면 정답으로 합니다.

> **보충 자료** 차례를 나타내는 말로 중요한 내용 간추리기
> • 먼저, 준비물을 준비한다.
> • 첫 번째, 서로 다른 색깔 실 세 가닥을 함께 잡고 매듭을 짓는다.
> • 두 번째, 셀로판테이프로 매듭 위쪽을 책상에 붙인다.
> • 세 번째, 실 세 가닥을 잡고 세 가닥 땋기를 한다.
> • 네 번째, 땋은 실 끝 쪽에 매듭을 짓는다.
> • 마지막으로, 양쪽 끝을 연결한다.

06 이 글은 감기약을 먹는 방법을 알려 주기 위해 쓴 글로, 감기약을 먹을 때 주의할 점을 알려 주지만 일의 차례가 정해져 있지는 않습니다.

> **보충 자료** 「실 팔찌 만들기」와 「감기약을 먹는 방법」 비교하기
>
> | | 실 팔찌 만들기 | 감기약을 먹는 방법 |
> |---|---|---|
> | 비슷한 점 | 일을 하는 방법을 알려 준다. | |
> | 다른 점 | • 물건을 만드는 차례를 알려 준다.
• 차례가 정해져 있다. | • 일할 때 주의할 점을 알려 준다.
• 차례가 정해져 있지 않다. |

07 ❸에서 중간에 마음대로 감기약을 먹지 않으면 감기가 더 심해지거나 나중에 감기약을 먹어도 낫지 않을 수 있으므로, 의사가 처방한 날짜만큼 먹어야 한다고 하였습니다.

> **채점 기준** 감기가 더 심해지거나 나중에 감기약을 먹어도 낫지 않을 수 있다는 두 가지 내용을 모두 썼으면 정답으로 합니다.

08 ❺에서 감기약을 먹는 시간을 놓쳤다고 다음에 두 배로 먹으면 몸에 부담이 될 수 있기 때문에 정해진 양만큼만 먹어야 한다고 하였습니다.

09 ❻에서 감기에 걸리지 않으려면 평소에 손을 깨끗이 씻고, 따뜻한 물을 많이 마시고, 몸을 따뜻하게 해야 한다고 하였습니다.

10 ③은 감기약을 먹는 방법을 알려 주기 위해서 필요한 내용이 아닙니다.

> **보충 자료** **감기약을 먹는 방법 간추리기**
>
> • 병원에서 의사와 상담한 뒤 증세에 맞는 감기약을 처방받는다.
> • 감기약은 끝까지 먹는 게 좋다.
> • 감기약은 물과 함께 먹어야 한다.
> • 감기약을 먹는 시간을 놓쳤다고 다음에 두 배로 먹으면 안 된다.

11 **2**에서 고인돌 박물관, **3**에서 동림 저수지, **4**에서 선운사를 방문했다고 하였습니다.

12 **2**에서 박물관 일 층에서는 고인돌 영화를 봤고 이 층에서는 고인돌과 관련된 여러 유물을 봤다고 하였습니다.

13 고창군 전 지역은 2013년부터 유네스코 생물권 보존 지역으로 지정되었습니다.

> **오답 풀이**
>
> ① 2013년에는 고창군 전 지역이 유네스코 생물권 보존 지역으로 지정되었습니다.
> ② 동림 저수지는 겨울 철새가 많이 찾는 곳입니다.
> ③ 고창군 전 지역은 유네스코 생물권 보존 지역이므로, 환경을 해치는 행위를 해서는 안 됩니다.
> ⑤ 해마다 많은 사람들이 가창오리의 춤을 보기 위해 고창군으로 온다는 내용은 나와 있지 않습니다. 글쓴이와 가족은 철새 떼의 춤을 볼 수 있을까 하는 기대로 동림 저수지를 방문하였고, 간간이 물 위로 날아오르는 가창오리들을 구경할 수 있었습니다.

14 이 글은 장소 변화에 따라 쓴 글이므로, 장소 변화와 각 장소에서 한 일에 주의하며 간추려야 합니다.

15 **4**에서 글쓴이는 선운사에 방문했을 때 선운사 뒤편의 동백나무 숲을 인상 깊게 보았다고 하였습니다.

> **채점 기준** 동백나무 숲을 보았다는 내용을 썼으면 정답으로 합니다.

> **보충 자료** **「주말여행」의 장소 변화에 따라 한 일 간추리기**
>
> | 고인돌 박물관 | 고인돌의 역사를 알았다. |
> |---|---|
> | 동림 저수지 | 물 위로 날아오르는 가창오리들을 구경했다. |
> | 선운사 | 아름다운 동백나무 숲을 보았다. |

16 '곤충관, 야행관, 열대 조류관, 큰물새장' 등 동물원에서 차례대로 이동한 장소와 각 장소에서 한 일이 잘 나타나 있습니다.

17 글에 나온 내용 중에서 답을 찾을 수 있는 질문을 만들어 씁니다.

> **채점 기준** 글의 내용에서 답을 찾을 수 있는 질문을 썼으면 정답으로 합니다.

18 **3**에서 수리부엉이가 가끔 날개를 펴고 앉은 자세를 고치기도 했는데, 날개를 퍼덕이는 모습에 큰 바람이 일 것 같았다고 하였습니다.

> **오답 풀이**
>
> ① **3**에서 멸종 위기 동물인 수리부엉이를 보고 자연을 보호해야겠다고 다짐하였습니다.
> ② **4**에서 말을 할 수 있는 앵무새를 찾지 못해 아쉬웠다고 하였습니다.
> ④ **2**에서 톱사슴벌레가 나뭇가지 꼭대기에 올라가서 날개를 펴고 날아가는 모습이 멋있었다고 하였습니다.
> ⑤ **3**에서 수리부엉이의 붉은 눈과 앞뒤로 자유롭게 움직이는 목이 신기했다고 하였습니다.

19 **4**에 '열대 조류관'에서 관찰한 것이 나타나 있습니다. 왕관앵무, 장미앵무, 회색앵무와 같이 색과 크기도 다양한 앵무새를 관찰할 수 있었다고 하였습니다.

> **보충 자료** **장소 변화에 따라 무엇을 관찰했는지 간추리기**
>
> | 곤충관 | 톱사슴벌레는 몸 색깔이 갈색이고 톱날 모양의 큰턱이 있다. 먹이를 먹는 톱사슴벌레를 볼 수 있었다. |
> |---|---|
> | 야행관 | 수리부엉이는 몸길이가 70센티미터나 될 정도로 큰 새이다. 눈이 붉고 목이 앞뒤로 자유롭게 움직이며, 멸종 위기 동물이다. |
> | 열대 조류관 | 왕관앵무, 장미앵무, 회색앵무와 같이 색과 크기도 다양한 앵무새를 관찰했다. |
> | 큰물새장 | 머리가 붉은색이고 목과 다리가 까만색인 새가 두루미, 다리가 붉은색인 새가 황새라는 사실을 알게 되었다. |

20 시간을 나타내는 말은 '열 시'이고, 장소를 나타내는 말은 '학교'와 '직업 체험관'입니다.

21 **2**에는 소품 설계관에서 체험한 내용이, **3**에는 제빵 학원에서 체험한 내용이, **4**에는 중앙 광장에서 한 일이 차례대로 나옵니다.

22 **2**에서 체험학습 계획을 세울 때 민기가 "집안 어른들께 선물로 드릴 만한 물건을 만들면 좋겠어."라고 의견을 냈기 때문에 소품 설계관을 첫 번째 체험활동 장소로 정했다고 하였습니다.

23 ③에는 열한 시에 제빵 학원으로 가서 크림빵을 만든 내용이 나오고, ④에는 열두 시에 중앙 광장으로 가서 점심을 먹은 내용이 나옵니다.

> **채점 기준** 제빵 학원과 중앙 광장에 간 시간과 한 일을 모두 알 맞게 썼으면 정답으로 합니다.

24 (2)는 소품 설계관에서 한 체험이고, (4)는 제빵 학원에서 한 체험입니다. (1)과 (3)은 다른 모둠 친구들이 한 체험입니다.

25 ⑤에서 오후 한 시에 소방관 체험으로 활동을 시작했다고 하였고, ⑥에서 소방관 체험을 마치고 나니 두 시가 조금 넘었다고 하였습니다.

26 ⑤에서 글쓴이는 원래 소방관에는 관심이 없었는데 체험해 보니 적성에도 잘 맞고 보람도 있어서 미래에 소방관이 되어도 좋겠다고 생각하였습니다.

27 ⑥에서 글쓴이는 선생님 말씀을 들으며 앞으로도 직업의 세계에 관심을 두어야겠다고 생각하였습니다.

28 이 글은 직업 체험관에서 간 장소의 변화와 시간의 흐름이 잘 드러나 있으므로 시간 흐름과 장소 변화에 따라 한 일을 간추려야 합니다.

29 지도에서 체험하고 싶은 장소를 정하여 그곳에서 하고 싶은 체험을 알맞게 씁니다.

> **채점 기준** 하고 싶은 체험과 체험 장소가 알맞게 연결되도록 썼으면 정답으로 합니다.

단원 평가
164~167쪽

01 ②   **02** ㉠
03 ⑩ 셀로판테이프로 매듭 위쪽을 책상에 붙인다.
04 예지   **05** 장소 변화   **06** ⑤
07 열대 조류관 → 큰물새장   **08** ③
09 ⑩ 머리가 붉은색이고 목과 다리가 까만색인 새가 두루미, 다리가 붉은색인 새가 황새라는 사실을 알게 되었다.   **10** ③   **11** ④
12 ㉺   **13** ㉣ → ㉯ → ㉮ → ㉰
14 (1) ⑩ 떡볶이를 만든 경험 (2) 일 차례

독해로 생각 Up   **15** (1) 2 (2) 3 (3) 1   **16** ②, ⑤

01 할아버지는 마당에서 처음 보는 작은 열매를 먹어 보았

는데, 그것이 '커졌다 작아졌다' 마법 열매였기 때문에 작게 줄어들었습니다.

02 시간을 나타내는 말은 '그날 밤'입니다.

03 ㉮에서 '두 번째'에 해당하는 내용을 찾아 정리합니다.

> **채점 기준** 셀로판테이프로 매듭 위쪽을 책상에 붙인다는 내용을 썼으면 정답으로 합니다.

04 ㉮는 차례가 정해져 있지만, ㉯는 차례가 정해져 있지 않습니다. 일할 때 주의할 점이나 도구를 설명하는 글에는 차례가 없을 수도 있습니다.

05 장소 변화가 잘 나타난 글이므로 장소 변화에 따라 한 일을 간추려 쓰는 것이 알맞습니다.

06 동림 저수지는 겨울 철새가 많이 찾는 곳으로 글쓴이의 가족은 혹시 철새 떼의 춤을 볼 수 있을까 하는 기대로 방문하였습니다.

07 야행관 다음으로 간 곳은 '열대 조류관'이고, 마지막으로 간 곳은 '큰물새장'입니다.

08 말을 할 수 있는 앵무새를 찾지 못한 것이 아쉬웠다고 했으므로 ③은 알맞지 않습니다.

09 '큰물새장'에서 관찰한 것 중 중요한 내용을 갖추어 씁니다.

> **채점 기준** 설명을 읽고 나서 알게 된 내용을 간단히 썼으면 정답으로 합니다.

10 ㉠~㉢은 일이 일어난 때를 알려 주는 부분이므로 시간 흐름을 알 수 있습니다.

11 일이 일어난 장소를 알려 주는 말이 아닌 것은 '우리 모둠'입니다.

12 중앙 광장에서 이야기를 나눈 것은 점심시간이고, 소방관 체험은 점심시간이 끝난 오후 한 시에 한 일이므로 ㉺는 중앙 광장에서 말했을 내용으로 알맞지 않습니다.

13 ㉮에 소품 설계관에서 손수건을 만든 일, ㉯에 제빵 학원에서 크림빵을 만든 일, ㉰에 중앙 광장에서 점심을 먹은 일, ㉣에 소방서에서 소방관 체험을 한 일이 나와 있습니다.

14 글로 쓰고 싶은 경험을 정하고, 어떤 흐름으로 쓰는 것이 어울릴지 생각해 봅니다.

> **채점 기준** 글로 쓰고 싶은 경험을 쓰고, 그 경험에 어울리는 글의 흐름을 정했으면 정답으로 합니다.

지문 해설 독해로 생각Up

아름다운 꼴찌 이철환

가 수현이는 너무 힘든 나머지 도중에 포기해야겠다고 생각하고는 몇 걸음 천천히 걸었습니다.

그때 등 뒤에서 사람들의 환호 소리가 들렸습니다.

"와, 조금만 더 힘내요!"

그것은 수현이와 100미터 이상 떨어진 거리에서 쓰러질 듯 달려오는 한 친구에게 보내는 격려의 소리였습니다. 수현이는 꼴찌가 아니라는 사실에 안도하면서 조금씩 힘을 내기 시작했습니다.
자신이 꼴찌가 아니라는 것을 알게 되어서
▶ 수현이는 꼴찌가 아니라는 사실에 안도하면서 힘을 내어 달렸습니다.

나 선생님과 친구들은 끝까지 포기하지 않고 달린 수현이를 향해 뜨거운 박수를 보냈습니다.

수현이는 꼴찌로 들어올 친구를 기다렸습니다. 그 친구에게 응원의 박수를 보내 주고 싶었습니다. 그런데 잠시 후, 그 친구가 결승점을 얼마 남기지 않고 경기를 포기했다는 사실을 알게 되었습니다.
▶ 수현이는 결승점까지 달렸지만 꼴찌로 달린 친구를 볼 수 없었습니다.

다 집으로 돌아온 수현이는 아빠, 엄마에게 마라톤에서 완주한 일을 몇 번이고 자랑했습니다.

"내 뒤에서 달려오던 친구가 없었다면 나도 중간에 포기하고 말았을 거예요." ▶ 수현이는 마라톤에서 완주한 일을 부모님께 자랑했습니다.

라 그날 밤, 모두가 잠든 시각이었습니다. 안방 문틈 사이로 아빠의 낮은 신음 소리가 들렸습니다. 그리고 가느다란 엄마의 목소리도 들렸습니다.

"당신도 몸이 약한데, 수현이 뒤에서 함께 뛰다니……. 너무 무리한 것 같아요. 병원에 안 가도 되겠어요?"

수현이는 그제야 알았습니다. 자신 뒤에서 꼴찌로 달렸던 사람은 바로 아빠였던 것입니다.
▶ 수현이는 자신 뒤에서 달렸던 사람이 아빠였다는 것을 알게 되었습니다.

15 수현이는 달리기를 포기하려고 했을 때 자신의 뒤에서 꼴찌로 달리는 친구가 있다는 것을 알고 힘을 내어 끝까지 달렸습니다. 그리고 집으로 돌아와 아빠, 엄마께 마라톤에서 완주한 일을 몇 번이고 자랑하였습니다. 그날 밤, 부모님의 대화를 듣고 자신 뒤에서 달렸던 사람이 아빠였다는 것을 알게 되었습니다.

16 수현이를 위해 함께 뛴 아버지의 사랑이 감동적이고, 끝까지 포기하지 않고 뛴 수현이의 모습이 아름답게 느껴집니다.

어휘 마무리 뚝딱
168~169쪽

1 (1) ㉰ (2) ㉮ (3) ㉯ (4) ㉠

2 (1) 마치고 (2) 망가뜨린다 (3) 기도했다

3 (1) 줬다 (2) 봤다 (3) 바꿨다

4 (2) ○

1 '어떤 일에 알맞은 성질이나 적응 능력'을 뜻하는 낱말은 '적성'이고, '병을 치료하기 위하여 증상에 따라 약을 짓는 방법'을 뜻하는 낱말은 '처방'입니다. '땅속이나 큰 덩치의 흙, 돌 더미 따위에 묻혀 있는 것을 찾아서 파내는 것'을 뜻하는 낱말은 '발굴'이고, '생물의 한 종류가 아주 없어지거나 생물의 한 종류를 아주 없애 버리는 것'을 뜻하는 낱말은 '멸종'입니다.

2 (1) '일을 다 마무리하다.'를 뜻하는 '끝내다'와 뜻이 비슷한 낱말은 '마치다'입니다. (2) '어떤 상태에 손상을 입혀 망가지게 하다.'를 뜻하는 '해치다'와 뜻이 비슷한 낱말은 '망가뜨리다'입니다. (3) '바라는 일이 이루어지기를 빌다.'를 뜻하는 '기원하다'와 뜻이 비슷한 낱말은 '기도하다'입니다.

3 문장에서 낱말을 쓸 때에는 짧게 줄여 쓸 수도 있습니다. '주었다'는 '줬다', '보았다'는 '봤다', '바꾸었다'는 '바꿨다'로 줄여 쓸 수 있습니다.

4 '동분서주'는 '사방으로 이리저리 몹시 바쁘게 돌아다님을 이르는 말'이므로, (2)의 열쇠를 찾으려고 골목을 이리저리 뛰어다니는 상황에 어울립니다. (1)은 '어떤 일이 일어나기 전에 미리 앞을 내다보고 아는 지혜'를 뜻하는 '선견지명'이 알맞습니다.

독해로 교과서 쏙쏙

174~185쪽

독해로 이해 콕

1. 무툴라 — 코끼리
   투루 — 산토끼
   쿠부 — 하마
   (무툴라—코끼리, 투루—산토끼, 쿠부—하마 교차 연결)

2. × 3. 줄다리기 4. ○

5. 내일 아침 6. 길고 7. 휘파람

8. × 9. ○ 10. (2) ○ (3) ○

11. 덤불숲 12. × 13. 궤짝

14. ○ 15. 나그네 16. ×

17. (1) ○ 18. 주었다 19. ×

20. 호랑이 21. 토끼 22. ○

23. × 24. 즐거운

---

01 ② 02 ⑤ 03 (2) ○

04 ④ 05 (1) 예 투루, 그렇게 거만하게 굴 것까지 없잖아! (2) 예 용기가 있다. 06 ④

07 ㉢ 08 ⑤ 09 (1) ㉮ (2) ㉲

10 예 빨리 밧줄을 가지고 투루와 쿠부에게 가고 싶다.

11 예 자신을 무시한 투루와 쿠부를 골려 주고 싶었기 때문이다. 12 ⑤ 13 ③

14 지원 15 (2) ○ 16 ⑤

17 ② 18 주엽 19 예 무서웠지만 그 길이 지름길이라 가게 되었어요. 20 ③

21 (1) 예 사람은 소나무가 맑은 공기를 마시게 해 주는데도 소나무를 마구 베어 버리기 때문이다. (2) 예 사람들은 날마다 길을 밟고 다니면서도 고맙다는 말 한마디를 하지 않기 때문이다. 22 ②, ④, ⑤ 23 ③

24 ②, ⑤ 25 제우 26 예 기쁜 표정으로 토끼를 쫓아가며 즐거운 말투로 말하는 것이 어울린다. 27 ②, ④ 28 ③

---

01 1에서 무툴라는 코가 따끔거려서 잠에서 깼다고 하였습니다.

오답 풀이

① 산토끼 무툴라는 코로로 언덕의 굴속에서 살고 있다고 하였습니다.

③ 무툴라는 잘난 체하며 자신을 무시하는 투루에게 내일 아침에 줄다리기를 할 밧줄을 가져와서 자신이 얼마나 힘이 센지

알게 해 준다고 하였습니다.

④ 무툴라는 물가로 뛰어가서 눈을 반쯤 감고 물속에 잠겨 있는 하마 쿠부를 찾아냈습니다.

⑤ 무툴라가 투루를 만났을 때 투루는 질겅질겅 풀을 씹으며 아침 식사를 하고 있었습니다.

02 무툴라가 인사를 하는데 들은 척도 하지 않는 것으로 보아, 투루는 다른 사람이 하는 말을 잘 듣지 않는 성격임을 알 수 있습니다.

03 무툴라를 무시하고, 거만하게 구는 투루의 모습에 어울리는 표정, 몸짓, 말투를 찾아봅니다.

04 쿠부가 자신의 인사를 받아 주지 않고 모른 척해서 속상하고 화가 날 것입니다.

05 "난 줄다리기를 하면 널 언제든 이길 수 있어!"와 "그럼 내가 얼마나 힘이 센지 알게 될 거야!"에서 자신감 있는 성격이 드러나 있습니다.

채점 기준 용기가 있는 성격이나 자신감 있는 성격을 알 수 있는 말을 쓰고, 성격도 알맞게 썼으면 정답으로 합니다.

06 "감히 내 아침잠을 방해하다니!"라고 말한 것으로 보아, 쿠부는 무툴라가 아침잠을 방해해서 화가 난 것임을 알 수 있습니다.

오답 풀이

① 거만하게 군 것은 쿠부입니다.

② 무툴라는 쿠부에게 몸집이 크다고 말하였습니다.

③ 쿠부가 화를 내자 무툴라는 밧줄을 가져온다며 쿠부의 대답을 듣지 않고 가 버렸습니다.

⑤ 무툴라는 아침잠을 방해해서 화를 내는 쿠부에게 자신이 이길 수 있다며 줄다리기를 하자고 말하였습니다.

07 쿠부가 무툴라를 무시하며 말한 ㉢에 잘난 체하는 성격이 드러나 있습니다.

08 ㉣은 무툴라가 자신만만하게 한 말이므로 손을 허리에 얹거나 팔짱을 끼며 말하는 것이 어울립니다.

09 ㉤은 해님이 달님에게 길을 비키라는 경고를 보내기 전이므로 새벽녘을 말하고, ㉥은 해님이 산 위로 고개를 내밀 때이므로 해가 막 뜨려고 할 때를 말합니다.

보충 자료 '고개'와 관련된 관용 표현 알아보기

• 고개를 들다
1. (어떤 생각이) 떠오르다. 예 다툰 친구와 화해하고 싶은 생각이 고개를 들었다.
2. (어떤 일이) 차차 생기려고 하다. 예 값비싼 신발의 유행이 다시 고개를 드는 것 같아서 걱정스럽다.

10 무툴라는 날이 밝기도 전에 일어나서 밧줄을 가지고 서둘러 투루와 쿠부에게 가려고 하였습니다.

> **채점 기준** 빨리 투루와 쿠부에게 가고 싶어 한다는 내용을 썼으면 정답으로 합니다.

11 무툴라는 투루와 쿠부가 자신을 무시하고 잘난 체하며 거만하게 굴자 꾀를 내어 둘이 줄다리기를 하게 만들었습니다.

> **채점 기준** 투루와 쿠부를 골려 주고 싶었기 때문이라는 내용을 썼으면 정답으로 합니다.

12 투루와 쿠부를 골려 주기 위해 하는 줄다리기이므로 웃음이 나오는 것을 억지로 참으며 말하는 것이 알맞습니다.

> **보충 자료** **인물이 한 말을 알맞은 표정, 몸짓, 말투로 표현하기**
>
> | 인물 | 말 | 읽는 방법 |
> |---|---|---|
> | 투루 | "감히 아침 식사 하는 나를 귀찮게 해?" | 고개를 뒤로 젖히고 큰 목소리로 거들먹거리며 읽음. |
> | 무툴라 | "그럼 내가 얼마나 힘이 센지 알게 될 거야!" | 자신만만한 표정과 크고 또렷한 말투로 손을 허리에 얹거나 팔짱을 끼고 읽음. |
> | 쿠부 | "네가? 너 같은 꼬맹이가?" | 비웃는 표정과 가소롭다는 듯이 웃으며 읽음. |

13 무툴라는 거만하게 굴다가 자신의 꾀에 넘어가서 줄다리기를 하는 투루와 쿠부를 보며 재미있고 통쾌했을 것입니다.

14 덤불숲에 숨어 투루와 쿠부가 줄다리기를 하게 만든 무툴라의 행동에서 꾀가 많다는 것을 알 수 있습니다.

> **오답 풀이**
> 무툴라가 투루와 쿠부가 줄다리기를 하게 만든 것은 둘을 골려 주기 위한 것이므로 해가 질 때까지 지켜봤다고 해서 질투심이 많다고 보기는 어렵습니다.

15 (2) → (1) → (3)의 차례대로 일이 일어났습니다.

> **보충 자료** 「토끼의 재판」 앞부분 이야기 정리해 보기
>
> ① 사냥꾼들은 잡은 호랑이를 궤짝에 넣어 두고 물을 마시러 감.
> ② 호랑이가 나그네에게 잡아먹지 않을 테니 구해 달라고 부탁함.
> ③ 나그네가 호랑이를 궤짝에서 꺼내 주자 호랑이는 나그네를 잡아 먹겠다고 위협함.

> ④ 호랑이와 나그네가 소나무에게 묻자 소나무는 호랑이가 옳다고 함.
> ⑤ 호랑이와 나그네가 길에게 묻자 길은 호랑이가 옳다고 함.

16 궤짝 밖으로 나가려고 여러 번 문짝을 떼밀어 보았지만 나갈 수 없자, 호랑이는 절망적인 마음이 들었을 것입니다.

17 나그네는 무서운 호랑이가 자신을 부른 것을 알고 깜짝 놀랐을 것입니다.

18 지나가는 나그네를 부를 때에는 빠르고 급한 말투일 것입니다.

> **오답 풀이**
> 배고프다고 말할 때에는 힘없는 목소리가 어울리고, 나그네에게 구해 달라고 말할 때에는 간절한 말투가 어울립니다.

19 자신이 나그네였다면 호랑이가 있는 산속을 지나갈 때 무섭지 않았을지 생각하여 답을 써 봅니다.

> **채점 기준** 나그네의 입장이 되어 글의 내용에 어울리는 답을 썼으면 정답으로 합니다.

> **보충 자료** **호랑이에게 물어보고 호랑이의 입장이 되어 답해 보기**
>
> • 질문: 궤짝에서 나오자마자 그렇게 마음을 바꾸는 것은 너무한 거 아닌가요?
> • 답: 나도 그러지 않으려고 했는데 나오자마자 너무 배가 고파 어쩔 수 없었어요.

20 호랑이의 부탁을 무시하지 못하는 행동으로 보아, 나그네는 남을 걱정하고 잘 돕는 성격입니다.

21 소나무와 길의 말에서 호랑이가 사람을 잡아먹어도 된다고 한 까닭을 찾아봅니다. 소나무는, 사람은 소나무가 맑은 공기를 마시게 해 주는데도 소나무를 마구 베어 버리기 때문에, 길은 사람들이 날마다 길을 밟고 다니면서도 고맙다는 말 한마디를 하지 않기 때문에 호랑이가 옳다고 하였습니다.

> **채점 기준** 소나무와 길이 호랑이가 옳다고 한 까닭을 각각 알맞게 썼으면 정답으로 합니다.

22 나그네는 잡아먹지 않겠다는 약속을 지키지 않고 말을 바꾸는 호랑이가 밉고, 호랑이를 구해 준 것이 후회될 것입니다. 또 호랑이 편만 드는 소나무와 길이 야속하게 느껴질 것입니다.

23 약속을 지키지 않았는데 미안해하기는커녕 당당하게 행동하는 것을 통해 호랑이가 뻔뻔한 성격임을 알 수 있습니다.

24 호랑이는 토끼가 나그네의 설명을 제대로 알아듣지 못하여 답답하고 화가 날 것입니다.

25 자신의 꾀에 넘어간 호랑이가 궤짝 밖으로 나오지 못하도록 재빨리 문고리를 걸어 잠가야 하므로 즐거운 표정으로 빠르게 움직이는 것이 어울립니다.

26 나그네는 살 수 있게 되어 기쁘고, 토끼에게 고마운 마음이 들 것이므로 기쁜 표정과 즐거운 말투가 어울립니다.

> **채점 기준** 기쁘고 즐거운 표정과 말투, 토끼를 쫓아가는 몸짓을 썼으면 정답으로 합니다.

27 토끼는 호랑이를 다시 궤짝 속에 가두어 죄 없는 나그네를 구할 수 있었기 때문에 기뻤을 것입니다.

> **보충 자료** 「토끼의 재판」 뒷부분 이야기 정리해 보기
> ① 호랑이와 나그네가 마지막으로 토끼에게 묻자 토끼는 말을 이해하지 못하는 척함.
> ② 토끼의 꾀에 속은 호랑이가 궤짝 속에 들어가자 재빨리 문고리를 걸어 잠가 호랑이는 다시 궤짝 속에 갇힘.

28 나그네의 설명을 이해하지 못하는 척하여 호랑이를 궤짝 속에 다시 가둔 것으로 보아, 토끼는 지혜롭고 꾀가 많은 성격임을 알 수 있습니다.

> **보충 자료** 「토끼의 재판」에 대해 알아보기
> 「토끼의 재판」은 어린이날을 만든 방정환 선생님이 1923년 11월 자신이 창간한 잡지 『어린이』 1권에 실은 동화극이에요. 옛날부터 전해져 오던 이야기를 어린이들이 실제로 공연해 볼 수 있도록 동화극으로 고쳐 쓴 글이에요.

단원 평가
186~189쪽

> **01** 투루, 무툴라, 쿠부　　　**02** (1) ○ (2) ○
> (3) ✕　　　**03** ①　　　**04** 예 또렷한 발음과 큰 목소리, 자신감 있는 말투가 어울린다.
> **05** 준모　　　**06** 예 나그네를 잡아먹지 않겠다.
> **07** ②, ⑤　　　**08** 예 나그네가 호랑이를 꺼내 주자 호랑이는 나그네를 잡아먹겠다고 위협함.
> **09** ⑤　　　**10** 혜성　　　**11** (3) ○
> **12** ⑤　　　**13** 예 자신의 꾀로 호랑이를 벌주어 통쾌했을 것이다.　　　**14** ①　　　**15** ②
> ────────────────
> **독해로 생각 Up** **16** ④　　　**17** ③

01 산토끼 무툴라가 자기를 무시한 코끼리 투루와 하마 쿠부를 속여 줄다리기를 하게 만든 이야기입니다.

02 투루와 쿠부는 무툴라에게 속아 줄다리기를 하게 된 것으로, 자신들이 실제로 누구와 줄다리기를 했는지 알게 되었다는 내용은 글에 나와 있지 않습니다.

03 무툴라를 무시하며 하는 말이므로 가소롭다는 듯이 웃으며 읽는 것이 어울립니다.

04 무툴라는 덩치가 작지만 투루와 쿠부를 골려 줄 꾀를 가지고 있습니다. ㉡은 무툴라가 자신만만하게 하는 말이므로 자신감 있는 성격이 드러납니다. 자신감이 넘치는 말투는 목소리가 크고 발음이 또렷할 것입니다.

> **채점 기준** 자신만만한 마음에 어울리는 말투를 썼으면 정답으로 합니다.

05 무툴라를 무시하는 행동으로 알 수 있는 것은 잘난 체하고 거만한 성격입니다.

06 호랑이는 나그네를 잡아먹지 않겠다고 약속하고 궤짝의 문을 열어 달라고 하였습니다.

07 호랑이는 자신을 구해 준 나그네를 잡아먹으려고 한 것으로 보아 고마움을 모르는 성격이고, 약속을 지키지 않고도 당당한 것으로 보아 뻔뻔한 성격입니다.

08 호랑이가 구해 달라고 부탁하여 나그네가 호랑이를 꺼내 주었지만 호랑이는 나그네를 잡아먹으려고 하였습니다.

> **채점 기준** 나그네가 호랑이를 꺼내 준 일과 호랑이가 나그네를 잡아먹으려 한 일을 썼으면 정답으로 합니다.

09 사람은 소나무가 맑은 공기를 마시게 해 주는데도 소나무를 마구 꺾고 베어 버리기 때문에 호랑이가 옳다고 하였습니다.

10 호랑이가 살려 달라고 말할 때에는 간절한 말투가 어울리고, 호랑이가 약속을 지키지 않고 나그네를 잡아먹으려고 할 때 나그네는 억울한 마음이 들 것이므로 억울한 말투가 어울립니다.

11 토끼는 나그네를 도와 호랑이를 궤짝 속에 다시 가두기 위해 말을 못 알아듣는 척 꾀를 냈습니다.

> **오답 풀이**
> (1) 토끼는 나그네의 편을 들어 주었습니다.
> (2) 호랑이는 나그네의 설명을 잘 이해하지 못하는 토끼가 답답하여 화를 냈습니다.

12 토끼가 말귀를 못 알아들어 답답해하며 말하는 부분이므로 ⑤가 알맞습니다.

13 토끼는 자신의 계획대로 호랑이가 궤짝 안으로 들어가자 즐거웠을 것입니다. 또 한편으로는 호랑이가 궤짝에서 다시 나오면 자신도 잡아먹힐 수 있으니 빠르게 행동해야겠다는 마음이었을 것입니다.

채점 기준 통쾌한 마음, 즐거운 마음, 급한 마음 등을 썼으면 정답으로 합니다.

14 ㉢은 토끼가 문제를 해결한 뒤에 웃으면서 한 말이므로 문제를 해결해 기쁜 말투가 알맞습니다.

15 극본을 실감 나게 읽기 위해서는 자신 있는 표정을 짓는 것이 아니라 인물의 마음이나 성격, 상황에 어울리는 표정을 지어야 합니다.

지문 해설 독해로 생각Up

숲이 준 마법 초콜릿 배봉기

성민: (호기심 어린 목소리로) 할아버지가, 말했어요?
　　　신기하고 궁금한 마음

숲의 마음 할아버지: 그래, 성민아.

성민: (놀란다.) 내 이름을, 어떻게, 아세요?
　　　깜짝 놀란 마음

숲의 마음 할아버지: 난 이 숲의 정령이니까.

성민: 숲의, 정령?

숲의 마음 할아버지: 정령이란 말이 너무 어렵나? 그럼 영혼이라면 알아듣겠니? 더 쉬운 말로 하면 마음이라고 할 수 있지. 그래, 그 말이 좋겠다. 숲의 마음. 숲의 마음이라고 불러 다오.
　　　▶ 성민이가 숲의 마음 할아버지를 만났다.

성민: 숲의 마음이면, 다, 알아요?

숲의 마음 할아버지: 물론. 이 숲에서 벌어지는 일들은 속속들이 알고 있지. 네가 이 숲을 제일 사랑하는 사람이라는 것도 잘 알고 있어.
　　깊은 속까지 샅샅이.

성민: 제가, 숲을, 제일 사랑한다고요?

숲의 마음 할아버지: 그래. 넌 지금까지 이 숲을 찾은 모든 사람 중에서 제일 이 숲을 아끼고 사랑하는 사람이야.
　　　　　　자연을 사랑함.

성민: 정말요?

숲의 마음 할아버지: 넌 천천히 다니면서 개미나 벌레도
　　　　　　　　　　　　생명을 소중히 여김.
밟지 않으려고 조심하잖니.

성민: (천천히 고개를 끄덕인다.)

숲의 마음 할아버지: 그리고 넌 숲을 정말 관심 깊게 지켜봐 줄 줄 아는 아이야. 지난번에는 이에 메꽃이 피는 모습도 내내 지켜보지 않았니?

성민: 맞아요. (웃는다.) ▶ 숲의 마음 할아버지는 성민이가 숲을 제일 사랑하는 사람인 것을 알고 있다.

16 성민이가 숲의 마음 할아버지를 보고 놀라서 한 말이므로 깜짝 놀라 눈을 크게 뜨고 말하는 것이 어울립니다.

17 천천히 다니면서 개미나 벌레도 밟지 않으려고 조심한다고 했으므로 성민이는 생명을 소중히 여깁니다.

어휘 마무리 뚝딱
190~191쪽

1 (1) 경고 (2) 감히 (3) 사정 (4) 거만
2 (1) ⓝ ○ (2) ㉮ ○
3 (1) 가려고 (2) 먹으려고 (3) 일어나려고
4 태오

1 (1)은 '조심하거나 삼가도록 미리 주의를 주는 것'을 뜻하는 '경고'가, (2)는 '말이나 행동이 주제넘게'라는 뜻의 '감히'가, (3)은 '일의 형편이나 까닭'을 뜻하는 '사정'이, (4)는 '잘난 체하며 남을 업신여기는 데가 있음'을 뜻하는 '거만'이 알맞습니다.

2 (1)은 고개를 넘는다는 내용이므로, ⓝ의 뜻으로 쓰였습니다. (2)는 어깨에 옷을 얹어 놓았다는 것이므로, ㉮의 뜻으로 쓰였습니다.

3 어떤 행동을 할 의도나 목적을 드러낼 때 '-ㄹ려고'나 '-ㄹ라고'로 표기하는 경우가 있으나 '-(으)려고'가 바른 표기입니다. 따라서 '가려고', '먹으려고', '일어나려고'로 쓰는 것이 알맞습니다.

4 속담 '작은 고추가 더 맵다'는 '몸집이 작은 사람이 큰 사람보다 재주가 뛰어나고 야무짐을 비유적으로 이르는 말'이므로, 몸집이 작아 자신감이 없는 태오에게 용기를 줄 때 사용하면 좋을 것입니다.

FUN!
PUZZLE!
LEARN!

사자성어, 속담, 맞춤법(총3책)

퍼즐런

초등 필수 어휘를 퍼즐 학습으로 재미있게 배우자!

● 하루에 4개씩 25일 완성으로 집중력 UP!

● 다양한 게임 퍼즐과 쓰기 퍼즐로 기억력 UP!

● 생활 속 상황과 예문으로 문해력의 바탕 어휘력 UP!

초등학교

학년	반	이름

초등학교에서 탄탄하게 닦아 놓은
공부력이 중·고등 학습의 실력을 가릅니다.

하루한장 쏙셈

쏙셈 시작편
초등학교 입학 전 연산 시작하기
[2책] 수 세기, 셈하기

쏙셈
교과서에 따른 수·연산·도형·측정까지 계산력 향상하기
[12책] 1~6학년 학기별

쏙셈+플러스
문장제 문제부터 창의·사고력 문제까지 수학 역량 키우기
[12책] 1~6학년 학기별

쏙셈 분수·소수
3~6학년 분수·소수의 개념과 연산 원리를 집중 훈련하기
[분수 2책, 소수 2책] 3~6학년 학년군별

하루한장 한국사

큰별★쌤 최태성의 한국사
최태성 선생님의 재미있는 강의와 시각 자료로
역사의 흐름과 사건을 이해하기
[3책] 3~6학년 시대별

하루한장 한자

그림 연상 한자로 교과서 어휘를 익히고 급수 시험까지 대비하기
[4책] 1~2학년 학기별

하루한장 급수 한자

하루한장 한자 학습법으로 한자 급수 시험 완벽하게 대비하기
[3책] 8급, 7급, 6급

하루한장 ENGLISH BITE

ENGLISH BITE 알파벳 쓰기
알파벳을 보고 듣고 따라쓰며 읽기·쓰기 한 번에 끝내기
[1책]

ENGLISH BITE 파닉스
자음과 모음 결합 과정의 발음 규칙 학습으로
영어 단어 읽기 완성
[2책] 자음과 모음, 이중자음과 이중모음

ENGLISH BITE 사이트 워드
192개 사이트 워드 학습으로 리딩 자신감 키우기
[2책] 단계별

ENGLISH BITE 영문법
문법 개념 확인 영상과 함께 영문법 기초 실력 다지기
[Starter 2책, Basic 2책] 3~6학년 단계별

ENGLISH BITE 영단어
초등 영어 교육과정의 학년별 필수 영단어를
다양한 활동으로 익히기
[4책] 3~6학년 단계별

초등 교과서 발행사 미래엔의
교재로 초등 시기에 길러야 하는
공부력을 강화해 주세요.

초등 독해서 최고의 스테디셀러

교과 학습의 기본인 문해력을 탄탄하게 키우는

문해력 향상 프로젝트

사회편 미리보기

과학편 미리보기

● 1~6학년 단계별 각 6책

이럴 때 !

기본 독해 후에 좀더 **난이도 높은**
독해 교재를 찾고 있다면!

비문학 지문으로 **문해력**을
업그레이드해야 한다면!

단기간에 **관심 분야**의
독해에 집중하고 싶다면!

이런 아이 !

사회·과학 탐구 분야에
호기심과 관심이 많은 아이

사회·과학의 낯선 용어를
어려워하는 아이

교과서 속 사회·과학 이야기를
알고 싶은 아이